터키-이슬람 ③

페툴라 귤렌
:남을 위한 삶

쿠르트 편역
나정원 옮김

엠-애드

엮은이의 글

신자(信者)는 하느님을 위해서 모든 사람과 모든 것을 사랑합니다. 신자는 언제나 사랑으로 숨을 쉬며, 자신의 주위에 사랑의 분위기를 만듭니다. 신자는 절망의 외침을 들을 때마다 그것을 멈추려고 달려가며, 다른 사람들의 고통에 연고를 발라줍니다. 신자는 눈물을 웃음으로, 절망적인 신음을 하느님에 대한 찬양으로, 불같은 폭풍을 신의 은총이라는 산들바람으로 바꾸어줍니다. 신자는 다른 사람들이 고통을 당하지 않게 하기 위해 고통을 겪습니다. 신자는 다른 사람들이 울지 않게 하려고 눈물을 흘립니다. 다른 사람들을 위해 봉사하지 않으면, 신자는 자신을 가치 없게 여깁니다.

"하느님 앞에 선 신자" 중에서

이 책은 페툴라 귤렌의 가장 중요한 에세이 모음집입니다. 귤렌은 오늘날 터키에서 가장 뛰어난 종교인이자 지식인 가운데 한 사람이며, 교육, 평화, 사회정의에 헌신하는 초국가적 시민운동에 영감을 제공하는 인물입니다. 그는 영향력 있는 설교자, 전통과 근대를 결합하는 학자, 글을 많이 쓰는 작가, 수백만 명의 사람들에게 영감을 주는 오피니언 리더, 교육 행동가이며, 평생 동안 평화를 위해 헌신한 사람입니다. 그는 우리 시대에 가장 대중적인 지식인 가운데 한 사람으로 인정받고 있습니다.1) 귈렌은 60권 이상의 책을 썼으며, 그 가운데 30개 이상의 언어로 번역된 상당수의 책들은 모국에서 베스트셀러들입니다. 높게 평가되는 설교와 대중 연설을 통해 귈렌은 많은 사람들에게 봉사, 도덕성, 미덕, 정의, 평화의 이상을 추구하도록 영감을 주고 있습니다. 서구에서 일반적으로 히즈메트(봉사) 운동 또는 "귈렌 운동"으로 불리는 이 운동은, 학교, 과외 학원, 대학교, 병원, 구호 단체, 종교 간 및 문화 간 대화 단체, 출판사, 언론 매체를 포함하는 시민 프로젝트 그리고 인도주의적 프로젝트와 같은, 느슨한 네트워크로 정의됩니다. 오늘날 이러한 이니셔티브는 약 150개 국가에서 운영되며, 다양한 종교와 문화적 배경을 가진 사회에 봉사하고 있습니다.2)

페툴라 귈렌은 1938년 터키의 에르주룸에서 태어났습니다. 그는 종교 학교를 다녔으며, 거기서 이슬람 학문들의 훈련을 받았으며, 가족의 영성적인 분위기는 수피즘에 젖게 했습니다. 아주 어렸을 때 그는 루미Rumi의 작품을 접했는데, 루미는 위대한 수피 시인이며 귈렌이 일생 내내 영감을 받은 철학가입니다. 사이드 누르시 역시 영감의 원천이 되었습니다. 근대 과학과 철학으로 종교를 해석한 누르시는 귈렌의 영혼에 뿌리 깊은 자취를 남겼습니다. 귈렌은 10대에 설교를 시작했으며, 21세 때 '종교업무국'으로부터 이

---

1) 페툴라 귈렌: 전기 앨범(귈렌연구소, 2010): 포린 폴리시Foreign Policy, "전 세계 톱 100인의 지식인들(2008년 5월)
2) 더 많은 정보를 위해서는 헬렌 로즈 에보Helen Rose Ebaugh, 귈렌 운동: 근대 중도적 이슬람에 뿌리를 둔 시민운동의 사회학적 분석((Springer, 2010)과 무함메드 체틴, 귈렌 운동: 국경 없는 시민운동(Blue Dome, 2010)을 보세요.

맘Imam으로 임명받았습니다. 이맘 경력을 시작한 때부터 귤렌은 매우 겸손했으며, 매우 활동적인 사회생활 패턴을 유지했습니다. 개인적으로 집중적 연구와 독서를 통해 귤렌은 이슬람 지식, 특히 쿠란 해설과 무함마드의 전통에 대해 전문성을 증진시켰습니다. 그는 또한 동양과 서양의 철학과 문학 뿐 아니라 자연과학과 사회과학에도 매우 친숙하게 되었습니다. 자신의 영성적이고 지적인 발전을 이루면서도 귤렌은 자신의 공동체에 기꺼이 간여하여 다양한 시민프로젝트들을 시작하고 여기에 기여하였습니다. 자신의 설교, 강연, 연설에서 그는 이타주의의 덕목을 강조했는데, 이 이타주의는 "다른 사람을 살리는 삶"이라는 그의 유명한 표현으로 가장 잘 요약할 수 있습니다. 이슬람의 영성적이고 인도주의적인 전통, 특히 수피즘에 뿌리를 둔, 귤렌의 봉사에 대한 메시지를 수천명의 자원봉사자들이 받아들여 수많은 시민프로젝트에 구현하고 있습니다. 귤렌이 1991년에 설교를 그만두었지만, 그의 사회봉사에 대한 열정적인 촉구는 오늘날까지 이어지고 있습니다.

전 생애에 걸쳐 귤렌은 녹음된 연설과 글을 통하여 시민적 참여에 대한 비전을 만들어냈습니다. 발매된 테이프에는 그의 설교, 강연, 대중과의 대화 등이 들어있습니다. 귤렌의 글은 1977년부터 2010년까지 터키의 여러 잡지에 실렸으며 그의 가장 중요한 책들은 이 글들의 모음집입니다. 예를 들어 전9권으로 되어 있는 『시대와 세대』 시리즈는 종교, 도덕, 사회, 역사, 문화 등에 걸친 그의 300편이 넘는 글들로 이루어져 있습니다. 이 시리즈는 귤렌의 작업을 보여주는 가장 중요하고 대표적인 컬렉션입니다. 『마음의 에메랄드 언덕』이라는 다른 컬렉션에서 귤렌은 수피 개념들을 보다 자세하게 다룹니다. 귤렌의 많은 책들은 또한 그의 연설이나 강의

노트를 옮겨서 편집되었습니다. 예를 들어 무함마드 예언자의 전기인 『무함마드, 하느님의 전령』이라는 제목의 베스트셀러는 이런 방법으로 제작되었습니다.

독자들은 귈렌의 많은 글들을 통하여 그의 중심적인 주제들을 이해하려고 합니다. 귈렌은 그의 넓은 시각으로 윤리적 프로젝트를 만들어냈습니다. 번영을 위한 다차원적인 이상은 개인적인 덕성으로부터 시작하여 문명 전체로 확산됩니다. 귈렌은 그의 전 생애를 이런 이상을 추구하기 위하여 집필가로서 뿐 아니라 연설가로서, 그리고 행동가로 헌신했습니다. 덕성이라는 프리즘으로 사회와 문화를 보는 귈렌은 틀림없이 도덕주의적인 전통 속에 있습니다.

도덕성의 이론적 토대와 관련하여 귈렌은 때로는 파라비Al Farabi나 칸트Kant를 따라 도덕 철학가로서 글을 쓰기도 하였습니다. 그러나 훨씬 더 많이 귈렌은 가잘리Ghazali나 루미Rumi와 같은 현명한 스승의 목소리를 받아 글을 쓰면서 도덕적 삶의 광범위한 영역을 보여주고 우리들이 덕성의 실천으로 나아가기를 바라고 있습니다. 귈렌의 도덕적 가르침은 이론적이기보다는 실천적이며, 그는 끊임없이 자기 자신의 경험으로 우리에게 영감을 주고 있습니다. 귈렌은 지금의 사회 상황에 맞게 전통을 언제나 참고하면서, 개인적이고 사회적인 차원에서 윤리적 규범들을 자세히 다루고 있습니다. 그는 자신의 독자들에게 지속적으로 함께하는 행복이라는 궁극적인 목표를 위해 전통의 덕성을 전면적으로 되살려 "고양"할 것을 촉구하고 있습니다. 이 긴급한 "부활"은, 인간이라는 특권을 우리가 깨닫고, 우리와 함께 하는 거대한 도덕적 책임감에 따라 우리가 살아야 할 것을 요구합니다. 지금의 현대 사회가 전통이라는 잿더미로부터 벗어나려면, 그리고 새로운 르네상스가 우리의 문화와 문명에 와야 한다면, 우리는 개인으로서 다시 태어나야 합니다. 귤렌을 통해 우리는, 이런 다시 태어남이 유토피아를 향한 허황된 갈망으로부터 오지 않음을 알 수 있습니다. 그는 다른 사람들의 편익을 위해 일을 하도록 우리를 동원하고 있습니다.

"남을 위한 삶"은 이런 이타적인 이상을 품고 있습니다. 글 전체를 통하여, "봉사"는 하느님에 대한 복종이라는 고귀한 덕목뿐 아니라 그것을 위해 필요한 보충적인 것, 즉 하느님을 위하여 인류 전체에 대한 봉사를 의미합니다. 귤렌은 이러한 봉사가 우리들 삶의 목표라고 주장합니다. 귤렌이 볼 때, 우리가 이 윤리적인 프로젝트에 헌신 할 때 우리는 하느님 앞에서 제대로 살 수 있습니다. 우리가 이 지구를 '덕성의 천국'으로 바꾸기를 원한다면, 우리는 열정적으로 이 이상을 위해 일해야 합니다. 하느님에 대한 갈망은 사회를 위한 삶을 필요로 합니다. 하느님에 대한 봉사는 기쁨, 평화, 정의, 자유를 위한 활동을 포함하고 요구합니다. "하느님에 대한 봉사는 존재와의 조화 그리고 그 구성원들과의 일치"라고 귤렌은 적고 있습니다. "이것은 절대적인 겸손이며 인간인 우리의 책임에 대한 복종입니다." 따라서 귤렌은 반복해서 독자들에게, 사회적 행동은 하느님에 대한 경외심의 불가결한 차원임을 보여주면서, 사회적 질서의 틀 안에서 각자 개인적 이상을 추구하라고 조언합니다. 그가 자주 사용하는 "헌신"은 관대한 경외심을 표현하며, 이슬람에서는 새로운 개념이 아닙니다. 오히려 이러한 헌신은 하느님의 모든 예언자들, 특히 예언자 무함마드의 길(sunna)로, 그리고 이슬람 초기 세대로부터 무함마드를 성실하게 따른 추종자들의 길로 돌아감을 의미합니다.

귤렌의 도덕 철학은 낙관주의적입니다. 인간의 본질 안에서 "선의 씨앗"들만 발견될 수 있다고 그는 받아들입니다. 악은 부차적이며 우연한 것이며, 선을 무시할 때 생겨난다고 봅니다. 남자나 여자 모두 이 "가장 아름다운" 본질을 완전히 거부하지 않으면, 문화, 인종, 국적과 관계없이 우리 모두 사랑과 존경을 받을 자격이 있습니다. 우리가 우리의 "창조주"와 "그분"의 도덕적 목표로부터 멀어질 때, 우리는 "선의 씨앗"을 무시하게 된다고 귤렌은 봅니다. 이런 "멀어짐"의 치유책은 "하느님의 사랑"이며, 이 사랑은 성실한 믿음과 풍부한 지혜를 우리에게 주고 자라게 합니다. 하느님의 사랑은 개인적인 도덕성의 가장 풍부한 원천인 동시에 덕성을 갖추려는 사회가 가장 의지할 만한 보장책이기도 합니다. 우리에게 이 사랑이 없을 때, 자비, 관용, 평화, 그리고 행복의 이상들은 우리 너머에 있게 됩니다. 귤렌은 우리 시대의 도덕적 위기와 사회적 파괴를, 그가 모더니티의 특징으로 파악하는 '광범위한 정신적 기근'의 탓으로 봅니다. 그래도 귤렌은, "선의 씨앗"이 자연적이고 보편적이지만, 무신론적인 도덕을 완전히 무시하거나 불가능하다고 보지 않습니다. 그러나 진정한 형이상학의 또 다른 이름인 하느님의 사랑만이 개인적이고 사회적인 수준에서 고귀한 도덕적 이상을 얻게 해준다고 주장합니다. 이 도덕적 이상은 물질과 정신, 육체와 영혼, 삶과 죽음, 이른바 인간의 실체 전체를 품에 안습니다.

귤렌은 이슬람의 믿음과 지혜를 기본으로 삼고 있지만, 그의 포괄적인 도덕성에 대한 요청은 모든 종교적 전통을 반영하는 보편적인 성격을 갖고 있습니다. 귤렌은, 서로 다른 신앙이 하나로 녹아들기를 원하는 보편주의자는 아니며, 다른 어떤 전통의 절대적인 가치를 신뢰하지 않으면서 갈등적인 규범들을 인정하는 상대주의자도 아닙니다. 대신 귤렌은 포괄적이고 포용적인 이슬람을 보여주며, 이 이슬람은 인류의 공통성을 진지하게 받아들이면서 어디에서나 발견되는 덕성들을 지지합니다. 귤렌이 사랑, 자비, 관용, 이타주의를 선언하는 이유는 이들 가치가 진정으로 이슬람 적이기 때문만이 아니라 보편적으로 인간적이기 때문입니다. 그는 자기 신학의 여러 차원들을 요약하면서, "우리는 먼저 인간이며 그다음 무슬림이다"라고 말합니다.3) 이슬람의 인본주의는 무함마드로 거슬러 올라갑니다. 귤렌이 사례로 자주 인용하는 바와 같이, 무함마드는 어느 유대인의 장례식에서 죽은 사람에 대한 존경을 표하기 위해 당신의 다른 친구들이 앉아 있는 동안 서 있었습니다. 이것은 무함마드의 인간의 존엄성에 대한 무조건적인 존중의 표시입니다.4) 아마도 이것은 귤렌이 영향을 받은 대상의 범위를 설명할 수 있을 것입니다. 그 중심 대상은 이슬람입니다. 이슬람은 극단주의나 테러리즘 등과도 자주 연결되지만, 귤렌의 이슬람은, 핵심적으로 그리고 전통적으로, 인본주의 사상입니다. 이런 측면에서 귤렌의 글은 이슬람의 세계관을 전제하거나 요구하지 않습니다.

귤렌은 도덕에 관한 글에서 전형적으로 인간(insan)을 말합니다. 이 명사는 세 개의 집단을 나타냅니다. 첫 번째는 터키 사람들

---

3) 이 격언은 앞서 언급한 '선의 씨앗'과 관련됩니다. 즉 우리는 모두 똑같은 영적인 본질을 갖고 창조되었습니다. 우리는 다른 어떤 기준에 우선하는 동료 인간들입니다. 우리는 이런 동류의식 속에서 교육을 받거나 개별적인 종교를 선택합니다.
4) 이 표현을 위해서는 사비흐 무슬림Sabih Muslim, 자나이즈Janaiz, 78을 참고.

로서 그의 동포들이며, 셀주크-오스만 문화유산의 주요 계승자들입니다. 두 번째 집단은 동료 무슬림들 또는 전 세계에 걸친 예언자 무함마드의 공동체입니다. 귈렌은 이 두 집단을 별로 구별 없이 "우리 백성", 또는 "우리 민족"이라고 부릅니다. 세 번째는 인류 가족 전체로서 하느님을 섬기는 동료 봉사자들이며, 수많은 도덕적 종교적 가치들을 공유합니다. 귈렌의 메시지는 따라서, 국가적, 종교적, 보편적 인간이라는 이 세 차원 각각의 인간들에게 동시에 전달됩니다. 이러한 관점에서 "이슬람", "인간"이라는 낱말이 서로를 반영하고 인정하며 지지하는 것과 마찬가지로, "지역적" 그리고 "글로벌" 공동체는 함께 어울리고 서로를 보완합니다. 따라서 귈렌이 자기 자신의 시골고향 사람들에게 뜻을 전할 때도 전 세계의 다양한 공동체들을 반영하고 있습니다. 그는 모든 사람의 동의를 추구하며, 모든 사람이 공동선을 향해 함께 일하기 위해 존재한다고 받아들입니다. 그의 열정적인 글 속에 나타나는 사랑과 관용, "마음의 주권"이라는 그의 문화 안에는 모든 사람을 위한 자리가 있으며, 자비와 공감으로 모든 피조물을 가슴에 안는 일은 하느님을 향해 보다 가까이 나아가는 일이라고 주장합니다. 귈렌은 자신의 공동체, 나라, 종교에 대한 깊은 관심과 이들 너머에 놓여 있는 것들을 위한 열정 사이의 균형을 추구합니다. 귈렌에게 이 둘은 따로 존재하지 않고 차이도 없습니다. 계시를 받기 위해서는 "모든 것에 대한 자비"가 필요합니다. 신자는 다른 신자에 대한 거울이듯이, "인간은 다른 인간에 대한 거울입니다."

　이슬람 문화를 되찾고 되살리려는 귈렌의 열정이 때로는 이슬람 문화의 영광스러운 과거의 복원을 의미하기도 하지만, 다른 전통을 배척하거나 고립시키는 것을 의미하지 않습니다. 귈렌의 시야에 절대적인 타자는 존재하지 않습니다. "우리 문명"은 모든 사람을 환영합니다. 왜냐하면 우리 문명은 "인간"의 가정이기 때문입니다. 귤렌이 예수를 자주 참고하는 일은 이런 점에서 의미가 있습니다. 안식일에 관해 복음에 나오는 예수의 유명한 말씀과 같이, 귤렌의 메시지는 "이슬람이 사람을 위해 있지, 사람이 이슬람을 위해 있지는 않다"고 선언합니다. 이런 선언은 "봉사", 히즈메트 운동의 프로젝트들에 영감을 주는 인도주의적인 통찰이며, 히즈메트 운동의 인도주의인 지원 캠페인은 전 세계의 구석구석에 미치고 있습니다. 문화 간 협력의 메시지는 지구 전역에서 환영을 받고 있습니다. 여기서 주목해야 할 사항은, 귤렌은 종교적인 인도주의를 통하여, 개종 권유나 강요가 아니라 실천으로서 이슬람의 가치들을 간직하고 있다는 점입니다. 이 점은 매우 분명합니다. 이상적인 "새로운 사람"은 "자신의 가치들을 어디에서나 정열적으로 실천하는 사람"이라고 그는 묘사합니다. 이러한 실천은 글로벌 사회와 자유 시장이라는 에토스 안에서만 가능하며, 여기서는 서로 다른 가치들이 이해와 관용을 가지고 서로를 반깁니다. 이렇게 여러 문화들이 엄청나게 혼합된 상황에서, 무슬림들은 자신들의 신앙을 성실하게 실천해야 하지만, 자신들의 전통은 자비, 사랑, 존경이라는 보편적 가치들 안에 뿌리를 두고 있다는 점을 깨달아야 합니다.

    귤렌은 시인입니다. 그의 시인 기질은 그의 많은 글들에 반영되어 있습니다. 이것은, 자신이 외우고 있는 수천 편의 이행시(二行詩)를 마음을 다해 인용하는 것을 의미하지 않고, 그의 문장들이 시적인 흐름을 보인다는 것을 의미합니다. 그는 자신의 마음에 직접적으로 연결되어 있는 펜으로 글을 씁니다. 그는 자신의 강의와 연설에 친숙하게 나타나는 즉흥적인 스타일로 글을 씁니다. 그는 어디서 결론을 낼지를 미리 생각하지 않고 자신의 항상 움직이는 영혼에 거울을 대고 있는 것처럼 글을 씁니다. 그래서 저는 귈렌의 에세이를 영어로 번역할 때, 글자 그대로의 번역이 적당하다고 느낍니다. 저는 시적인 구절들을 정확하게 전하려고 최선을 다했으며, 가능한 곳에서는 원문의 즉흥적이고 시적인 감각을 간직하는 한에서 스타일을 바꾸기도 했습니다. 내부지향성은 귈렌의 전형적인 스타일이며 그는 자신의 글에서 제3자를 거의 인용하지 않습니다. 귈렌은 독자들이 이슬람, 예술, 역사적인 사항들을 잘 안다고 가정합니다. 그러나 이 번역판에 저는 귈렌의 이해를 돕기 위해 주석을 달았습니다.

이 책에는 40편의 에세이가 있으며, 지적이고 영성적인 모험에 대한 귈렌의 안내를 독자들에게 전달하기 위해서 이 글들을 선정하였습니다. 이 글들은 거의 30년에 걸쳐 있지만, 귈렌의 글은 매우 지속적이며 연대기적인 독서를 요구하지 않습니다. 그리고 저의 처음이자 최고의 목적은, 귈렌 사상을 요약해서 보여주는 것이기 때문에, 저는 연대기를 중시하지 않고 개념을 중시하면서 각 장을 구성했습니다. 그래도 일부 에세이들이 작성되었던 당시의 역사적이고 정치적인 배경을 이해하는 일은 여전히 도움이 될 것입니다. 이런 목적을 위해 각 에세이 끝에 에세이가 발표된 연도를 표시했으며, 필요한 경우 관련된 역사적인 정보들을 추가했습니다. 또한 귈렌이 특징적으로 사용하는 "사람$_{insan}$"이라는 낱말은, 과거에 "인간", 또는 "그"로 번역되었지만, "우리"라는 단어로 번역했습니다. 귈렌의 비유적인 언어가 문법상의 변화로 혼동을 일으킬 수 있는 구절의 경우는 예외로 했습니다. 그러나 예민한 독자들은 터키어의 대명사에는 남녀 성별구분이 없음을 아시기 때문에, 귤렌의 관용에 대한 메시지는 남녀 모두에게 마찬가지로 분명하게 전달될 것입니다. 이번 새로운 번역의 목표는 새로운 독자들에게 귤렌의 원래 의도를 그대로 보여주는 것입니다. 또한 저는 귤렌 자신으로부터 텍스트에 대해 특별한 관심을 여러 번 받은 것에 대해 고맙게 생각하고 있습니다. 귤렌은 목차에 동의했고, 많은 에세이의 번역에 대해 의미를 분명히 제시해주었으며, 이 책의 최종 제목도 선정해주었습니다.

이 책에 실린 40편 가운데 34편은 터키의 종교·과학 전문 대중 월간지 "스즌트Sızıntı"에 처음 실렸던 에세이들이며, 다른 4편은 이슬람 사상을 위한 학술 간행물인 "예니 위미트Yeni Ümit"에 수록된 에세이이며, 나머지 두 편은 문학잡지 "야으우르Yağur"와 폐간된 종교전문지 "주후르Zuhur"에 실렸습니다. 이들 에세이 가운데 상당수는 영어로 번역되어 스즌트의 영어판인 "The Fountain"에 실려 출판되었습니다. 다른 몇몇 에세이는 "사랑과 관용의 글로벌 문명을 향하여"(The Light, 2004)에 처음 수록되었습니다. 지금 이 판본은 앞에서 언급한 이전의 여러 판본들의 도움을 받았지만, 각 에세이 원래의 모습과 귤렌의 일관된 내용을 전달하기 위하여 조심스럽게 번역했습니다.

사실 저는 이 책을 가능하게 했던 많은 사람들에게 특별히 감사를 드립니다. 먼저, 귤렌 선생님께 특별히 감사드립니다. 위에 언급한 바와 같이 귤렌 선생님은 이 작업을 존중해주셨습니다. 귤렌 서적의 편집자인 오스만 쉼쉐크Osman Şmşek씨가 작업 과정 전체를 통해 도움을 주셨습니다. 알렉스 두프리Alex Dupree의 공헌은 이루 표현할 수 없으며, 그의 관대하고 우아한 작업이 없었다면 이 책은 지금의 모습이 될 수 없었을 겁니다. 이 책의 기획을 처음 제안한 알프 아슬란도안Alp Aslandoğan, 많은 기술적 문제의 해결을 도와준 유수프 알란Yusuf Alan과 하칸 예쉴로바Hakan Yeşilova에게도 감사드립니다. 그리고 초고를 검토하고 도움이 되는 많은 지적을 해준 많은 사람들에게 감사드립니다. 마지막으로 처음부터 이 프로젝트의 재원을 지원해준 휴스턴 대학교의 '귤렌 연구소'에 너무도 고마운 마음을 전합니다. 저는 이 책을 통해 귤렌의 사상과 이상이 분명하게 전해져서 독자들이 더 잘 이해하게 되기를 바랍니다.

쿠르트E.M.Kurt

옮긴이의 글

어떤 종교도 순수한 신학이나 종교의 영역에 머무르지 못했고, 못하고 있으며, 앞으로는 더욱 그럴 수 있습니다. 어떤 철학도 순수한 형이상학이나 논리학 영역에 머물 수 없습니다. 왜냐하면 신이나 보편개념도 인간이라는 존재를 전제하야만 성립될 수 있기 때문입니다. 종교에 형이상학과 정치학이 나름의 자리를 차지하고, 형이상학 속에서 종교와 정치학은 그 역할을 수행합니다. 또한 종교와 형이상학은 정치철학체계를 구성하고 있습니다. 이런 종합적인 입장은 제가 '종교정치학'이라고 이름 붙이고 있는 새로운 그러나 전혀 새롭지 않은 학문 영역을 개척하였습니다. '종교정치학'은 정치사상을 종교와 철학에 연결시키면서 종교의 정치(문화)적 역할에 주목하는 정치학이라고 규정지을 수 있습니다.

전통적으로 한국정치사상사에서 중국중심주의Sino centrism는 유교, 근현대시기 유럽중심주의Euro centrism는 유대교·그리스도교, 그리고 일제강점기 일본중심주의Japanese centrism는 (국가)신도에 토대를 두었습니다. 그리고 이러한 세겹 중심주의 '종교정치학'은 그 '외형'을 '다소' 달리하여 21세기 한국정치사상을 압도하고 있습니다. 탈중심주의Post centrism을 위해 한국은 통일한국중심주의One Korea centrism를 구축해야 합니다. 저는 이 통일한국중심주의의 중심에는 단군의 신교神敎가 있다고 생각하고 있습니다. 탈중심주의 정치학

역시 '종교정치학'입니다. 탈중심주의는 중심주의로부터의 이탈과 중심주의와의 공존 모두를 포함합니다. 그러나 어떤 형식의 이탈이나 공존도 우리의 '중심'이 없으면 혼돈일 뿐입니다. 우리는 지금 혼돈 속에 살고 있으며, 지금 우리의 삶이 혼돈인줄도 모르고 있습니다.

여기서는 이슬람과 관련하여 유럽중심주의만을 설명하겠습니다. 유럽중심주의는 자신들의 우월함을 통한 독자적인 발전의 강조이며, 동양에 대한 열등감 조장이라는 오리엔탈리즘입니다. 고대에서 야만 그리스는 이집트, 바빌로니아, 아시리아, 히타이트, 페르시아, 인도 등 문명 지역으로부터의 문화 수입 없이 문명 그리스로 발전할 수 없었다는 사실, 중세에서 후진 유럽 지역은 선진 이슬람의 여러 나라들로부터 문화 수입 없이는 르네상스를 결코 이룰 수 없었다는 사실, 근대에서 절대주의와 계몽주의의 에너지는 오스만제국과 중국이었다는 사실 등을 무시한 유럽만의 독자적인 발전의 강조는 역사의 왜곡입니다. 서양 고대와 중세에서 중근동과 이슬람의 영향, 그리고 근대에서 오스만제국과 중국의 영향에 대한 의도적인 무시와 과소평가 그리고 경멸은 오리엔탈리즘의 본질입니다. 그리고 이 오리엔탈리즘의 기저에는 유대교와 그리스도교(가톨릭과 개신교)가 자리하고 있으며, '종교정치학'이 분명히 나타나고 있습니다. 여기서 중요한 점 가운데 하나는 유럽이 거리를 두고 있는 고대의 중근동 지역이 중세에는 이슬람 지역이며, 근대에는 오스만제국이라는 사실입니다. 유럽중심주의의 출발과 발전, 그리고 구축의 기저에는 바로 이슬람이 있습니다.

한국에서 이슬람의 영향은 결코 크지 않습니다. 하지만 한국에서 이슬람의 수용과 이슬람에 대한 인식은 유럽중심주의에 절대적으로 영향을 받고 있습니다. 유럽중심주의 시각, 즉 유대교와 그리스도교의 시각에서 확고하게 편집된 이슬람이 한국의 학계, 언론계, 그리고 여기로부터 영향을 받아 우리의 일상생활을 지배하고 있습니다. '십자군전쟁'이라는 낱말의 사용과 '성전'이라는 평가가 그 가운데 하나입니다. 이슬람 내에서도 다양한 종파들이 존재하지만, 너무도 간단히 단순화하면 그리스도교는 선이고 이슬람은 악입니다. 그리스도교 시각에서의 이슬람 '종교정치학'은 폭력, 자살폭탄, 인권유린, 여성탄압 등 유럽과 미국 민주주의와는 정반대의 영역에 존재하는 악의 덩어리입니다. 악까지는 아니더라도 뭔가 거리가 있고 꺼림칙하고 가까이 할 수 없는 종교가 이슬람입니다. 7세기 이슬람의 출발 이래 지금 21세기까지 세계질서는 그리스도교와 이슬람의 대화와 갈등으로 명쾌하게 설명할 수 있습니다. 전 세계에서 종교 인구를 가장 많이 갖고 있는 이슬람은 한국에서는 정말 극소수의 종교에 불과합니다. 그러면서도 이슬람 국가인 터키는 형제의 나라로 좋아하고 있습니다. 터키 사람을 좋아해도 이슬람은 좋아하지 않습니다.

한국을 포함하여 전 세계에서 유럽중심주의의 극복에는 그리스도교에 의한 이슬람 이해의 극복이 중요합니다. 어느 누구를 직접 만나지 않고 간접적인 정보로 판단하면, 그 사람을 안다고 할 수 없습니다. 처음 만나는 사람을 소문으로만 판단하면 그 만남은 어떻게 되겠습니까? 이슬람에 대한 올바른 이해는 무슬림(또는 무슬림 시각)에 의한 이슬람의 이해로 가능합니다. 바로 이 『페툴라 귤렌-남을 위한 삶』은 '종교정치학' 책입니다. 무슬림에 의한 이슬람의 이해와 이슬람이라는 종교의 정치적 역할을 보여주고 있습니다.

이 책은 귤렌 선생님이 터키어로 쓰신 글을 쿠르트Kurt라는 사람이 엮어서 영어로 번역한 책을 한국어로 번역한 책입니다. 엮은이의 글에서 보듯이 쿠르트는 귤렌 선생님을 아주 잘 알고, 영어판 출판을 위해서 귤렌 선생님과 많은 상의를 했습니다. 이 책은 제가 『페툴라 귤렌-히즈메트의 생애』라는 존 팔Jon Pahl의 귤렌 선생님 전기를 번역을 위해 뉴저지 주에 있는 블루돔 프레스 출판사를 방문했을 때, 출판사 사장님께서 번역을 추천한 책입니다. 존 팔의 책을 통하여 귤렌 선생님의 일생을 스케치했으니, 이제는 그분의 말씀을 생각하고 느낄 수 있는 책으로 이 책을 추천한 겁니다. 귤렌 선생님의 이슬람 이맘으로서의 경력을 볼 때 귤렌 선생님은 아랍어, 페르시아어, 오스만 투르크어, 터키어 등에는 아주 능숙하지만 영어로 직접 글을 쓰지는 않으셨고, 귤렌 선생님의 글을 전 세계에 알리려는 히즈메트 제자들이 귤렌 선생님의 글을 전 세계 각국의 말로 번역을 했습니다. 쿠르트는 영어로 번역을 한 제자 가운데 한사람입니다. 이 책의 영어 제목은 "So that others may live"입니다. 직역하면 "다른 사람들을 살리기 위해서" 정도입니다. "다른 사람을 위해서 사는 삶"은 귤렌 선생님의 이슬람 신앙과 실천의 핵심인 히즈메트의 삶, 즉 봉사의 삶입니다. '남을 위한 삶'은 다른 사람을 배려하는 삶, 다른 사람을 살리기 위해 봉사하는 삶입니다.

그리고 터키어-영어-한국어라는 중역의 부담에도 불구하고 이 책의 번역을 결심하고 터키-이슬람 시리즈의 한 영역으로서 귤렌 선생님을 소개하는 이유는, 이슬람과 귤렌의 이해에는 어학의 문제를 넘어서 신학, 철학, 종교학, 정치학, 사회학 등 많은 학문 분야의 소양이 필요하고, 그러한 소양을 갖춘 적임자를 찾기가 매우 힘들다는 점 때문입니다. 터키나 한국에 있는 터키 사람이 귤렌 선생님의 글을 터키 원어로부터 한국말로 옮기면 최선의 번역이 될 것입니다. 또한 한국에서 터키 말을 잘 하는 연구자가 터키어로 된 귤렌 선생님의 글을 한국말로 옮겨도 최선의 번역이 될 것입니다. 그러나 학문적 소양이나 어학의 제약이 없다하더라도 이슬람의 소개와 이해, 특히 귤렌 선생님의 적극적인 소개에 나서는 연구자나 번역자는 없는 현실입니다. 그래서 저는 일단 영어로 터키어를 번역한 쿠르트 글이 정확한 번역이라고 가정을 하고, 작업을 진행했습니다. 그리고 이러한 가정의 한계를 보완하기 위하여 한국에 있는 터키와 이슬람 전문가들인 히즈메트 친구들의 도움을 받아 영어 번역에서 이해가 힘든 부분이나 낱말들을 정확하게 우리말로 옮기기 위한 작업을 진행했습니다. 그리고 귤렌 선생님의 글이 대부분 일반 신자들을 대상으로 한 강론이나, 강연, 연설, 신문기고문, 잡지 기고문 등에 토대를 두고 있기 때문에 가장 이해하기 쉬운 터키 말이 사용되었다고 보고, 우리말로 옮길 때도 가능한 한 한자 용어를 쓰지 않고 우리말을 많이 사용하려고 주의를 기울였습니다. 한편 이 책부터는 '페툴라 궐렌'이라는 표현은 '페툴라 귤렌'으로 바꾸기로 했습니다. 터키 히즈메트 친구들과 상의 결과 '페툴라'나 '귤렌'이 터키 발음을 보다 더 정확하게 나타낸다고 판단했기 때문입니다. 따라서 이전에 출판된 『페툴라 궐렌-히즈메드의 생애』는 재판 발행 때에 『페툴라 귤렌-히즈메트의 생애』로 제목을 바꾸고 본문에서도 이같은 원칙을 따를 계획입니다. 외국어의 우리말 표기법은 언제나 상당한 문제들을 갖고 있습니다. 그리고 이 책에서는 '찾아보기'를 넣지 않았습니다.

이 책의 영어판 편집자인 쿠르트가 귤렌 선생님과 상의하여 고른 글은 40편입니다. 그리고 40편의 글들을 이 책의 목차대로 인류와 문명, 믿음과 지혜, 윤리와 영성, 교육, 봉사하는 사람, 이슬람 등 6개의 영역으로 나누었습니다. 그리고 각각의 글을 배경과 함께 읽도록 글의 게재연도와 간단한 배경을 적었습니다. 그러나 제가 볼 때 이 정도로는 귈렌 선생님의 메시지를 충분히 이해하고 공감과 전율을 느끼기에는 부족하다고 판단됩니다. 따라서 이 책에 대한 해설을 덧붙이고자 합니다.

『페툴라 귈렌-남을 위한 삶』의 6개의 영역은 서로 엮여있는 한 덩어리입니다. 인류와 문명, 믿음과 지혜, 윤리와 영성, 교육, 봉사하는 사람, 이슬람은 서로 연결되어 있습니다. 달리 표현하자면 인류와 문명, 믿음과 지혜, 윤리와 영성, 교육, 봉사하는 사람 모두가 이슬람 시각에서의 명상과 실천의 내용입니다. 이슬람을 통해 인간성과 문명이 비판되고 새롭게 조명되어 방향이 제시되며, 믿음과 지혜, 윤리와 영성은 이슬람 신앙에 토대를 두고 있으며, 교육 역시 마찬가지이고, 이런 이슬람을 통하여 '남을 위한 삶'을 사는 봉사하는 사람이 길러집니다.

먼저 말씀드릴 사항은 귈렌의 일생은 터키의 쿠데타로부터 깊은 영향을 받았다는 점입니다. 1960년대 이후 10년 단위로 발생한 쿠데타는 귈렌의 이슬람 명상과 실천에 주요한 현실적 변수라고 말할 수 있습니다. 터키의 정치변화를 설명하는 변수로 세속주의와 이슬람주의, 순니파와 시아파, 아타튀르크 전통의 군부주의와 민간인의 세속주의, 민족적 융합성과 쿠르드 문제, 국가와 시민사회의 갈등, 지정학적 환경 등을 설정될 수 있고, 서로의 상관관계를 설명하기가 매우 어렵고 복잡합니다. 따라서 쿠데타와 귈렌과의 관계도 간단히 설명될 수는 없습니다. 1960년대부터 발생한 쿠데타를 간단히 정리하면 다음과 같습니다. 발생연도에 상응하는 귤렌의 나이는 1938년 출생을 기준으로 합니다.

① 1960.5.27(귤렌 22세): 군부, 민주주의 수호와 소모적인 정쟁 중단을 목표로 군사혁명 바야르 대통령과 멘데레스 수상 구금. 국회해산. 계엄사령관, 제말 귀르셀. 헌법 개정, 민정이양.
② 1971.3.12(귤렌 33세): 군부는 대통령에게 각서 전달: '터키의 무정부상태화와 아타튀르크의 세속주의로부터 이탈'에 대한 책임추궁과 정부의 무능 비판. 데미렐 수상 사임
③ 1980.9.12(귤렌 42세): 케난 에브란 장군, 계엄선포 국회해산. 투르쿠트 외잘과도정부 출범. 1982.11.7. 헌법개정, 정당정치 재개.
④ 1997.11.3(귤렌 59세): '포스트모던 쿠데타'. 정의당, 2003년 에르도안 총리
⑤ 2016.7.15(귤렌 78세): '실패한 쿠데타'. 에르도안 총리, 이후 대통령 집권

존 팔은 귤렌 선생님의 전기에서 활동 시기를 5개로 나눈 바 있습니다. 제1장 학습 에르주룸과 에디르네, 1938년~1966년, 제2장 "우리가 젊었을 때" 이즈미르, 1966년~1971년, 제3장 공감과 눈물 에게 해, 1971년~1980년, 제4장 슬픔과 대화 이스탄불, 1980년~1999년, 제5장 히즈메트 글로벌 미국, 1999년 등입니다. 그리고 이 『페툴라 귤렌-남을 위한 삶』에 있는 글들 가운데 1970

년대의 글은 5편, 1980년대의 글은 9편, 1990년대의 글은 15편, 2000년대의 글은 11편입니다. 존 팔 책에 있는 1970년대로부터 1980년대, 1990년대, 그리고 2000년대 이후 귈렌의 상황 특히 정치적 상황과 이 책의 글을 연결시키면서 귈렌의 메시지를 보다 잘 이해하도록 시도해봅니다. 10년 단위로 번호를 붙인 글은 존 팔의 책에 있는 내용이며, 저는 이 내용을 간단히 설명하면서 『페툴라 귈렌-남을 위한 삶』에 있는 귈렌의 입장을 연결하면서 소개합니다.

귈렌의 군복무와 1960년 쿠데타

20대 청년 귈렌은 1961년 11월 에디르네를 떠나 앙카라의 마마크Mamak 부대로 출발했다. 귈렌은 1961년 11월 11일에 입대 신고를 했다고 기억하며, 우리는 그가 국가에 대한 의무를 다한 1963년까지 복무했다는 것을 알고 있다. 그러나 우리는 또한 그의 군복무에 단절과 투쟁, 그리고 어려움이 없지는 않았던 것을 알고 있다. 1960년 5월 27일, 귈렌의 생애에 일어난 여러 군사 쿠데타 가운데 첫 번째가 터키를 혼란에 빠뜨렸다. 그 쿠데타는 아드난 멘데레스Adnan Menderes 수상이 이끄는 민주당의 10년간 통치를 종식시켰다. 멘데레스는, 귈렌의 군복무가 시작되기 바로 두 달 전인 1961년 9월 군사정권의 재판을 받고 교수형에 처해졌다 (141~142쪽).

귈렌의 1970년대: 공감과 눈물의 에게 해

① 귈렌은 군사 쿠데타의 장막 아래 10년을 시작했다. 계엄 법원은 시노프Sinop의 가택연금을 선고했으나 항소심에서 기각된 뒤, 1974년 사면법으로 고발이 취하됐다. 이러한 장막에도 불구하고 귈렌은 바쁜 공개 일정을 보냈다. 그의 설교 녹음테이프가

전국에 퍼졌다. 결국 그는 전국 투어에 나섰다. 그는 1977년 이스탄불의 술탄 아흐메트 모스크 등 터키에서 가장 권위 있는 많은 연단에서 설교했다. 귈렌이 이 웅장한 모스크에서 연설했을 때 당시 수상 쉴레이만 데미렐을 포함한 주요 정치인들이 참석했다. 호자에펜디가 설교자로서 개인의 위상이 높아지는 것 외에도, 1970년대에는 귈렌이 1960년대 후반부터 권장했던 시책들이 결실을 맺기 시작했다. 대부분은 젊은이들을 돕기 위해 헌신했다. 신흥 중산층의 많은 터키인들은, 그들의 자녀들에게 훌륭한 세속적인 교육을 제공하고 동시에 그들을 충실한 무슬림으로 유지할 방법을 모색했다.(251~252쪽)

② 1980년 9월 12일 케난 에브렌Kenan Evren 장군은 새벽 4시에 탱크를 거리로 내보내라고 명령했고, 그 후 국영언론을 장악하여 쿠데타를 선언하였다. 그 근거는 통상적인 것으로, 국민통합 유지와 아타튀르크 세속주의 회복이었다.(338쪽) 쿠데타를 일주일 앞둔 1980년 9월 5일, 귈렌은 마지막으로 설교를 했다. 그 후 그는 병 때문에 20일 휴가를 신청했고 받아들여졌다. 시기가 적절했다. 그럼에도 불구하고 쿠데타 당일에 그의 집이 급습을 당했는데, 그는 집에 없었다. 그 후 귈렌은 45일 휴가를 또 신청했다. 그것은 충분하지 않았다. 그의 이름으로 체포영장이 발부된 상황에서, 군사정권에 의한 그의 투옥은 시간문제였다. 그는 그 후 6년 동안 레이다로부터 벗어나 있었으며, 6년이라는 긴 시간 동안 교단과 공공장소에서 멀리 떨어져 있었다(339쪽). 페툴라 귈렌의 삶에서 개인적 활동과 공적인 압박 사이의 긴장감은, 1980년 9월부터 1986년 4월까지 지속되었다(350쪽)

③ 1980년 군사 쿠데타가 일어나기 직전, '스즌트'에 실린 귈

렌의 서두 글은 "평화"를 다루었다. "우리의 역사를 통해, 평화는 우리가 기회 있을 때마다 언급하는 '멀리 떨어져 있는 사랑하는 사람'처럼, 그러나 절대 다시 결합하지 않는 사람들처럼 되어왔습니다." 이러한 평화의 부재에도 불구하고, 혹은 아마도 부재 때문에, "우리는 국가적인 그리고 세계적인 규모로, 사람들이 평화의 사회를 건설하는 것을 돕기 위해 모든 노력을 기울여야 합니다." 이것은 낡은 표현처럼 들린다. 그러나 끊임없이 분열되고 있는 위기에 놓인 터키의 정치 문화의 맥락에서 귤렌이 말하는 '평화의 사회'는, 급진적이지 않고 상당히 포괄적이었다. 1979년 그가 묘사한 평화는 국가, 기업, 교육기관, 사법부를 포괄했다. 평화는 단지 갈등의 부재가 아니었다. 더욱 심오하게 평화는, 삶의 모든 측면에 스며들어 그것을 변형시키는, 신뢰하는 공동체의 출현이었다. 귤렌이 상상한 평화는 "개인 안에서 시작되고, 가족 안에서 울려 퍼지며, 거기서부터 사회 각지를 지배한다." 방법은 간단했다. 즉 이슬람은 강한 가정을 발전시키고 시민 사회에 이바지하기 위해 개인들에게 영감을 줄 것이다. 그것은 충분히 악의 없는 것처럼 들린다(347쪽).

④ 1970년대 중반에 이르러서는, 감옥 수감과 경찰의 정기적인 감시에도 불구하고, 페툴라 귤렌은 상당한 명성을 얻었다.(272쪽)

⑤ 1977년 9월 9일 이스탄불의 술탄 아흐메트 모스크에서 설교했다. 모스크는 만원이었다. 청중 중에는 슐레이만 데미렐 Süleyman Demirel 총리와 국무장관도 있었다. 귤렌은 "이타적 정신"에 대해 설교했다. 그는 이타주의가 "책임감"에 뿌리를 두고 있다고 설명했다. 물론 하느님을 포함한 다른 사람의 말을 진정으로 듣지 않으면, 한 사람은 진정으로 이타적이 될 수 없다. 그리

고 '사람의 의무'의 실현은 오직 이타주의를 통해서이다. 아무도 자신을 위해 존재하지 않는다. 이슬람은 다른 사람들을 위한 존재를 요구하고, 다른 사람들을 위한 존재는 마침내 삶을 살 가치가 있게 만든 원인이다(330쪽)

⑥ 귤렌의 친구들은, 1976년에 설립된 이즈미르의 인근 보자카Bozyaka에 있는 기숙사를 고등학교로 바꾸는데 1982년에 성공했다. 야만나르Yamanlar라고 불렀다(378쪽)

⑦ 기숙사나 학생 하우스는 운동을 일으키는데 결정적인 역할을 했다. 하우스가 많이 지어질 무렵(대충은 1972년~78년), 귤렌은 쿠란 학생들을 거의 10년 동안 가르치고 있었다(287쪽)

⑧ 1979년에 이을마즈는 '스즌트Sızıntı'편집을 시작했다. 이것은 히즈메트 사람들이 만든 많은 미디어 프로젝트 중 최초의 주요 출판물이었다(328쪽)

60년대에 이슬람 지도자로서의 연구를 지속하면서 군복무를 마친 귤렌은 ①, ②, ③에서 보듯이 정치적인 상황에 상당히 많은 제약을 받습니다. 그리고 이러한 영향은 90년대 중반까지 이어집니다. 하지만 ④와 ⑤는 귤렌이 이러한 제약에도 불구하고 이슬람 지도자 이맘으로서의 활동을 지속해 나가며 특히 이슬람에 바탕을 둔 '이타적 정신'을 강조함을 보여줍니다. 이러한 가운데 미래를 향한 비전으로서 젊은이들과 교육을 강조하면서 이슬람의 근대화를 통한 터키의 근대화 '운동'을 활발하게 전개해나갑니다. 그리고 제자 가운데 한 사람인 이을마즈가 잡지 '스즌트'를 창간하여 귤렌의 글을 지속적으로 발간, 홍보합니다(자료 ⑧). ①에서 보듯이 전국적으로 퍼진 귤렌의 설교 녹음테이프와 더불어 종이 매체는 귤렌의 영감을 받은 히즈메트 운동의 확산에 결정적으로 기여합니다. 이 『페툴라 귤렌-남을 위한 삶』에 실린 글 40편 가운데 34편의 글이 바로 이 '스즌트'에 처음 실렸던 에세이들입니다.

『페툴라 귤렌-남을 위한 삶』에 있는 70년대의 글은 모두 5편인데 ③에서 보는 글 "평화로운 사회"가 있고 나머지 4편은 '젊은이', '인간성의 향상', '우리의 교육철학', '교육이 약속하는 것' 등이며, 교육에 관해서는 1984년의 글 '교육으로부터 기대하는 것'이 있습니다. 이들 글들을 통해 우리는 귤렌의 상황인식을 볼 수 있으며, 이런 상황인식을 위한 열정적인 계몽의 역할을 교육으로부터 기대하고 있는 모습을 볼 수 있습니다. "젊은이"에서 강조하는 '개혁', '혁명' 그 자체인 젊은이들을 정치적 갈등의 주체들은 너도 나도 자기편으로 끌어들이려고 하면서 파괴합니다. '모든 사람이 젊은이를 유혹하고, 모든 사람이 젊은이를 손에 넣으려고 합니다.' 그러나 '최근 상황을 보면, 젊은이들은 맹목적인 애국주의에 갇혀버렸습니다. 그다음 그들은 총체적인 소외를 경험하면서 전례 없는 재앙인, 부패와 음탕에 빠져버렸습니다. 우리 시대의 젊은이는 방치되고 있으며, 불행의 한 복판에 있습니다. 그들은 잔인한 지도자들, 치명적인 이념주창자들, 그리고 정신을 쇠약하게 하는 미디어의 한 가운데 처해 있습니다.("교육이 약속하는 것") 그리고 오늘 날 젊은이들은 몸 안의 고통스러운 종기처럼 또는 눈 안의 백내장처럼 신음하고 있습니다. 그들은 겁먹고 있으며, 자비심은 사라지고, 사기에 전념하면서, 용기는 환상이 되어 버렸습니다. 낮은 곳 가운데서도 제일 낮은 곳에 있어 그들의 모습은 보이지도 않습니다.' 이러한 상황인식은 정치권에 대한 신랄한 경고인 동시에 젊은이들 교육에 대한 처절한 촉구라고 할 수 있습니다. 그리고 귤렌은 이러한 촉구를 ⑥과 ⑦을 통해 실천합니다. 터키 전체에서 무슬림 부모들과 학생들은 이즈미르와 이스탄불에 있는 전국 최고의 히즈메트 학교로 모여들었고, 이 귤렌의 교육운동에 참여하면서 히즈메트 정신으로 무장한 젊은이들로 바뀌어 갔으며, 전 세계로 퍼져나갔습니다. 벌써 50년 가까이 되어 갑니다.

 교육의 중요성에 대한 강조는 다음과 같이 이어집니다. '인간 육체의 기계적인 질서를 넘어 이성, 의지, 자유, 그리고 자기반성에 따라 인간의 모든 것은 발전합니다. 이렇게 해서 인간의 내적 그리고 외적 존재는 종합되어 하나의 자아가 됩니다. 이런 종합능력이 인간의 위대함입니다. 그러나 이런 능력은 교육을 통해서만 개발될 수 있습니다.'("인간성의 향상"). '역사를 통해 볼 때, 각 세대는 이어지는 세대들의 교육을 중요한 책무로 삼았는데, 교육은 자신들이 줄 수 있는 최대의 선물이기 때문입니다. 교육은 보다 고상한 목적에 주의를 기울이게 하고 동물적인 성향으로부터 우리를 지켜줍니다. 우리에게 행동의 틀과 맥락을 제공함으로써 교육은 우리를 거친 타락에 빠지지 않게 합니다. 교육을 통해 우리의 능력은 피어나고 우리 영혼 안에 숨겨진 잠재력은 드러납니다.' '교육을 통해서 선의 씨앗은 실현됩니다. 이성, 의지, 자기반성의 능력이 교육을 통해서 결실을 맺을 때, 우리는 진정한 인간이 될 수 있습니다. 그럴 때 인간은 동물적 존재를 넘어서고 자연 속에서 자유롭게 되고, 우리 자신을 절대적인 독립의 "존재"에 연결시킬 수 있습니다.' '우리는 특히 교육자로서, 젊은 세대들이 자신들의 인간적인 본질에 대한 지식을 얻도록 도와 줄 의무를 갖고 있습니다. 우리는 그들의 이성을 성숙시키고 그들의 의지에 활력을 불어 넣어야 합니다. 우리는 그들이 자신들의 감정을 깨끗이 하도록 도와주어야 하며, 자연 너머에 있는 그 무엇과 연결해주어야 합니다. 우리가 젊은이들을 품위 있는 인간으로 드높이지 않는다면, 역사는, 그들의 총제적인 소외에 대한 책임을 우리에게 물을 것입니다.'

그리고 이런 교육은 진정한 교사들만이 수행할 수 있습니다("우리의 교육철학"). 지식 전달이 교육의 목표가 될 수 없습니다. '내면화되지 않은 지식은 우리의 어깨 위에 놓인 엄청난 짐입니다. 혼란을 야기하는 해로운 악마입니다. 영혼에 빛을 비추고 영혼을 드높이지 않는 기계적인 교육은 우리의 양심을 어지럽히고 마음을 산란하게 할 뿐입니다.' '학교가 제공할 수 있는 최고의 지식은 외부 세계의 현상과 내면세계의 지혜를 연결시키는 지식입니다. 훌륭한 교사는 외적 현상처럼 보이는 것을 내면생활의 주요 부분들로 전환시킬 수 있습니다.' '가장 중요한 강의는 지식의 목적을 알려주는 강의입니다. 이 강의는 자격 있는 교사를 필요로 하며, 이런 교사는 자기 마음으로부터 나오는 강의를 합니다. 이것이 바로 인간 역사에서 보는 많은 훌륭한 교사들의 비밀입니다.' '진정한 교사는 현상의 의미를 파악하고 자기 삶과 양심 사이에서 이 의미들을 종합합니다. 진정한 교사는 모든 것 안에서 진리를 들으며, 이 진리를 어떤 언어로도 표현할 수 있습니다. 학교는 미래 세대를 위한 실험실과 같으며, 교사는 실험실의 물리학자입니다. 진정한 교사는 사회의 병을 고칠 수 있고 우리의 시야로부터 검은 구름을 제거할 수 있는 사람입니다.'

1980년대: 슬픔과 대화, 이스탄불

① 1980년 쿠데타 이후, 페툴라 귤렌은 거의 6년 동안 자신 속으로 물러났다. 이 시기 이후, 그는 거의 도시 전체에 의해 이전에는 없었던 방법으로 포옹을 받았다. 그의 물러남은 강제되었다. 역사와 사회가 그에게 강제한 조건들이 있었다. 더 정확히 말하면 그의 물러남은 군사정권과 그 정치적 억압 때문이었다.(344쪽) 그러나 1986년 귤렌의 공적 생활 복귀에 이은 히즈메트의 성장은 정치의 영역을 넘어서는 원인이 되기도 했다. 6년 동안 그는 뻔한 곳에 숨고 경찰은 추격하는 정치극장의 멜로드라마 같은 삶을 살았고, 동시에 그는 규칙적으로 가르치고, '형'들과 '언니'들과 상의하고, 그의 영감을 받은 사람들에게 그들이 시작한 기관과 단체를 성장시키라고 촉구했다. 1986년부터 1996년까지 10년 이상, 그는 이스탄불 상류 사회 어디에나 나타나지는 않았지만, 매우 두드러진 인물이었다. 그는 단순한 설교자나 선생이 아니었다. 그는 많은 무슬림들에게 세속적 공동체와 신성한 공동체를 연결하도록 돕는 이슬람을 증진한 공공 지식인이었다(345쪽)

② 1980년대 동안 터키의 대학 수는 19개에서 29개로 늘어났다(385쪽). 1984년에는 성직자 및 설교자를 양성하기 위해 고안된 이맘 중고교 34곳이 전국에 문을 열었다. 이 학교의 졸업생들 중 많은 수가-소년 소녀들 모두, 세속적인 주제를 다루는 중등교육 교사가 되었다. 터키 전역에 걸쳐 학교들의 급격한 증가와 함께 시험준비 센터들의 수가 그에 상응하여 증가하게 되었다. 보습센터가 터키의 교육시스템에 보조기관으로 편입된 1984년 이후 2002년까지 그런 기관의 숫자는 174개에서 2100개로 늘어났다(386쪽)

③ 교육 이니셔티브와 함께 1980년대와 90년대에는 귤렌의 영감을 받은 사람들이 새로운 미디어 이니셔티브를 만들어낸다. 첫 번째는 일간지, '자만Zaman'이며, 그 이름은 영어로 '시간'을 의미한다. 창간호는 1986년 11월 3일에 나왔다(388-389쪽). 1986년과 2007년 사이에 '자만'은 10배나 성장하여 터키에서 가장 널리 구독되는 신문이 되었고, 100만부 이상이 공식 발행되었다(390쪽) 그리고 '지한Cihan' 뉴스 통신사는 귤렌의 영감을 받은 텔레비전, 라디오, 종이신문 기자들의 일종의 "연합언론"으로 시작되었다. 이 기자들 대부분은 글을 쓰고 제작능력을 가지고 일을 하여, 결국 귤렌 관련 미디어 사업인 '페자 출판Feza Publications'이라는 대기업을 만들게 되었다. '페자'는 '자만'과 마찬가지로 1986년에 법인화되었다. 사실 '자만'은 '페자'의 여러 회사 중 하나이다.

④ '지한' 통신사는 1994년에 설립되었다. 2016년 7월 정부에 의해 폐쇄되기 전 남녀 500명 이상을 고용했으며, 가자 및 카불과 같은 세계적인 분쟁지역을 포함해서, 중앙아시아, 중동, 발칸 국가, 유럽, 남미, 아프리카, 극동 지역에 지사나 특파원을 두고 있었다(392쪽) 신문인 '자만' 외에 귤렌 운동도 사만뇰루로 알려진 전국 텔레비전 채널과 '뒤나Dünya'(세계), '부르취Burç'(타워) 등 인기 라디오 방송국을 출범시켰다. 이 운동은 또한 '스즌트Sızıntı'(과학 월간지), '에콜로지Ekoloji'(환경 관련 잡지), '예니 위미트Yeni Ümit'(신학 잡지), '악시온Aksiyon'(주간지), '파운틴The Fountain'(영어 종교 간행물) 등도 발행했다. 귤렌의 활동은 교육, 대중 매체, 금융 네트워크를 통해 응집력 있고 규율 있는 공동체 형성을 목표로 하고 있다. 미국에서 운동은 블루 돔 프레스(Blue Dome Press)를 설립하여 도서출판 사업에 적극적이다(392쪽).

⑤ 여기서 주목해야 할 것은 2016년 에르도안 정권에 의해 터키에서 이 모든 출판이 폐쇄되었다는 점이다. 그들 중 몇몇은 해외에서 계속 출판되었다. 예를 들어, '블루 돔 프레스'는 잡지 '찰라얀Çağlayan'(폭포)을 시작했다.(393쪽)

①에서 보듯이 귤렌은 1980년 쿠데타 이후 1986년까지 공적 활동을 하지 못합니다. 하지만 이 기간 동안 이맘으로서의 명상과 실천을 지속적으로 이루어집니다. 『페툴라 귤렌-남을 위한 삶』에 실린 1980년대의 글은 모두 9편인데, 1980년의 글이 4편, 1982년의 글이 1편, 1984년의 글이 2편, 1985년의 글이 1편, 1987년의 글이 1편입니다. 1980년 9월 12일 쿠데타가 발생했습니다. 1980년의 글 4편 가운데, 9월 이전에 기고한 글이 "우리가 갈망하는 사람"(2월), "용서와 관용"(3월)이며, 이어 "우리 미래의 설계자들"(9월)과 "자비"(11월)가 게재되었습니다. "우리가 갈망하는 사람"에서 당시의 상황인식은 처절하게 나타납니다. 정치권력 근처에 있는 군부나 정치인들에게는 대단한 경고로 들립니다. '오래 기간 동안 우리나라는 우리의 상처를 고쳐주고 우리를 병에서 구해줄 구원자들을 갈망해왔습니다. 특히 오늘, 하늘이 어둡고 갈 길이 혼돈으로 막혀 있을 때, 우리는 이 구원자들을 생명수처럼 갈망합니다. 이들이 과연 올지 의심이 들 때도 우리는 이들이 오기를 끊임없이 요구하면서, 노래를 부르고 있습니다.' '오래 기다려온 이와 같은 사람들을 발견하지 못한 것이 우리들 고통의 뿌리입니다. 우리의 최근 역사에서 이러한 영웅들이 얼마나 있었습니까? 우리의 존재를 이해하고 이 땅 위에서 "창조자"를 대변하는 책임을 느끼는 사람이 누구였다고 여러분들은 지적할 수 있습니까? 우

리는 그러한 마음을 가진 사람을 처절하게 찾고 있습니다.' '우리의 최근 역사에서 어느 누구도 이 역할을 수행할 수 없었습니다.' '많은 사기꾼들이 우리를 조롱하듯 나타나서 나름의 길을 보여주면서 우리를 속였습니다. 그러나 그들은 우리의 지지를 결코 얻지 못했으며, 자신이 제시한 것들의 결과를 보여주지 못했습니다.' '폭력과 유혈을 통해 사람들에게 '행복'을 가져다주기 원하는 사람들은 신성한 모든 서적들이 거부하는 길을 계속 가려는 비참한 사람들입니다. 우리는 이런 일탈이 잘못되었음을 우리 사회가 분별하기를 원합니다. 분별을 못한다면 우리는 이런 사람들의 전염병에 걸리고 말 것입니다. 아! 우리는 아직 이런 분별과는 거리가 멉니다.' 군부나 정치인들에 대한 이 같은 독설은 국민들에 대한 한탄으로 이어지고, 이 같은 발언은 ①에서 보듯이 귤렌의 공적활동을 못하게 하는 외적 강제로 주어진 것 같습니다.

그러나 이러한 분별없는 대중들에게 귤렌은 용서와 관용을 촉구하고 이 용서와 관용으로서 터키의 근대화를 기대합니다. "용서와 관용"에서 귤렌은 다음과 같이 말합니다. '증오와 적개심은 사악한 영혼이 뿌린 지옥의 씨앗과 같습니다. 반감을 조장하고 이 땅을 나락으로 바꾸는 사람들에 대항하여, 우리는 위기에 처한 모든 사람들을 용서해야 합니다. 용서와 관용에 익숙하지 않은 사람들이 우리의 최근 상황을 고통으로 채웠습니다. 이와 같은 불길한 사람들이 미래도 지배할 것을 생각하면 떨지 않을 수 없습니다. 따라서 우리는 우리의 자녀들과 손자손녀들에게 용서의 덕목을 가르쳐서, 가장 잔인한 행동들과 가장 불안한 사건들에 맞서서도 지속되게 해야 합니다.' 이맘으로서 강조하고 젊은이들에게 지속적인 저항의 에너지를 불어넣습니다. 그리고 그 에너지의 원천은 진정한 교사에 의한 진정한 교육입니다. '우리의 최근 상황을 보면, 자녀들은 적개심의 학교에서 교육을 받았으며, 우리는 이들이 전장의 공포 속으로 내던져진 것을 목격했습니다. 입에서 피를 내뿜는 사회로부터 그들은 무엇을 배울 수 있었겠습니까? 새 아침에도 지평선은 피로 붉게 물들었습니다. 당시의 잔인한 사건들은 이들 영혼의 개선에 대한 갈망을 비웃었습니다. 우리가 이 세대들의 고통을 인식할 수 있다면 좋겠습니다. 이들은 너무도 오랜 기간 동안 잘못된 교육을 받아서 잔인하게 되었기 때문에, 이들은 부패와 반란만을 알 뿐입니다.'

터키 미래의 설계자들은 이타심으로 가득 찬 봉사하는 무슬림들입니다. 그리고 그 덕목들은 "우리 미래의 설계자들"에 자세히 나타나 있습니다. 귈렌은 말합니다. '오랫동안 우리나라는 이런 설계자가 나타나기를 기대하면서 마음이 아팠습니다. 얼마나 더 기다려야 할지 모르겠습니다. 하지만 희망을 잃지 말고 지평선을 바라보면서 태양이 떠오르기를 기다립시다.' 이 글이 실린 '스즌트'지 20호가 쿠데타 이전에 발행되었는지, 이후에 발행되었는지는 확인이 안 됩니다. 그러나 쿠데타 전후의 정치상황의 연속성으로 볼 때, 이러한 현실 인식은 1980년 쿠데타에 제한되어 있지 않고, 이 후에도 얼마든지 가능하다고 말할 수 있습니다.

쿠데타 이후 귈렌의 용서와 관용에 대한 태도는 정치상황에 의해 역전되어 나타납니다. 사랑과 자비, 용서와 관용은 무조건적으로 베풀어져야 하지만, 괴물, 흉악범, 코브라, 흡혈귀, 늑대는 적용 대상이 아닙니다. 1980년 11월에 기고된 "자비"는 쿠데타 세력에 대한 절규로 들립니다. '우리는 자비를 적당한 비율로 베풀어야 하며, 누가 자비를 받을 자격이 있는지 알아야 합니다. 괴물에게 베푸는 자비는 탐욕을 부추길 뿐입니다. 흉악한 사람들에게 베푼 자비는 이 사람들을 더욱 공격적으로 만들 뿐입니다. 다른 사람에게 독이 되면서 쾌락을 즐기는 사람들에게 자비를 베푸는 일은 맞지 않으며, 세상을 코브라에게 넘겨주는 일입니다. 피에 굶주린 사람에게 베푼 자비는 그 희생자에게는 무자비가 됩니다. 늑대에게 자비를 베풀면 희생되는 양들의 권리는 무시하게 됩니다. 이러한 태도는 틀림없이 늑대들을 기쁘게 하지만, 나머지 피조물들을 비탄에 울부짖게 합니다.'

한편 1980년대의 글 가운데, 1984년의 2편은 교육을 주제로 한 에세이로서 이미 앞서 다루었습니다. 1982년의 "덕성과 행복"과 1987년의 "사랑"은 진정한 무슬림들이 갖추어야 할 포괄적인 서술로 보아도 괜찮을 것 같으며, 이러한 내용은 1985년의 글 "문명의 개념"에서 다소 긍정적인 현실인식으로 이어 집니다: '우리나라의 지식인들은 오랫동안 이런 기만을 선전해왔으며, 근대적인 과학기술의 발전을 문명의 약속처럼 내보이면서 대중을 잘못 이끌었습니다. 그들의 의도가 무엇이던 간에, 이 실수의 결과는 우리나라의 전반적인 파괴였습니다. 다행히도 최근에 우리들은 전통적인 인간적 덕목들을 위해 모이기 시작했으며, 진정한 의미의 문명을 성립시키려 하고 있습니다. 확신과 신앙을 가지고 이런 이상에 헌신하는 일은 새로운 세대의 의무입니다.'

1990년대 이후: 히즈메트 글로벌, 미국

① 귤렌이 대중 설교로 마지막으로 돌아왔을 때, 그 설교는 결국 51세 된 귤렌에게 손해를 끼쳤다. 1989년 1월 13일부터 1991년 6월 16일까지 2년 이상 동안 그는 터키의 3대 도시의

모스크에서 적어도 매주 한 번, 그리고 때로는 두 번 설교를 했다(398쪽) 귤렌의 역동적인 활동은 귤렌이 1991년 대중 설교에서 영구적으로 은퇴하는 것을 재촉했다. 그러나 치열한 18개월간의 설교와 교육 활동 기간 동안 귤렌은 그를 따라온 많은 사람들에게 예언자 무함마드에 대한 관심을 집중시켰다. 1989년 1월 13일부터 1990년 3월 16일까지 61주 동안 귤렌은 예언자 무함마드와 그의 동료들과 관련된 주제에 대해 설교했다(400쪽).

② "포스트모던 쿠데타"라고 불리는 쿠데타는 1997년 2월 28일 터키에서 일어났다. 이날 국가안전보장회의(NSC)는 선출된 네즈메딘 에르바칸Necmettin Erbakan(이슬람 복지당 대표) 총리를 자리에서 물러나게 한다는 비망록을 발표했다. 에르도안 역시 복지당 의원이었다. 에르도안 역시 귤렌과 마찬가지로 이슬람으로부터 합법성을 주장했다. 사실, 1997년 12월, 그는 무슬림이라는 죄로 기소되는 귤렌을 따랐다. 더 구체적으로 말하면 에르도안 총리는 무슬림들을 군사화하고 동원하겠다고 위협한 시의 일부를 낭독한 후 "증오를 불러일으킨" 죄로 기소되었다.(491쪽) 그는 결국 1999년에 4개월 동안 복역했고, 정치활동이 금지되었다. 그는 사면을 받고 공직에 복귀할 때 민주주의에 대한 충성을 맹세했다. 그러나 그는 또한 그를 감옥으로 가게 했던 정밀한 후원제와 근친 자본주의를 실천했다.(492쪽)

②-1 1997년에 시작된 또 다른 정치적 박해를 따라, 1999년에 미국에 이민 갔을 때, 그는 여러 면에서 건강한 사람이 아니었다.(345쪽) 1999년 4월 21일 귤렌이 이스탄불을 떠난 지 한 달도 안 되어, 누흐 메테 위크셀Nuh Mete Yüksel 검사는, 귤렌을 '국가 안보의 위협적 존재'로 규정하며 첫 기소를 했다. 호자에펜디

와 함께 명시된 이들은, 그의 학생이자 추종자들, 즉 학자, 언론인, 운동가 등 십여 명이 넘었다. 귤렌이 터키에서 무슬림들을 어떻게 가장 많이 모았고, 학교, 언론, 금융 및 기타 사업을 건설하기 위한 "비밀" 작전을 어떻게 수행했는지를 기록한 조서들이 이어졌다(501쪽) 또한 그의 사람들이 정부 내에서, 특히 경찰과 사법부 내에서 직책을 맡도록 장려했다고 기소되었다(502쪽)

2000년 3월 8일: 위크셀 검사, 앙카라 국가보안법원에 체포영장 청구
2000년 8월 7일: 앙카라 1호 법원, 영장 청구 기각.
2000년 8월 11일: 앙카라 2호 법원에 영장 재청구.
2000년 8월 23일: 귤렌 사건, 이스탄불 국가 보안법원으로 이관.
2000년 8월 28일: 이스탄불 법원, 영장 기각.
2000년 8월 29일: 귤렌 사건, 앙카라 2호 법원으로 다시 이관.
2000년 8월 31일: 부장검사, 기소장 제출.
2000년 10월 16일: 궐석재판 시작

②-2 앙카라 11호 고등 형사법원은 2006년 5월 5일 귤렌에게 무죄를 선고했다. 상소는 2년 더 질질 끌었다. 이 사건은 마침내 2008년 6월 24일 항소 대법원에 이르렀다. 법원은 17대 6으로 무죄 판결을 냈다. 별로 다행스러운 일이 아니었다. 귤렌은 터키로 돌아가고 싶다는 열망과 의지를 여러 번 피력했었다. 그는 자신에 대한 고소를 마주하고, 더 나아가 자신이 사랑하는 나라에서 다시 살고 싶어 했다. 그러나 그는 또한 자신의 귀국이 복잡하다는 것을 깨달았다. 그는 점점 쇠약해졌다. 그는 설교를 그만두었다. 그는 더 이상 어떤 경우에도, 그에게 항상 어려웠던 공

적 역할을 추구하지 않았다. 그래서 그가 2008년 10월 8일 미국 시민 이민국으로부터 "영구적 거주자 신분" 비자(I-485)를 발급받았을 때, 길고 힘든 신청 절차, 그리고 또 하나의 긴 기간의 불확실 상태가 해결된 것처럼 보였다. 그는 사실상 자율 망명을 하고 있었다. 그러나 그는 적어도 당분간 안전한 곳에 있었다(503-504쪽)

③ 2016년 7월 15일이 왔다. "실패한 쿠데타"라고 불린다. 몇몇 군인들 일부 가운데 확실히 일부 (무능한) 부류가 동원되었다. 그리고 총리가 시민들에게 거리로 나가라고 촉구한 이후, 그에 상응하는 인명 피해도 있었다. 귤렌을 2016년 7월 이벤트와 연결시키고자 했던 사람들은, 이 이전의 정치적 연루를, 최근의 정치적 음모, "실패한 쿠데타" "뒤에", 그가 있는 것이 틀림없다는 증거로 지적했다(619쪽)

③-1 2016년 7월부터 2018년 3월까지(그 이후 탄압이 계속되면서 그 수가 증가하였다), 에르도안 정권은 국가 포고령으로 151,000명의 국가공무원을 파면했다. 여기에는 교사, 관리책임자, 경찰과 4,000명이 넘는 판사와 검사, 그리고 5,800명의 학자들이 포함된다. 정부는 또한 217,971명 이상의 터키 시민들을 구금했고 319명의 기자들을 포함하여 82,000명을 체포했다. 모두 3,003개의 학교, 기숙사, 과외 센터, 그리고 대학들이, 신문, 잡지, 텔레비전, 라디오 방송국을 포함한 189개의 언론 매체와 함께 문을 닫았다. 이 숫자들은 우리의 감각을 마비시킨다. 그러나 막상 정부는 합리적이지 못하고 진실을 가리는 오래된 수법으로, 스탈린주의자들의 숙청비율을 제시할 뿐이다(예를 들어, 에르도안 총리는 자신이 단지 "두 명의" 기자만 수감시켰다고 주장했다). 한

편, 많은 히즈메트 기숙사와 과외 센터는 현재 정의개발당 본부로 "재개소"되거나, "터키 청년 및 교육 서비스 재단"라는 기관의 '보호'하에 운영되고 있다(622쪽)

존 팔은 귤렌의 전기에서 1990년대 이후를 한 시기로 보아 서술하고 있습니다. 1986년 귤렌이 공적 활동을 다시 시작했고 귤렌은 이맘으로서 무함마드와 이슬람에 대해 집필과 강연을 지속합니다. 그리고 교육을 중심으로 시작되었던 히즈메트 운동은 이 교육을 받은 사람들을 통해 그 효과를 발휘하기 시작하여 다양한 영역으로 더욱 확산되어 터키의 근대화에 기여했으며, 귤렌의 영감을 받은 젊은이들은 히즈메트가 필요한 아시아, 아프리카, 호주, 미국, 유럽 등 전 세계로 나아갑니다. 그리고 1997년 터키에서는 또 다른 쿠데타가 일어나 결국 귤렌은 미국에 망명, 정착하게 됩니다.

『페툴라 귤렌-남을 위한 삶』에 실려 있는 1990년대의 글은 15편, 2000년대의 글은 11편입니다. 존 팔은 1990년대 이후를 하나의 시기로 보아 연속적으로 기술하고 있으나, 쿠데타의 발발이 귤렌에게 매우 중요하기 때문에 이 26편의 글을 1997년 이전과 이후로 나누어서 연차적으로 분석해보겠습니다. 이 26편의 글은 제1장 인류와 문명에 9편, 제2장 믿음과 지혜에 5편, 제3장 윤리와 영성에 3편, 제5장 봉사하는 사람에 3편, 그리고 제6장 이슬람6편이 주제별로 나뉘어 수록되어 있습니다. 이렇게 1990년 이후의 글들은 주제가 다양합니다. 특히 제2장과 제6장의 글은 모두 1990년대 이후의 글들입니다. 한편 제4장 교육은 거의 모두 1970년대와 1980년대 초의 글로 이루어져 있습니다.

1990년대 이후의 글 26편을 다시 1997년 이전과 이후로 나누어 봅니다. 1997년 이전의 글은 8편, 1997년의 글은 2편, 1997년 이후의 글은 16편입니다. 먼저 1990년대의 글 가운데 1997년 이전의 글 8편을 보기로 합시다. ①에서 보면 귤렌은 공적 설교를 활발하게 하면서 진정한 신앙과 이슬람에 대한 강조, 그리고 세속과 영원의 일치를 위한 히즈메트의 강조를 담은 기고문들을 싣습니다. 진정한 신자는 이상적인 인간이며, 이 이상적인 인간은 이상적인 사회를 히즈메트의 인간입니다("이상적인 사회", 1990). 하느님께 대한 '마음'을 바르게 갖고 양심과 이성, 정신을 바르게 갖는 인간이 되기 위해서는 미혹에 빠진 인간에 되어서는 안 되고 하느님에 대한 영성을 가꾸어야 합니다: '우리의 정신이 한가한 잡담에 쏠리고 우리의 이성은 속게 되었습니다. 양심의 혀와 마음의 멜로디가 조용해지자, 땅은 무덤처럼, 집은 관처럼 되었습니다. 생활은 고되어졌고, 정신은 잘못된 갈망의 스모그로 질식했습니다. 이러한 불안 가운데, 세속적인 느낌들과 육체적인 생각들은 우리의 영혼을 도둑떼처럼 습격했습니다. 도둑떼들은 우리에게 다양한 독약을 먹였으며, 우리는 미혹에 빠진 군중이 되었습니다. 군중은 양심의 소리를 들을 수 없고 이성에 닫혀 있으며, 어떤 것도 명상하거나 이해하지 않게 되었습니다("마음", 1990). 올바른 신자를 위한 영성적인 내용의 기고는 계속 이어집니다. "새로운 사람"(1991), "우리 자신의 깊이" 1, 2, 1993) 등으로 계속 이어집니다. 그리고 이러한 영성에 대한 강조는 1995년의 글에서 보다 강력하고 생생한 표현으로 나타나면서 터키의 젊은이들을 히즈메트의 길로 이끕니다. "영혼의 헌신적인 설계자"(1995)들은 "내 눈에는 '천국'에 대한 사랑도, '지옥'에 대한 두려움도 없다. 나의 백성이 구원을 받는다면, 나는 지옥 불에 태워져도 좋다"고 열정적으로 말합니다."

두 손을 벌려 이들은 기도합니다. "오! 주님, 제 몸 하나만으로 지옥을 채우게 하시어 다른 사람들이 있을 자리를 남겨주지 마십시오." 이 기도는 하늘을 흔들 수 있습니다. 오늘 날 우리는 이런 영성적 깊이를 가진 사람을 필요로 합니다. 다른 사람들의 죄를 위해 울부짖는 사람, 자신보다는 다른 사람이 먼저 용서받기를 기도하는 사람, 다른 사람이 "천국"에 들어가도록 연옥에 머무는 사람, 다른 사람들이 "천국"에 들어갔다 해도 이들의 끝없는 즐거움에 봉사하는데 전념하는 사람을 필요로 합니다." 이러한 내용은 신자들에 대한 각성의 촉구이기도 하지만 정치인들과 터키 사회에 대한 경고이기도 합니다. 현실상황에 대한 판단은 신자들과 터키 사회 모두에 대한 메시지로 볼 수 있습니다.

 1995년 "마음의 주권을 향하여"는 매우 강력한 경고와 동시에 희망의 가능성을 제시하고 있습니다. "최근의 상황으로 볼 때 인간은 고통에서 고통으로 표류하고 있습니다. 우리는 죽음의 구덩이에 빠져있으며, 빠져나오려는 노력도 우리를 새로운 재앙으로 이끌 뿐입니다. 전 세계에 걸쳐 기존 정부들은 개인들의 탐욕과 야망에 시달리고 있습니다. 오늘날, 우리 사회를 조정하고 있는 엘리트들, 대기업들, 강력한 마피아들은 건드릴 수 없습니다. 인간의 덕성들은 무시되고, 사람들은 재화, 재산, 그리고 안락을 부추기는 '삶의 표준"에 사로잡혀 있습니다. 승리했을 때 손을 들어 올리는 오만한 검투사처럼, 물질적인 부는 덕성, 지식, 명상, 용기 등 우리가 한 때 의존했던 가치들을 짓밟고 있습니다. 하지만 도덕적인 맥락 밖에서 부는 아무런 가치를 갖지 못합니다. 재화 그 자체만을 위하여 재화를 추구한다면, 재화는 잔인함의 원인이 됩니다. 사회의 진정한 핵심인 지혜와 윤리는 환상과 어리석음으로 취급되어

왔습니다. 우리는 정치적 위기에서 벗어났지만 윤리적 위기에 빠져버리고 말았습니다. 경제 위기를 극복했지만, 군부에 의한 위기 상황에 처하게 되었습니다. 더구나 우리의 에너지는 우리 자신의 부정적인 태도들로 인해 고갈되어 버렸습니다. 이런 잘못된 도전들로부터 벗어나려면, 전통적인 종교적 원칙들, 믿음, 사랑, 도덕, 형이상학적 사고, 영성적인 훈련 등으로 되돌아가는 것이 필요합니다. 철저한 봉사의 노력을 통하여, 우리는 평화, 안전, 그리고 사랑의 윤리들이 지금이 세상에 나타날 것을 믿습니다. 우리는 인간이 참된 행복을 발견할 것을 믿습니다. 우리는 미래세대가 돈, 풍요, 명예, 지위, 그리고 온갖 종류의 탐욕 대신에 사랑에 자신들의 신뢰를 둘 것을 믿습니다. 이럴 때, 모든 사람은 그들 마음의 주권에 따라 살 것입니다."

1997년은 쿠데타가 발생한 해입니다. 쿠데타 발생 직후의 글, "삶의 목표"에서는 현실정치에 대한 비판은 크게 보이지 않습니다. 영성적인 인간, 히즈메트의 인간이 강조되고 있습니다. 그러나 1997년 11월에 발표된 "이슬람의 본질"에서는 쿠데타 세력에 대한 저주와 절규를 보여줍니다. 어느 시기에서나 이런 비판의 글이 나올 수 있지만 쿠데타와 연관 지어 읽으면 이 글은 대단한 독설로 가득 차 있습니다.

자비를 얘기하지만 자기에 동의하지 않는 사람들을 살육하고 이들을 불신자나 위선자로 몰아세운다면, 우리의 기도 장소는 사람들을 하느님으로부터 멀어지게 하고 이들의 마음을 어둡게 합니다. 이것은 계시의 목적이 아닙니다. 오늘 날 존재하는 종교에 대한 적대감은 사탄을 기쁘게 하는 편협함입니다. 종교를 방어하려고 치켜든 주먹역시 적대자들과 마찬가지로 나쁩니다. 다른 견해들에 대한 공격은 천사들을 비탄에 잠기게 하는 무지를 드러냅니다. 진정한 신앙을 알지 못하고 양심에 어긋나는 말을 하면 하느님의 사랑을 빼앗기고, 하느님에게 소중한 것을 소중하게 여기지 않는다면, 이런 사람은 겉보기와는 관계없이 진정한 종교인이 아닙니다. 겉모습을 진정한 종교로 잘못 아는 일은 종교 자체의 보편적인 핵심을 모독하는 일입니다. 목적이 분명한 사람은 목적을 위해 죽습니다. 그리고 이들은 죽어서도 우리들의 기억 속에서 안식을 취하면서, 우리와 함께 공유하고 영원히 남을 양심을 우리에게 심어줍니다. 이런 고상한 영혼들과는 달리 개인적 이익의 노예들은 진지한 어떤 것에도 관심이 없으며, 자신들의 욕망에 눈이 멀어 있습니다. 이들은 비참함 속에서 살고, 이들의 유산은 저주이며, 이들이 맞는 유일한 종말은 재앙 위의 재앙입니다.

『페툴라 귤렌-남을 위한 삶』에는 없지만 이런 비판과 수준을 같이 하는 강력한 언어가 설교에 나타나 있습니다. "우리는 하느님께 약속합니다. 우리는 돌밭 길로 들어섰습니다. 우리는 뒤돌아가지 않을 것입니다. 뒤로 돌아가면 우리는 배신자들입니다. 이것을 우리의 노래로 합시다. "그 때 떨어진 거리는 없을 거야, 그때 길은 포장될 거야, 그때 건널 수 없었던 다리도 건널 거야, 그 때 산과 언덕이 머리를 숙이고, '계속해요!'라고 말할 거야, 그 때 산과 언덕은 낮아질 거야." 그리고 우리에게 불성실한 운명과 불성실한 친구들이 있다 하더라도, 그리고 우리가 아주 강한 사람들의 미움을 받더라도, 우리는 약속을 했습니다. 우리는 뒤돌아가지 않을 것입니다.(존 팔, 595쪽) 이상이 1997년 쿠데타와 관련이 있는 내용들입니다(위의 자료 ②, ②-1, ②-2)

『페툴라 귤렌-남을 위한 삶』에 있는 1997년 이후의 글 16편 가운데 10편이 1999년과 2000년에 각각 5편씩 집중되어 있습니다. 귈렌은 1997년 이후 특히 1999년 이후 미국 펜실바니아에 거주하면서 정치적 망명 또는 종교적 망명 생활을 하고 있습니다. 고향을 떠나 있으면서 특히 정치적인 재판이 진행되고 있었지만 (역시 위의 자료 ②, ②-1, ②-2) 피정 센터에서 이맘으로서 영성적인 생활과 제자들에 대한 가르침에 '상대적으로 더' 집중하는 모습이 보입니다. 이 16편의 글들의 주요 내용은 이슬람에 대한 올바른 이해, 올바른 신자들의 자질과 덕목, 터키, 더 나아가 세계에 대한 봉사, 히즈메트 네트워크의 확산 등입니다. 1999년에는 "우리들의 책임"(4월), "이슬람의 특징들"(4월), "신자의 자질들"(5월), "인간의 내면생활"(8월), "사람에 대한 사랑"(9월) 등이 있으며, 2000년에는 "내적인 평화"(2월), "영적인 관점에서 본 여성"(4월), "동정심을 갖는 사람의 모습"(8월), "하느님께 바친 영혼들"(10월), "이슬람의 그늘에서 쉬기"(11월) 등이 있습니다. 그리고 2003년 "하느님에 대한 사랑", 2004년 "진리에 대한 사랑", 2006년 "하느님 앞에 선 신자", 2008년 "사랑을 갈망하는 인간" 등이 있습니다. 이와 같이 영성적인 주제를 다루는 글에서도 세속에 대한 봉사-히즈메트는 언제나 담겨 있고 얼마든지 읽을 수 있기 때문에 이들 글들이 순수한 이슬람 신학의 내용에 그치고 있지는 않습니다. 숨결을 고르고 찬찬히 읽으면 귈렌의 마음결에 깊은 감동을 느낄 수 있습니다.

『페툴라 귈렌-남을 위한 삶』의 글은 2008년에 그치고 있습니다. 하지만 좀 더 시간을 늘려 설명을 드리겠습니다. 드디어 2016년 7월 15일이 왔습니다. 귈렌이 경험하는 가장 최근의 쿠데타입니다. 2016년 옮긴이는 터키 이스탄불에서 안식년 1년을 보낼 준비를 마친 참이었습니다. 터키 정치사상사의 집필과 더불어 프랑스 절대주의와 오스만 제국의 절대주의를 비교하려는 큰 프로젝트를 기획하고 있었습니다. "터키 파티흐 대학교에서는 대환영이었고, 특히 테칼란 총장님께서 너무 좋아하셨다. 머물 숙소도 위스크다르 지역에 준비했다. 조금 일찍 8월 초에 출국하려고 준비하고 있었다. 그리고 2016년 7월 15일. 쿠데타가 일어났다. 파티흐 대학교는 '폐교'되었다. 거의 1순위였다. 귤렌 선생님은 에르도안의 최대 정적이 '되었다'. (존 팔, 35쪽)(자료 ③, ③-1). "현대의 네로들"에 대한 귤렌의 비탄과 충격은 지금도 생생하게 느껴집니다. "국가의 병폐를 치유한 죄로 기소되어 있었던 동안, 다른 사람들을 먹이로 삼는 일이 너무 오래 습관화되어, 피를 마시기 위해 냄새를 맡으며 국가의 혈관을 말리는 사람들이 있습니다. 모든 재난에 직면하여 침묵을 강요하는 사람들이 있습니다. 저는 지켜보고 또 궁금해 합니다. 깊은 괴로움 속에서, 격분한 가운데, 침통한 눈물을 흘리며"(존 팔, 597쪽).

귤렌이 겪은, 아니 지금도 겪고 있는 2016년의 '실패한 쿠데타'에 대해 2016년 7월 26일 발행된 '뉴욕 타임즈'의 특별 기고를 위해 다음과 같이 썼습니다." 이번 달 터키에서 군사 쿠데타가 시도되고 있는 동안, 저는 그것을 가장 강력한 용어로 비난했습니다. "정부는, 무력이 아니라 자유롭고 공정한 선거과정으로 성취되어야 합니다. 터키와 터키 시민들, 그리고 현재 터키에 있는 모든 사람들을 위해, 이 상황이 평화롭고 빠르게 해결되기를 하느님께 기도합니다. 세 주요 야당들에 의해 발표된 성명들과 유사한, 저의 명백한 항의에도 불구하고, 터키의 점점 권위주의적인 대통령 레제프 타이이프 에르도안은 즉시 제가 쿠데타를 지휘했다고 비난했습니다. 그는 제가 1999년부터 자진 망명 생활을 해온 펜실바니아에 있는 제 집으로부터 저를 터키로 인도해 줄 것을 미국에 요구했습니다. 에르도안 씨의 제안은 제가 믿는 모든 것과 충돌할 뿐만 아니라, 무책임하고 잘못되었습니다. 신앙을 가진 모든 인간에게 봉사하는 것을 목적으로 하는, 포용적이고 다원주의적인 이슬람을 포함한 저의 철학은, 무장 반란과는 반대됩니다. 40년 이상 동안, 터키어로 "봉사"를 뜻하는 "히즈메트"라고 불리는, 저와 연관되어 있는 운동의 참가자들은, 국민의 의지에서 그 합법성을 이끌어내고, 그들의 종교적 관점, 정치적 신념 그리고 종족적 뿌리에 관계없이, 모든 시민들의 권리를 존중하는 정부의 형태를 옹호하고, 이에 대한 그들의 헌신을 증명해 왔습니다. 히즈메트의 가치에 영감을 받은 기업가들과 자원봉사자들은 150개 이상의 국가에서 현대 교육과 공동체 봉사에 투자했습니다. 서구 민주국가들이 온건한 이슬람 목소리를 찾고 있는 이 시기에, 저와 히즈메트 운동에 참여한 친구들은, 알 카에다에 의한 9.11 테러 공격부터 이슬람국가(IS)의 잔혹한 처형, 보코 하람의 납치에 이르기까지, 극단주의 폭력에 대해 분명한 입장을 취해 왔습니다. 평생 동안, 저는 국내 정치에 대한 군사 개입을 공개적으로 그리고 개인적으로 비난했습니다. 사실 저는 수십 년 동안 민주주의를 옹호해 왔습니다. 40년 동안 터키에서 4번의 군사 쿠데타를 겪었고, 그리고 그 군사 정권에 의해 괴롭힘과 부당한 투옥으로 고통 받아온 저는, 제 동료 시민들이 다시는 그러한 시련을 받지 않기를 바랍니다. 만일 히즈메트의 지지자로 보이는 사람이 쿠데타 시도에 말려들었다면, 그 사람은 저의 이상을 배반한 사람입니다(619~620쪽). 그리고 귤렌의 기도는 지금도 계속되고 있습니다. "터키가 모범적인 민주주의가 되는 것을 보기 위해 살지는 않겠지만, 너무 늦기 전에 추락하는 권위주의적 추세가 멈출 수 있기를 기도합니다.(624쪽)

『페툴라 귤렌-남을 위한 삶』의 이해를 돕기 위해 이미 제가 번역한『페툴라 귤렌-히즈메트의 생애』와 『페툴라 귤렌-남을 위한 삶』을 비교하면서 다소 긴 인용을 통해 설명을 시도하였습니다. 이 책을 읽으시는 분 모두에게『페툴라 귤렌-히즈메트의 생애』를 읽어보시길 권합니다.『페툴라 귤렌-남을 위한 삶』의 초역을 보완하는 과정에서 초고를 검토해주신 히즈메트 친구들께 감사드립니다. 옮긴이가 초역에 기울인 노력 이상을 기울여 초고를 검토해주셨습니다. 너무나도 꼼꼼하게 영어본과의 대조를 통한 누락부분과 오역부분의 검토와 교정의 제안, 그리고 낱말 사용의 문제 제기와 교정 등은 옮긴이를 너무나도 긴장시켰습니다. 거의 모든 내용을 받아들여서 지금의 원고가 되었습니다. 지나친 감사도 지나치지 않다고 생각합니다. 그리고 20년 이상 함께 하고 있는 한국 이스탄불 문화원 히즈메트 식구들에게도 감사의 말씀을 드립니다. 언제나 친절하고 언제나 다정하고 언제나 따뜻한 가족들입니다. 특히 이 번역본의 '감사의 글'까지 곁들여주셔서 더욱 고맙습니다. 물론 앰에드 출판사 분들도 한국인 히즈메트 식구들입니다. 이 책이 선한 마음을 가진 모든 사람들이 한국과 세계를 선한 곳으로 만들어 나가는 밑거름이 되기를 바랍니다. 고맙습니다.

2022년 2월 6일
나정원 삼가 씁니다.

감사의 글

1960년대 페툴라 귤렌 선생님이 터키 이즈미르 지역에서 소수의 상인, 학생들과 함께 시작한 히즈메트 운동은 2022년 현재에 이르러 전 세계 170 여개 국에서 활동을 펼치고 있습니다. 한국 사회에 잘 알려지지 않은 이 운동의 핵심가치는 다음과 같습니다.

"히즈메트 운동은 평화로운 공존과 인류를 위한 봉사를 공동의 이상으로 지향한다. 히즈메트 운동은 사회적 책임과 자선활동에 기반한 교육, 대화, 인도적 지원활동을 자발적으로 수행하며, 평화, 종교, 사회문화의 다양성을 포용하는 이슬람과 보편적 인류의 가치에서 영감을 얻은 시민사회운동이다."

그리고 히즈메트 운동의 비전은 다음과 같습니다.

"히즈메트 사회운동의 참여자들은,
인간의 고유한 존엄과 가치를 존중하는 사회,
인권 보호 활동이나 인권을 침해하지 않는 다양성을 번영으로 간주하는 사회,
전 인류의 문제에 민감한 사회,
서로 다른 종교·문화·세계관을 가진 사람들이 대화로 공감할 수 있는 사회,
공유와 연대에 기반을 둔 사회,
평화와 안녕 속에 공존하는 사회를 만들고자 합니다.

그리고 이와 같은 비전을 공유하는 다양한 분야의 사람들과 협력합니다."

개인주의와 개인의 이익에 매몰되어 나눔의 문화가 잊혀 가는 오늘날, 타인을 위한 삶, 타인의 행복을 통해 자신도 행복해지는 삶이 지닌 중요성을 담은 이 책이 히즈메트 봉사자들뿐만 아니라 인류의 보편적 가치를 중시하는 한국 시민들에게도 매우 유용할 것이라고 생각합니다.

위에 언급한 히즈메트 운동의 핵심가치와 비전을 실천하는 봉사자들이 머리맡에 두고 보는 소중한 책, "So that others may live"를 한국어로 번역하여 한국 독자들에게 기회를 만들어 주신 친애하는 나정원 교수님께 깊이 감사드립니다.

이스탄불문화원

목 차

엮은이의 글·3
옮긴이의 글·15
감사의 글·47

제1장 인류와 문명
사람에 대한 사랑·55
인간의 내면생활·61
우리 자신의 깊이 1·67
우리 자신의 깊이 2·71
우리들의 책임·75
영적인 관점에서 본 여성·81
평화로운 사회·87
이상적인 사회·91
문명의 개념·95
우리가 파괴한 자연·99
마음의 주권을 향하여·103
사랑을 갈망하는 인간·109

제2장 믿음과 지혜

하느님에 대한 사랑 · 115
하느님 앞에 선 신자 · 129
신자의 자질들 · 135
삶의 목표 · 141
진리에 대한 사랑 · 145

제3장 윤리와 영성

마음 · 151
사랑 · 155
자비 · 159
용서와 관용 · 163
덕성과 행복 · 169
내적인 평화 · 173
동정심을 갖는 사람의 모습 · 179

제4장 교육

젊은이 · 187
인간성의 향상 · 191
우리의 교육철학 1 · 197
우리의 교육철학 2 · 201
교육이 약속하는 것 · 205
교육으로부터 기대하는 것 · 209

제5장 봉사하는 사람

우리가 갈망하는 사람 · 215
우리 미래의 설계자들 · 219
새로운 사람 · 223
영혼의 헌신적인 설계자 · 227
하느님께 바친 영혼들 · 233

제6장 이슬람

이슬람의 본질 · 241
이슬람의 그늘에서 쉬기 · 247
이슬람의 특징들 · 255
우리의 사유체계에 대한 부분적인 설명 · 263
마지막 메신저 · 269

제1장
인류와 문명

사람에 대한 사랑

사랑은 우리에게 생명을 주는 묘약과 같습니다. 사랑으로 우리는 행복하며, 사랑으로 우리는 우리 주위의 사람들을 행복하게 만듭니다. 왜냐하면, 사람에게 사랑은 생명이며, 사랑을 통하여 우리는 다른 사람을 만나기 때문입니다. 하느님께서 우리들 사이에 창조하신 강력한 연결은 사랑입니다. 사랑은 사람 모두를 함께 연결하는 사슬입니다. 사랑 없는 세상은 폐허와 다를 바 없습니다. 사람은 자신의 왕을 가지고 있고 벌과 개미들조차 자신들의 여왕을 가지고 있으며, 모든 존재는 다양한 방법으로 왕관을 쓰고 있습니다. 그러나 사랑은 올라가려고 투쟁하지 않습니다. 사랑은 이미 왕관을 받았습니다. 혀, 입, 눈, 귀는 사랑을 울리는 나팔들이며 사랑을 선포할 때 가치를 가집니다. 하지만 사랑은 그 자체로 이미 가치가 있으며, 사랑이 마음 안에 궁전을 만들 때, 마음은 끝없는 가치를 가집니다. 사랑은 깃발과 표준들을 가지고 피를 흘리지 않고 성(城)을 정복하며, 가장 위대한 왕조차 사랑에 대한 겸손한 종이 됩니다.

우리는 사랑의 승리를 보면서 자랐습니다. 각 세대마다 왕관을 쓴 사랑을 보았고, 그 통솔권을 축복하는 북소리를 듣습니다. 사랑의 깃발이 나부끼는 것을 볼 때마다 우리의 심장은 흥분해서 뜁니다. 우리는 사람과 너무도 얽혀 있기 때문에 우리들의 생활을 사랑에 의존합니다. 우리들의 영혼은 사랑에 헌신합니다. 우리는 사랑 안에서 삽니다. 우리는 죽을 때도 사랑 안에서 죽습니다. 우리는 숨을 쉴 때마다 사랑을 느낍니다. 사랑은 추울 때 온기이며, 더울 때 오아시스입니다. 사랑은 우리가 일할 때나 쉴 때 알 수 있습니다. 사랑의 북소리는 우리가 투쟁할 때 우리와 함께 하며, 사랑의 부드러운 음악은 평화를 축제로 만듭니다.

악으로 오염된 이 세상에서 사랑은 가장 순수합니다. 흘러 사라져가는 삶에서 사랑은 사라지지 않고 나름의 아름다움과 매력을 간직합니다. 모든 나라와 사회에서 사랑은 가장 독창적이고 지속적인 요소입니다. 자장가보다 더 부드러운 사랑의 소리가 들릴 때마다 가장 달콤한 멜로디조차 소리를 죽입니다.

사랑은 하느님의 의지를 '알리고 보여주는' 도구이며, 하느님은 사랑으로 창조하셨습니다.[1] 사랑이 없었다면, 달도, 해도, 그리고 별도 없었을 것입니다. 우주는 하느님의 사랑을 증명하는 시詩이며, 지구의 작품들에게 질서를 부여하는 리듬과 같습니다. 자연의 아름다움 속에서 우리는 사랑의 존재를 느낄 수 있습니다. 인간관계 속에서 우리는 사랑이 이미 스며있다는 징표들을 봅니다. 사랑은 사람들 사이의 가치를 언제나 유지시켜주는 화폐입니다. 왜냐하면 사랑은 그 자체로 가치를 갖기 때문입니다. 사랑은 순금보다 가치가 더 나가며, 사랑 앞에서 은銀은 그 가치를 잃고, 어떤 것도 사랑의 가치를 줄일 수 없습니다. 가장 거친 증오만이 사랑에 대항

---

[1] 이 표현은 수피 전통의 유명한 신성한 말들을 참고하고 있으며, 여기서 하느님은, "나는 숨겨진 보물이었다. 나는 알려지기를 원했다. 그래서 알려지기 위해서 우주를 창조하였다"고 말합니다.

하여 투쟁할 수 있으나, 그래도 사랑만이 이 증오를 무장해제 시킬 수 있습니다. 세상의 지혜가 풀 수 없는 많은 문제들이 있고, 열 수 없는 문들이 많지만, 사랑만이 신비한 열쇠입니다. 그 어떤 것도 사랑에 저항할 수 없고, 그 어떤 것도 사랑에 비교될 수 없습니다. 가장 화려하고 찬란한 금은보화도 그 가치를 사랑에 견줄 수 없습니다. 왜냐하면, 금은의 가치가 다 할 때, 금은의 거래는 끝이 나고 벽난로의 불 속에서 사라지기 때문입니다. 그러나 사랑의 촛불은 언제나 타오르고, 모든 영혼들에게 그 빛을 계속 비춥니다.

사랑의 학교에 겸손하게 등록을 하고 자신의 삶을 사랑의 가르침에 따라 헌신한 사람은 복을 받은 사람들입니다. 이들의 사전에는 증오, 분노, 음모와 같은 낱말이 없습니다. 이들의 삶이 위험에 빠져도 이들은 적개심을 갖지 않습니다. 이들은 오직 사랑에 고개를 숙이고 다른 것의 권위를 인정하지 않습니다. 이들이 사랑의 영감을 받아 행동할 때, 증오도 움츠러들어 사라지며, 분노도 스스로 폭발하여 미쳐버리며, 음모도 스스로 곤란하게 됩니다.

사랑은 가장 위험한 악의 간계도 부숩니다. 사랑의 물로 예언자들은 파라오가 심어 놓은 증오와 분노의 불을 껐습니다[2]. 사랑으로부터 힘을 받은, 하느님의 뛰어난 친구들은 훈련받지 못하고 반란을 일으키는 민족들을 길들여서 이들 사이에 공동체를 만들었습니다. 사랑의 힘은 하루트와 마루트의 주술을 압도하고, 지옥의 불을 끕니다[3]. 따라서 사랑으로 무장한 사람은 다른 어떤 무기도

---

[2] 이슬람 신앙에서 예언자(nabi)는 하느님의 메시지를 전달하기 위해 하느님이 선택하고 준비한 사람이기 때문에 모든 예언자는 도덕적으로 완벽하고 순수하며 심각한 죄를 범하지 않습니다.
[3] 하루트Harut와 마루트Marut는 쿠란에 언급된 두 명의 천사이며, 마술을 부리는

필요로 하지 않습니다. 사랑은 어떤 총알과 대포알도 충분히 막을 수 있는 튼튼한 갑옷입니다.

우리의 공동체를 보살피고, 인류를 사랑하며, 모든 피조물들을 품에 안기 위해서 우리는 먼저 우리 자신을 알아야 합니다. 우리의 본질을 알면, 우리는 우리와 창조주 하느님과의 관계를 알게 됩니다. 나의 내면을 알면 알수록, 다른 존재들의 똑같은 내면에 더욱 감사하게 됩니다. 창조주 하느님과 내적인 관계를 우리가 누리고 있다는 것을 알게 해주는 이런 깨달음을 통해 모든 피조물들을 다르게 판단할 것입니다. 다른 사람들에 대한 감사와 존경은 이들의 내적 관계들에 대한 인식과 엮여 있습니다. 무함마드가 말한 것처럼, "신자는 다른 신자들의 거울"입니다. 우리는 이 지혜를 다른 모든 사람들에게 전파하고, "사람은 다른 사람의 거울"이라고 말 할 수 있습니다.

우리가 이렇게 할 수 있다면, 우리는 다른 사람들과의 풍부한 내적 관계를 자신 안의 깊은 곳에서 느낄 수 있습니다. 우리가 사랑하는 사람들 안에 숨겨진 보물들은 바로 하느님께서 주신 것들임을 우리는 알게 됩니다. 왜냐하면 우주 안에 있는 선하고 아름다운 모든 것들은 결국 하느님께 속하기 때문입니다. 이런 깊이를 느낄 수 있는 영혼은 마음의 언어로 말할 수 있으며, 루미처럼 "오라, 오라, 함께 하자"라고 말합니다. 우리는 하느님께 봉헌된 사람들입니다! 사랑의 문으로 들어와 우리의 집 안에서 우리와 함께 앉으십시오. 서로의 마음을 통하여 서로에게 말합시다. 귀도, 눈도 필요 없이 비밀스럽게 말합시다. 장미가 그러하듯이, 입술도

바빌론 사람들을 시험하기 위하여 하느님이 파견하였다(쿠란, 2:102).

소리도 없이, 함께 웃읍시다. 순수한 생각을 가지고 언어도 없이 만납시다. 우리는 하나이기 때문에 말없이 서로를 부릅시다. 마음의 언어를 더 잘 이해하도록, 손을 맞잡고 서로 얘기합시다. 침묵을 지키면서 우리의 떨리는 가슴이 말하게 합시다.

　인간적인 사랑의 풍부함이 드러나는 이 느낌의 깊이는 우리 전통의 핵심 부분입니다. 이슬람에서 모든 사람은 똑같은 본질의 표현입니다. 우리는 하느님 실체의 다양한 모습들일 뿐입니다. 하나의 하느님 아래 결합되거나 한 땅에 같이 살던 간에 하나의 공동체를 이루는 우리는, 무함마드가 말하듯, "한 몸의 갈비뼈들"입니다. 손은 발과 경쟁하지 않습니다. 혀는 입술을 비난하지 않습니다. 눈은 귀를 탓하지 않습니다. 마음은 정신과 투쟁하지 않습니다. 우리가 같은 몸을 이루는 부분들이라면, 이런 화합에서 차이를 보여야 할까요? 왜 부분들의 화합을 방해해야 합니까? 이 세상을 천국으로 만드는 것은 이런 화합이며, 이런 화합을 통하여 우리는 "천국"을 만들 수 있습니다. 서로를 멀리 하게 하는 생각과 느낌을 우리 영혼 안에서 언제 없앨 겁니까?

　인류는 다양한 성격과 기질을 가지고 있으며, 하느님께로 나아가는 길은 많이 있습니다. 모든 사람은 자기 나름의 길을 이해해야 하고, 자기 자신의 다리를 건너 걸어가야 하며, 자기 자신의 통로로 올라가야 합니다. 우리 각자는 서로 다른 멜로디에 도취됩니다. 우리가 하느님을 기쁘게 해드리고 이 세상을 천국으로 만들려고 할 때 다양성은 축복받을 수 있습니다. 들판은 뛰기에 넓고, 그 끝은 모두에게 열려 있습니다. 그러기에 거기에는 어떠한 갈등도 없습니다. 우리 전통 시인의 이행시로 결론을 맺고자 합니다.

　"여자와 남자. 젊은이와 늙은이, 활과 화살, 모두는 서로를 필요로 한다. 이 세상의 모든 부분은 서로를 필요로 한다."4)

(스즌트, 1999년 9월, 248호)

---

4) 바시리Basiri (1534년 서거): 오스만 시대의 시인.

인간의 내면생활

인간은 존재의 핵심이며, 존재의 중심, 존재의 순수 그 자체입니다. 우리는 동심원을 그리면서 인간 주위에 있는 모든 피조물, 생명이 있거나 없거나 함께 하는 모든 것들의 중심입니다. '창조주'는 모든 피조물들을 인간에게 주었으며, 우리가 우리의 필요를 알게 되면, '창조주'는 우리를 당신과 함께 묶어 놓을 겁니다. 이 운 좋은 곳에서, 우리의 가슴은 우주만큼 넓으며, 모든 사물들의 진리를 말하고 '전능하신 한 분'을 선언할 수 있습니다. 사람 안에서 존재는 그 모습을 드러냅니다. 우리는 물질을 의미로 바꿉니다. 우리는 우주라는 책을 이해하는 특권을 받았는데, 그것은 우리가 각각의 현상을, 그것을 만드신 '분'과 연결할 수 있기 때문입니다. 이러한 지식에 바탕을 두면, 우리의 침묵은 명상이고, 우리의 언설은 지혜이며, 우리의 마지막 낱말은 사랑입니다.

우리는 다른 존재들을 관장하도록 창조되었으며, 우리는 자연의 진리들을 "창조주'에게 보여드리는 존재입니다. 우리는 인간, 존재, 하느님 사이의 관계를 느끼고 이 관계를 지혜로 빚어내는 존재들입니다. 우리는 우리 안의 잠재력의 신비를 내부에서 이해하는 존재들이며, 대양을 물 한 방울로, 태양을 원자 하나로 보고, 천사들보다 더 높이 오를 수 있는 존재들입니다. 우리가 이 땅 위에 서 있을 때, 우리는 모든 피조물 가운데 가장 높은 위치에 서 있습니다. 인간은, 우리를 하늘에 뽐내는 물질세계의 자랑입니다. 창조는 광활한 대양과 같으며, 우리는 대양에서 가장 소중한 진주입니다. 우주는 우리에게 보여주려고 우리 앞에 펼쳐진, 정원들의 미로입니다. 역사는 정밀한 균형의 놀라운 조화이며, 우리는 그 증인입니다. 우리들의 벌거벗은 삶은 신앙의 빛을 받아 모습을 드러내며, 삶의 아름다움은 우리에게 천상낙원의 느낌을 전해줍니다.

인간 앞에서 땅에 대한 권위는 드러나며, 천사들은 하늘을 통하여 하느님의 영광을 선포합니다. 그러나 이 선포를 물질세계의 심장으로 가져가는 존재는 바로 사람입니다. 따라서 이 지구는 광활한 우주 안에서 너무도 작지만, 하늘과 똑같게 되는데, 그것은 바로 여기에서 우리가 형이상학적 진리들을 명상하기 때문입니다. 신앙은 우리 기쁨의 원천이고, 이슬람[1]은 우리의 생명, 지혜는 우리의 자양분, 그리고 사랑은 우리의 추동력이기 때문에, 인간은 모든 피조물 가운데 최고였으며, 땅은 우리의 빛을 갈망해왔습니다. 하느님은 자신의 특별한 호의로 이 지위를 우리에게 부여했습니다. 아직도 천상정원의 그늘에 불과하지만, 넘을 수 없는 아름다움을 지닌 이 정원에서, 인간은 세상의 나이팅게일로서, 그리고 가장 소중한 장미로서 영광을 누리고 있습니다.

모든 피조물들이 우리를 위하여 고안되었다는 말은 과장이 아닙니다. 이 세상은 우리를 위한 정원으로, 가장 진기한 장미로 창조되었으며, 존재의 대양은 우리를 위한 집으로, 가장 소중한 진주로 창조되었습니다. 존재 전체가 인간에 의지하고, 우리를 위해 있

---

[1] 일반적인 의미로 볼 때 "이슬람"(하느님에 대한 "복종")은 역사에 나타난 하느님의 모든 계시의 핵심을 포함합니다(쿠란 22:78).

음은 사실입니다. 존재 전체는 우리에 의해 소리를 낼 수 있으며, 우리의 명령을 받습니다. 그렇기 때문에 우리는, 이 존재를 우리에게 봉사하게 한 '창조주'에게 의지해야 합니다. 이 상호의존은 모든 창조의 목적을 드러냅니다. 인간은 하느님을 위해 봉사해야 합니다.

인간의 필요는 너무도 커서 영원하게 확장됩니다. 우리는 영원을 위해 창조되었기 때문에 우리는 영원한 삶의 후보들입니다. 우리의 희망과 요구는 끝이 없고 우리의 기대는 한이 없습니다. 우리가 이 세상 전체를 갖는다 해도, 우리의 탐욕은 충족되지 않고, 우리의 욕망은 그치지 않을 겁니다. 인간은 알든 모르든 간에 무한한 것을 언제나 갈망하고 영원한 집을 기대합니다. 진리를 받아들이는 가슴을 가진 누구나, '낙원'과 그 '최고 창조주', 아름다운 것들 가운데 가장 아름다운 것을 보려고 합니다.

이 세상에 진리가 펼쳐져 있는 것을 보는 사람, 그리고 우주 안에서 인간의 위치를 아는 사람은 누구나 영원을 향해 이미 여행을 하고 있습니다. 이런 사람은 자기 자신의 가치를 알고 자신의 '구세주'를 존경합니다. 그러나 존재 안에서 자신의 위치를 알지 못하는 사람은 어느 누구도 이런 것들을 볼 수 없습니다. 이런 사람은 실제의 의미로 봐서 '구세주'를 알고 있다고 할 수 없으며, 하느님에게 존경을 덜 표시합니다. 이 존경의 관계는 인간의 진리입니다. 천사들보다 더 고상하게 만들어진 인간은, 이 진리가 없다면, 가장 비참한 피조물들보다 더 밑으로 깊이 가라앉을 겁니다.

"신앙"은 하느님과 인간 사이의 이 관계를 나타내는 이름이며, 이 신앙은 누르시가 표현하듯이 모든 사람을 '술탄'으로 만들 수 있습니다. 그러나 불신, 또는 이러한 관계의 결핍은 인간의 기질을 타락시켜서 우리를 핵심으로부터 멀어지게 합니다. 이런 비참한 개인들로 이루어진 사회는 증오, 분노, 탐욕, 사기, 가식, 질투, 속임수, 음모라는 악행들 때문에 매우 고통을 받습니다. 이런 사회에 있는 사람들은 서로에게 늑대가 되며, 이런 버릇을 가진 사람들은 진정한 의미의 사회를 이루지 못하고 생각이 없는 강도에 불과합니다. 디오게네스Diogenes of Sinope는 인간을 찾으려고 대낮에 등불을 들고 거리를 걸으면서 이런 강도들에 대해 경고했습니다. 로마황제인 철학자 마르쿠스 아울레리우스Marcus Aurelius는 낮에 자신이 만날 야만인을 매일 아침 대비해야 한다고 충고합니다. 8세기의 유명한 여성 수피 라비아 알 아다위야Rabi'a al-Adawiyya는 더 모질게 표현합니다. 그녀는 자신 주위의 사람들이 여우, 늑대, 그리고 다른 약탈자의 모습을 하고 있는 것을 자주 보았습니다. 현인들의 이러한 표현은 자신의 동료들을 비난하기 위해서가 아닙니다. 내면성이 결여되어 인간으로서의 덕목들이 균형을 갖추고 있지 못한 사람들의 비참함을 드러내고 있을 뿐입니다. 우리가 우리의 겉모습을 창조의 목적에 맞추지 못하고, 우리의 내면을 우리의 외관과 관련하여 점검하지 않으면, 우리가 이 두 수준 사이의 불일치를 없애려고 노력하지 않는다면, 우리 역시 앞서 표현된 늑대처럼 됩니다.

얼굴은 그럴 듯하지만, 내면생활은 어지러운 그런 사람들을 우리는 자주 봅니다. 어떤 작가는 이런 사람을, 앞면은 깨끗하고 화려하지만, 뒷면은 지저분하고 역겨운, 건물에 비교합니다. 우리가 앞면을 좋게 보아도 뒷면은 증오합니다. 사람들에 대해서도 마찬가지입니다. 한 면만 가지고 판단하면 실수입니다. 어떤 사람을 처음에는 칭송하다가 나중에는 사악하다고 비난하는 경우를 자주 봅니다. 선하다고 판단하는 사람도 부정적인 성격을 가지고 있고, 나쁘다고 판단하는 사람도 긍정적인 성격을 실제로 가지고 있습니다. 우리는 사람을 있는 그대로 보도록 노력해야 하며, 선한 것을 평가해주고 선한 것을 늘리도록 도와주어야 합니다.

우리는 여러 속성들로 만들어져 있으며, 주요 기질들에 따라 행동합니다. 어떤 때 우리는 얼굴이 달처럼 빛나는 요셉과 같아서 교도소를 비추고 죄수들에게 하늘로, '천국'으로 향하는 길을 열어주기도 합니다. 하지만 아직도 우리의 형제들을 잡아먹는 괴물이기도 합니다. 어떤 때는 너무도 천사 같아서 영적인 존재들까지도 우리를 우러러보기도 하지만, 어떤 때는 너무도 사악해서 악마들까지도 당황하게 합니다. 루미는 "어떤 때는 천사들도 우리의 순수함과 예의 바름을 질투하기도 하지만, 어떤 때는 악마들마저도 우리들의 오만에 질려버린다"라고 말합니다. 인간의 이 두 기둥은 별 개인 것 같지만, 서로 연결되어 있습니다.

인간은 때로는 천상존재와 같고, 하늘과 같이 영광스럽고 광활하지만, 너무도 낮게 떨어져서 뱀이나 전갈조차도 우리를 좋아합니다. 인간은 이렇게 복합적이어서 우리의 장점과 추함은 함께 나타납니다. 꽃송이의 끊임없는 아름다움을 즐길 때에도 수많은 악에 노출되어 있습니다. 한편으로는, 신앙, 지혜, 영적인 기쁨이 마음속에서 우리에게 가까이 있습니다. 동료에 대한 사랑, 모든 사람들의 포용, 선의 추구, 다른 사람들을 위한 삶, 악행의 용서, 사랑에 대한 칭송, 적들과의 투쟁 등이 우리의 호흡처럼 따뜻합니다. 반면, 탐욕, 분노, 증오, 사치, 살해, 거짓 행동, 가식, 음모, 이기심, 비겁, 야망 등과 같은 악한 감정은 언제나 우리를 습격하려고 기다리고 있습니다. 인간의 장점은 우리를 피조물들 가운데서 우뚝 서게 하지만, 우리는 끊임없이 우리의 저급한 열정에 사로잡힙니다. 이렇게 잘못된 길을 가는 것은 우리가 자유롭다는 증거가 될 수 있지만, 우리의 비참한 노예생활을 실제로 드러내기도 합니다. 인간은 덕성을 위한 내적 투쟁에서 승리자가 되는 한에서만 자유롭습니다. 이 내적 투쟁을 이슬람의 언어에서는 "보다 더 치열한 투쟁"으로 표현합니다. 우리의 잠재적인 선을 꽃피우고, 하느님과의 관계를 허락하는 두 번째 본성을 얻기 위해서, 인간은 하느님 앞에서 완전한 겸손이라는 승리를 얻어내야 합니다.

우리 영혼의 광대함과 우리 본성의 공허함 모두를 분간하는 통찰력을 갖지 않으면, 우리는 매일 새로운 날을 맞이할 수 없고 내적 생활에서 어떤 발전도 이룰 수 없습니다. 발전을 말해도 뒤로 밀려날 수 있습니다. 이런 사람들은 자아라는 짐으로부터 자유로울 수 없으며, 자신의 운명도 모른 채 살다가 포로처럼 죽어갈 것입니다. 이들은 자신의 육체적인 외형들에 불쌍하게 갇혀버린 노예와 같습니다. 그래도 이런 사람들은 아직 자유롭게 사랑할 수 있고, 인간성을 고양해주는 사람들을 존경할 수 있으며, 이런 운 좋은 사람들은 이 포로생활에서 탈출하게 자신을 도와준 사람들에게 고마움을 표시할 것입니다. 이런 사람들은 사랑의 표현이며, 하느님이 고상하게 만들려고 창조한 사람들이며, 하느님 사랑 그 자체입니다. 모든 인간이 사랑을 받기 위해 창조되었음이 분명합니다.

(스즌트, 1999년 8월, 247호)

우리 자신의 깊이 1

> *저는 비천한 존재입니다.*
> *그러나 당신께서 알아주신다면.....*[1]

자의식으로부터 나오는 자제력은 우리 인간의 가장 두드러진 특징 가운데 하나입니다. 그러나 아이러니하게도, 너무도 많은 사람들이 이것을 갖지 않고 있습니다. 자기를 아는 습관을 들인 사람을 당신은 얼마나 알고 있습니까? 자기 자신을 매일 다시 발견하면서 자신의 내면적 깊이를 탐험하는 사람의 이름을 당신은 얼마나 댈 수 있습니까? 자신의 약점과 강점, 실패와 성공을 인식하는 사람들이 얼마나 있습니까? 단순한 호기심이나 겸손으로부터가 아니라, 자기 자신을 알려는 진정한 욕망으로부터 자기 영혼을 성찰하는 사람들이 얼마나 있습니까?

소크라테스는 아폴론 신전에서 "너 자신을 알라"라는 격언을 자주 반복했습니다. 이 오래된 격언은 수많은 '지혜의 학교'에서 교육되었으며, 수피 전통에서도 하느님 차원으로 다루어지고 있습

---

[1] 메흐메트 아키프 Mehmed Akif (1936년 서거), 터키의 시인. 터키 공화국 국가國歌 작사가.

니다. "자기 자신을 아는 사람은 자기의 하느님을 안다." 저는 얼마나 많은 사람들이 이 고귀한 격언에 따라 살았는지 잘 모르며, 그 수는 많지 않을 것 같습니다.

자신을 알지 못하는 사람은 자신을 충족시키지 못합니다. 자신을 발견하지 못한 사람은 좁은 지평선에 갇혀서 오직 닥친 현실만을 알 뿐입니다. 따라서 이들의 판단은 피상적이며 일정하지 않습니다. 경외심을 불러일으키는 장엄한 산들 안에서, 영원함의 노래를 읊는 강들 안에서, 음악보다 더 매혹적인 별들과 신비로 가득한 하늘 안에서, 저세상의 아름다움들은 우리의 눈을 부시게 합니다. 이런 겉모습의 화려한 커튼 뒤로부터 진리는 빛을 내며, 진리의 진정한 의미는 우리 눈 안에서 밝혀집니다. 진리 없이 모든 존재는 혼돈일 뿐입니다.

인간은 오랫동안 과학자, 예술가, 철학자들에 주목을 해왔지만, 너무도 많은 모순들을 보고 있습니다. 우리는 꿀처럼 달콤할 수도 있지만 더러운 점액처럼 역겨울 수도 있습니다. 우리의 영혼은 영원함에 맞춰지기도 하지만, 어리석음에 사로잡혀 있기도 합니다. 예의와 겸손이 우리의 영혼을 따뜻하게 하지만, 자만과 오만으로 오싹해지기도 합니다. 남을 속이고 기만하기도 하지만 솔직하고 믿을만하게 되기도 합니다. 우리는 이기적인 동시에 자아를 버리기도 하며, 공격적인 동시에 자비심을 갖기도 하며, 위선적인 동시에 솔직하기도 합니다. 통찰력 있고 이해가 깊기도 하지만 시야가 좁고 생각이 없기도 합니다.

우리는 언제나 인간입니다. 위와 같은 이중적인 차이는 우리의 본질이 아닙니다. 우리의 본능도 아니며, 우리의 끝없는 유연성의 증거도 아닙니다. 반대로 이러한 다양성은 인간 본성의 독특함을 보여줍니다. 즉 우리는 정신적인 동시에 육체적 존재입니다. 우리가 무엇을 선택할지는, 이 본성이 영원을 향하고 있는지, 숨겨진 잠재성을 발견하는지, 마음에 영성적인 주의를 기울이는지, 의지력을 적당히 발휘하는지, 의식의 신비를 인식하는지, 감정을 초월하는지, 의식의 구조를 잘 아는지에 달려있습니다2). 영혼, 마음, 의식의 축에 따라 사는 사람은 본성의 장애에 걸릴지라도, 언제나 고상한 것을 추구합니다. '육체적인 것'이라는 감옥에 갇혀 있는 사람은 매순간 절벽에서 떨어져서 인간이 추구하는 이상으로부터 멀어집니다.

인간을 단순히 '생각하는 동물'로 간주하거나 무의식이나 사회 결정론 차원에서 규정하는 사람들은 인간의 독창적인 본질에 관한 심오한 생각 어느 것도 발전시키지 못합니다. 오히려 이들은 인간을 모호하고 복잡하고, 거의 인식할 수 없는 존재로 만들었습니다. 인간은 '생각하는 동물'이 되기도 하고, 소화, 순환, 배출이라는 기본적인 물리적 과정의 노예가 되기도 하며, 리비도libido의 덩어리인 정신을 가지고 육체적인 쾌락에 따라서만 사는 존재가 됩니다.

사회, 이성, 무의식 각각이 인간 생활의 중요한 측면이기는 하지만, 어느 한 면으로 우리를 단순화할 수 없습니다. 인간은 잠재력을 가지고 있어서 우리의 의지를 위한 길을 운명이 마련해줄 때, 우리는 세상의 모든 것을 초월할 수 있습니다. 역사는 이것이 사실임을 증명합니다. 우리는 모두 우리 자신을 넘어서, 그리고 모든 피조물들을 넘어서 우리를 끌고 가는 내적인 역동성을 가지고

---

2) 귤렌은 이 "의식의 구조"라는 말을 누르시Nursi의 영적인 4가지 기본 능력으로 구성되는 표현을 나타내기 위해 자주 사용합니다. 그 네 가지는 정신, 마음, 의지, 느낌 등입니다.

있습니다. 그리고 인간이 그 근원을 향하여 이 신비로운 역동성을 발휘한다면, 우리는 한계를 초월하며 우리의 쇠퇴하는 윤리에 의미를 부여할 수 있습니다.

오늘날 인간은 벼락을 잠재우고, 원자보다 작은 물질들을 보고, 수백만 광년 떨어진 현상들도 볼 수 있습니다. 그러나 동시에 인간은 본질을 이해하는 데 실패하고 육체적인 영역에서 본질을 헛되게 찾고 있습니다. 오늘날의 모든 야만, 이기심, 무법, 그칠 줄 모르는 탐욕, 무관심과 자아도취는 모두 이 오류로부터 나옵니다. 모든 것을 아우르는 뛰어난 근대적인 인간이지만, 우리는 우리 자신을 잘못 해석하고 있기 때문에 저주를 받고 있습니다.

(스즌트, 1993년 5월, 172호)

우리 자신의 깊이 2

모든 세계는 당신 안에 숨겨져 있습니다.[1]

육체적인 차원으로만 해석해서 인간을 단순한 육체로만 생각한다면, 인간의 진보는 생물학적인 발전에 불과하며, 인간을 설명하기 위해서는 진화론에 의존해야 합니다. 이런 사고는 인간을 동물의 수준으로 떨어뜨리고, 동물들 가운데서 인간을 탐구하고, 인류학은 동물농장에서 이루어지게 됩니다.

사람이 자신을 동물 가운데 하나라고 생각한다면, 물질적인 행복은 인간의 궁극적인 목표가 됩니다. 쾌락, 오락 그리고 개인적 흥미는 인간의 이상이 됩니다. 그리고 이런 목표들의 달성을 쉽게 해주는 모든 것은 다른 어느 것보다도 소중하게 여겨집니다. 이런 가치 체계 안에서 아니 가치들의 혼란 속에서, 근본을 탐구하는 사상가나 결연한 학자들 그리고 근면한 예술가들은 존재할 수 없습니다. 이들이 발 디딜 틈이 있어도, 이들은 결국 독특한 관심에 몰두하게 되거나 국가에 의존하게 됩니다. 우리 사회의 최근 상황은 이러한 경향을 너무도 잘 보여주고 있습니다.

---

[1] 메흐메드 아키프 Mehmed Akif(1936년 서거).

오늘날 사람들의 관심을 끄는 것은 근대 문명의 물질주의라는 것을 어느 누구도 부정할 수 없습니다. 생명, 의식, 그리고 인간 행동에 대한 과학적 탐구는 자연주의로 암울해진 가정들에 기초하고 있습니다. 시각예술과 문학의 모든 전통은 파괴되었고, 모든 것에 망상과 경박함은 넘쳐나며, 사회제도의 토대는 허물어져서 정부와 정치는 끔찍한 거짓 행동과 사기로 바뀌었으며, 가정과 사회는 오염되었습니다. 이러한 모든 것을 볼 때, 근대 문명은 인간에 대해 치를 수 있는 모든 대가를 치르고 있는 것 같습니다.

물질주의의 관점에서, 우리의 문명은 평화와 만족 대신에 탐욕과 야망을 부추기는 식탐에 뿌리를 두고 있는 것처럼 보입니다. 더 많은 기회, 더 많은 생산, 더 많은 신용, 더 많은 이윤, 더 많은 편안함, 더 많은 번영, 우리의 문명은 언제나 '더 많이'를 약속합니다. 이런 식으로 우리가 우리의 진정한 본질을 잘못 해석하는 한, 우리는 우리에게 봉사하도록 만들어진 바로 그것들의 노예가 됩니다.

우리는 이윤을 낼 수 있는 것들이 '아름다운 것'과 '진리인 것'보다 전형적으로 더 선호되는 세상을 살고 있습니다. 저는 이것이 바로 우리가 지금의 역경을 극복하는 데 실패하는 근본 원인이라고 생각합니다. 우리 시대의 '천재'들은 과학과 기술의 가치를 과장하면서, 종교, 윤리, 덕성, 미학 등은 불필요하거나 소용이 없는 것으로 간주합니다. 우리나라나 전 세계에 걸쳐 경험하고 있는 충격과 병폐는 우리가 가치 전도를 극복하는 날까지 계속될 것입니다. 저는 보다 더 빨리 인간의 진정한 본질을 우리가 깨닫게 되기를 바랍니다.

영성적 실체는 역사의 진리이며, 금과 은처럼 역사 안에 담겨 있습니다. 이 영성적 실체가 모습을 드러내면, 이윤과 유희는 인간 가치들의 위계 속에서 더 이상 의미 있는 자리를 갖지 못하게 됩니다. 이 영성적인 본질은 우리를 다른 피조물들과 구별해줍니다. 모든 피조물들은 자연적인 질서 안에서 자신들의 이익을 추구합니다.

창조를 초월하는 의미는 인간만이 추구합니다. 동물들은 종교적 감각이나 윤리적 관심을 갖지 않으며, 덕성이나 예술적 창조를 위해 투쟁하지 않습니다. 이 같은 가치들은 인간에게만 유용하며, 인간만이 헌신할 수 있습니다. 종교 안에서 태어나고 윤리로 성장한 인간은 덕성의 추구를 실천하며, 예술을 통해 자신을 표현합니다. 가장 원시적인 도구를 통한 작업으로부터 근대적인 대리석 조각품에 이르기까지, 인간의 모든 목소리와 숨결, 색깔과 선, 형상과 모양은 인간 본성의 프리즘으로부터 빛나고 있습니다.

오늘날 많은 사람들이 거미줄, 새집, 벌통, 비버beaver의 수중 댐 등, 동물들의 본능적인 작업에 놀라고 있습니다. 그러나 놀라움의 대상은 바로 우리 자신들입니다. 인간의 창조 경계는 무한하게 확장됩니다. 이러한 내용이 진리임에도 불구하고, 우리들 가운데 많은 사람들이 우리를 존재의 최정상으로 끌어올리는, 진실한 가치들과 지식을 모르고 있습니다. 얼마나 더 많은 무서운 비극들과 얼마나 많은 피와 눈물들을, 우리의 물질주의적 비전이 가져올지는 오직 하느님만이 알고 계십니다.

(스즌트, 1993년 6월 173호)

우리들의 책임

인간은 하느님의 "땅위의 대리인"으로 행동하며, 모든 피조물들 가운데 특권을 받았습니다.1) 인간은 창조의 핵심이며, '창조주'를 반영합니다. '그분'은 우리를 이 자리에 놓으시고, 우리에게 일을 맡기셨습니다. 우주의 영혼 안에 깃든 신비를 발견하라, 세상의 가슴이 품고 있는 숨겨진 힘들과 잠재성을 드러내라, 그리고 '지식', '의지', '권력'이라는 하느님 속성들을 나타내면서 그 목적을 위해 모든 것을 사용하라 등입니다. 우리가 하느님의 대표자로서 우리의 역할을 수행하면서 존재에 간여하는 한, 넘어서지 못하거나 통과하지 못하거나 해결하지 못할 어떤 장애물들도 만나지 않을 겁니다. 우리는 편안하게 사건들의 복도를 걸어가면서 어떤 어려움도 없이 우리의 본성 안에 있는 것을 발전시킬 겁니다. 하느님의 대표자로서, 우리는 어떠한 막힘없이 우리의 목적을 실현할 겁니다.

근대 세계의 성취들은 인간의 뛰어난 재능을 증명합니다. 이들

---

1) 이 부분은 쿠란의 구절과 관계된다. 당신의 주님께서 천사들에게 "내가 땅위에 대리인을 세웠다"고 말씀하시자, 천사들은 '땅 위에 혼란과 부패를 가져오고 피를 흘리게 할 한 사람을 세우셨는데, 저희들은 당신의 찬양을 축복하고 당신의 신성함을 선언해야 합니까?"라고 물었다. 그러자 "그분"께서는 "너희들이 모르는 것을 나는 안다"고 말씀하셨다.(2:30)

성공의 파괴적인 성격에도 불구하고, 성공이 분명히 해주는 것은 우리가 우리의 의지력을 버리지 않았다는 점입니다. 우리는 현상을 다시 만들고 세계의 조건들을 바꾸어왔습니다. "내가 너희를 대리인으로 땅 위에 세운다."라는 하느님의 말씀을 우리가 실현하건 아니건 간에. 이 의지력은 인간이 하느님의 대리인임을 확인해줍니다.

이런 하느님의 말씀에 천사들은 이 말씀의 권위가 인간을 타락시킬 것이라고 걱정했고, 인간은 천사들의 말이 맞음을 증명했습니다. 그러나 인간들의 이런 악행에도 불구하고, 인간의 선의는 유지되었고, 덕성을 갖춘 인간들은 선의와 아름다움을 모든 곳에 퍼뜨릴 수 있었습니다. 따라서 하느님께서 우리에게 찍어주신 대리인이라는 인장은 완전히 무시되지 않았습니다. 창조의 미묘한 지혜를 간파한 신자는 자신이 뚜렷한 목적을 가지고 이 세상에 보내진 것과, 이것이 책임을 요구한다는 것을 이해합니다. 대리인이 됨은 도덕성을 요구하며, 우리의 행동은 이 위대한 과업에 맞추어져야 합니다.

쿠란에는, 인간이 하느님을 알고 하느님께 봉사하기 위해, 하느님이 인간을 창조했다고 적혀있습니다[2]. 피조물 가운데 우리의 특권적 위치와 영예로운 대리인 직분의 유일한 목표는 바로 이것입니다. 그리고 이것에 대해 유일하게 적절한 응답은 감사이며, 이 감사는 위대한 선물의 적당한 사용으로 우리를 이끌어줍니다. 넓은 의미에서 보면, "하느님께 봉사"는 존재와의 조화 그리고 존재 내용들과의 일치입니다. 봉사는 세상의 신비한 통로를 통하여 우

---

[2] 쿠란, 51:56.

리를 쉽게 나아가게 해줍니다. 인간은 창조 안에서의 하느님 질서와 윤리에 대한 하느님 명령의 교차점입니다. 우리의 내적인 생활과 외적인 존재는 모두 하느님으로부터 왔으며, 봉사는 이 둘의 관계를 적절하게 맺어줍니다. 이런 균형 없이, 우리는 우리 자신들의 도덕적인 가치들을 존중할 수 없습니다.

피조물들과 좋은 관계를 유지하기 위하여, 우리는 그 관계의 목적에 맞게 행동해야 합니다. 이 책임을 게을리 하는 사람은 누구나, 목표 없이 바보처럼 살게 됩니다. 이런 사람은 세상, 그리고 자기 가정과 궁전을 사람이 살 수 없는 곳으로 바꾸어버립니다. 우리들 가운데 많은 사람은 이미 자연적, 사회적 질서를 파괴하기 시작했으며, 그런 지옥이 가까운 미래에 닥칠 것을 두려워하고 있습니다.

인류를 위하여 세상을 준비하는 사람만이 의무적인 자연법과 인간의지의 도덕법칙 사이의 적당한 균형을 알 수 있습니다. 도덕적 계명들은 그런 지식으로부터 나옵니다. 도덕적 계명들은 하느님 계시 안에서 주어집니다. 이 계명들과의 일치만이 우리를 창조의 신비에 도달하게 해줍니다. 이것이 바로 자연과 조화롭게 살고 존재 법칙들과의 괴리를 피하게 해주는 유일한 길입니다. 이것이 바로 우리가 이 세상에서 진정으로 편하게 있게 되는 유일한 길입니다. '창조주'와 그의 도덕적 명령들로부터 멀어져서 하느님의 창조로부터 분리되는 상황에서는 어떤 발전도 있을 수 없습니다.

'창조주'를 대표하는 우리의 책임은 우리의 예배와 연구, 그리고 자연 세계에 대한 직접적인 참여를 통해서 구체화되어야 합니다. 이런 점에서, 완전한 인간은 자신의 신앙이 자신의 모든 생각과 느낌에 영향을 주도록 해야 하며, 자신의 경배가 자신의 사회

생활 자체가 되게 해야 합니다. 이럴 때 비로소 인간의 위대함을 증명하는 가족과 공동체 안에서의 균형을 찾을 수 있습니다. 성숙한 인간은 지구를 발전시키고, 자연과 문명 사이의 조화를 유지하며, 하늘과 땅의 풍부함으로 '창조주'의 축복을 받은 인간에게 봉사하게 합니다. 이렇게 해서 우리는 '창조주'가 우리에게 부여한 대리인 직분에 맞게 살게 됩니다.

이 책무는 인간의 노력과 하느님 은총과의 결합으로 이루어지며, 봉사를 통하여 이 조화를 이룰 수 있습니다. 봉사는 많은 사람들이 생각하듯이 제사를 드리는 것만이 아닙니다. 봉사는 인간으로서 절대적인 겸손과 우리 책무에 대한 복종의 표현입니다. 그리고 봉사는 인간, 자연, 그리고 하느님 사이의 진정한 관계에 빛을 비춥니다. 봉사를 통하여 우리가 다른 의무로부터 벗어나기 때문에 우리는 하느님에 대한 약속을 분명히 할 수 있습니다. 봉사 안에서 우리의 삶은 하느님을 향하게 되며, 하느님을 통하여 모든 사람과 모든 피조물을 만납니다. 우리는 모든 것을 '그분'과 연결시키며, 이론적으로나 실천적으로 우리와 '그분'과의 관계를 끊임없이 새롭게 합니다. 봉사의 길을 조심스럽게 걷는 사람은 자기 자신의 유일한 의무, 즉 '창조주'께서 자기에게 부여한 책무에 대한 정의의 실행을 결코 의심하지 않습니다.

그는 이 일시적인 삶을 최선을 다해서 살며, 다른 사람들이 최선을 다해 삶을 살도록 도와줍니다. 그는 인간의 표식을 어디에나 남기도록 일을 합니다. 그는 무한한 것을 위하여 충분히 큰 희망을 갖고 살며, 영원의 자녀라는 사실로부터 오는, 깊은 평화와 기쁨 속에서 앞으로 걸어 나아갑니다.

우리가 자연적이고 도덕적인 책무를 최우선시하고, 봉사의 결과보다는 봉사의 정신을 더 소중히 여길 때, 기대하지 않은 결과들은 우리를 실망시키지 않고 우리의 정열을 사라지게 하지 않습니다. 이럴 때 우리는 다른 사람들 안에 계신 하느님께 봉사하며, 우리가 진정한 믿음의 정점에 도달한 것에 대해 감사하게 됩니다. 이럴 때 우리는 실망하지 않고, 공허하지 않고, 지루함을 느끼지 않으면서, 새롭게 충전된 에너지를 가진 말들처럼 뛰어오를 것입니다. 이럴 때 우리는 루미처럼 말할 수 있습니다.

> 나는 종이 되었네, 종이 되었네, 종이 되었네.
> 나는 '당신'께 머리를 숙이며 나를 바치네.
> 노예는 기쁘네, 해방될 때.
> 나는 기쁘네, '당신'의 종이 될 때.

우리들 행동의 가치는, 그 결과가 아니라, 그 진리, 순수함, 그리고 하느님의 기쁨에 대한 일치로 가늠해야 합니다. 마찬가지 방법으로, 임금이나 보상의 개념이 우리의 봉사를 제한하게 내버려 두지 말아야 하며, 하느님의 작업과 세속적인 보상을 불순하게 섞지 말아야 합니다. 무한함에 헌신하면, 우리는 하느님에 대한 봉사로 편안함을 얻고, 이 세상의 압력들로부터 자유로워집니다. 우리를 억압하거나 비굴하게 하지 않는 권위에 대한 종으로서, 우리는 인간의 자유를 깨닫습니다.

땅 위의 대리인으로서 인간은 하느님을 위해 일하고, 하느님을 위해 일을 시작하고, 하느님을 위해 사랑하고, 하느님을 위해 만들고, 하느님을 위해 간여합니다. 인간은 모든 행동에서 하느님을 대표합니다. 따라서 우리는 자신의 성취를 자랑하지도 않고, 자신의 실패에 낙담하지 않습니다. 우리는 자신의 능력을 자랑하지도 않고, 하느님께서 자신에게 주신 선물들을 거부하지도 않습니다. 우리는 하느님께서 모든 것을 결정하시고 당신의 모든 일을 인간에게 맡겨주셨다는 것을 깨달을 겁니다. 성취가 있을 때마다, 인간은 하느님께로 향해 자신의 신뢰를 표현하고 신념을 새롭게 할 것입니다. 아키프Akif의 말을 되새겨봅시다.

> 하느님께 의지하고, 힘을 다하여, '그'의 섭리에 복종하는 일.
> 이 길이 바로 그 길. 다른 어떤 길도 알지 못하네, 나는.

정신적인 집중, 열정, 그리고 단호함을 가지고, 우리는 모든 행동이 하느님에 대한 봉사임을 알게 됩니다. 그래서 우리는 승리에 오만하지 않고 실패에 좌절하지 않습니다. 평탄한 길을 걷든 가파른 언덕을 오르든, 당황하지 않고 여행을 할 겁니다.

우리는 이 책무에 대한 봉사에서 자신의 모든 상상력, 심리적이고 정신적인 기술들을 동원해야 합니다. 또한 우리는 자기의 통제 밖에 있는 결과들을 성실하게 받아들이면서 하느님께 완전하게 복종해야 합니다. 그러나 인간은 언제나 추구하고 언제나 희망합니다. 바로 여기에 진정한 신자와 모범적인 헌신자의 모습이 있습니다. 많은 사람들이 천국으로 향하는 길에 자신의 발자국을 남겨 놓았으며, 자신들에게 약속한 날들을 향해 아직도 걸어가고 있습니다.

(스즌트, 1999년 4월 243호)

영적인 관점에서 본 여성

내적인 능력으로 볼 때, 여성은 동정심의 기념비이며, 여성을 통해 동정심은 처음으로 피조물 안으로 들어갔습니다. 여성이 자신의 본질에 충실하게 남아 있는 한, 여성은 언제나 동정심을 생각하고, 동정심에 대해 말하며, 동정심을 가지고 행동하며, 동정심을 가지고 자기 주위의 사람들을 봅니다. 그리고 모든 사람을 동정심으로 품에 안을 때, 여성의 순수함과 성실함은 모든 사람들과 함께 고통을 나누게 됩니다. 여성은 자기 주위의 모든 사람들을 열정적으로 보살핍니다. 부모, 동거인들, 친구들, 친척들, 그리고 나이 들어서는 남편과 자녀들. 이들과 기쁨을 나눌 때, 여성의 얼굴은 장미처럼 달콤한 웃음으로 피어납니다. 다른 사람들이 비탄과 슬픔에 잠겨 있는 것을 볼 때, 여성은 이들과 함께 시름을 겪고 고통 속에서 울부짖습니다.

여성은 아름다운 것들을 보기 원하고 아름다운 공동체의 부분이 되기를 원합니다. 그러나 때때로 찾는 것을 발견하지 못할 때도 있습니다. 때때로 바람이 세차게 불어서 여성의 마음에 가까이 있는 모든 것을 흔들 때도 있고, 어디를 가건 마음이 편할 수 없는 때도 있습니다. 분노에 가득차서 눈물을 거두고 싸울 때도 있습니다. 그러나 자신을 아이같이 즐겁게 만드는 아름다움으로 둘

러쌓일 때도 있고, 모든 사람을 자신의 즐거움으로 채워줄 때도 있습니다. 영혼의 친구를 만나고 자기 자녀들과 함께 갈증을 해소할 수 있는 여성은, 천국의 여성과 같으며, 여성이 만드는 가정은 자기 나름의 "천국"입니다. 이런 정원의 그늘에서 동정심을 받고 성장하는, 여성의 자녀들은 천상존재들과 같이 될 것입니다. 정말이지, 이런 가정에서 자란 자녀들은 이미 '천국'의 즐거움을 경험하며, 이들의 웃음은 주위의 모든 사람들에게 즐거움의 영감을 줄 겁니다.

이런 가정의 구성원들은 각자 떨어져 있더라도 이들을 이끌어 주는 영혼은 단 하나입니다. 그리고 이 영혼은 여성으로부터 나와서 가정 전체를 품에 안으면서, 가정을 이끄는 힘과 같이 그 모습을 느끼게 할 겁니다. 자신의 마음의 길을 막지 않거나 자기 마음의 지평선을 어둡게 하지 않은 축복받은 여성은 북극성과도 같습니다. 여성은 자기 위치를 잡고 가족 모두가 자신의 주위를 돌게 합니다. 가족 가운데 다른 사람들은 여성의 주위에서 자기 자리를 잡으며, 이들의 모든 행동은 여성에 대한 헌신을 표현합니다. 가족들의 시간이 가정 안에서 제한되고 서로 다를지라도, 여성은 다른 직업을 갖고 일을 할 때도, 자기 마음을 가정에 언제나 둡니다. 여성은 자기 가족에게 가족의 영혼을 먹여 살리는 동정심과 사랑이라는 식량을 제공합니다.

생각과 느낌이 완전하게 영원함으로 향하는 여성은 어떤 스승이나 교사도 가르쳐 줄 수 없는 방법으로 영감을 줄 수 있습니다. 여성은 지울 수 없는, 가장 찬란한 의미를 붓글씨로 우리 마음에 새깁니다. 여성은 다음 생에서의 승리를 확실하게 해주는 영성적인 깊이를 우리에게 제공합니다. 이런 완벽한 여성 앞에서 우리는 우리 영혼 안으로 흘러 들어오는 저세상의 자비와 시를 느끼며, 그 기쁨으로 깊게 숨을 쉽니다.

여성, 특히 어머니는 하늘과 같이 광활하며, 어머니의 느낌과 생각은 하늘의 별들처럼 셀 수 없습니다. 어머니는 언제나 자기 상황과 조화를 이루고, 기쁨과 슬픔과 함께 평화를 누리며, 증오와 적개심에 대해 문을 닫습니다. 생명을 살리고 재건하려는 어머니의 끊임없는 노력은 땅 위에서 하느님을 가장 순수하게 대표합니다. 영원함에 대해 자기 마음의 문을 연 행운이 있는 여성은 육체와 정신이 완벽한 상태에서, 상상을 넘어서 빛나게 우뚝 서 있습니다. 이 영원한 존귀함에 비하면, 이 여성에 대한 최고의 찬사도 꺼져가는 촛불에 지나지 않습니다.

우리는 여성을 모든 창조 현상 가운데 가장 의미 있는 것으로, 모든 인간 가운데 가장 결실이 있고 놀라운 것으로, 그리고 '천상낙원'의 아름다움들 가운데 가장 흠 없는 그림으로 간주합니다. 여성은 새로운 삶을 품고 있으며, 우리 공동체를 먹여 살립니다. 여성의 창조 이전에, 아담은 혼자서 영혼이 없는 상태에 있었으며, 인류는 사라질 운명에 처해 있었습니다. 여성이 없는 가정은 속이 빈 나무와 같이 우리에 지나지 않고, 남성은 자기 일생의 말 없는 한계에 갇혀 있게 됩니다. 그러나 여성과 함께, 두 번째의 목소리는 존재에 생명을 불어넣고, 창조는 완성됩니다. 인간만이 하나의 유적 존재가 되어, 우주 안에서 적절한 자리를 차지하게 되었습니다.

여자와 남자는 물리적, 심리적 특성을 달리하지만, 이것이 우열을 의미하지 않습니다. 남녀의 차이는 공기 중에 질소와 산소의 차이에 비교할 수 있습니다. 이 두 원소는 나름의 기능을 갖지만,

동일한 정도로 서로를 필요로 합니다. '질소가 더 가치 있다', '산소가 더 유용하다'라는 말은 의미 없습니다. 마찬가지로 남녀의 상대적인 가치를 비교하는 것도 의미 없습니다. 여성과 남성은 이 세상에서 똑같이 신성한 창조와 사명을 공유합니다. 남성과 여성은 단 하나의 실체의 두 얼굴과 같습니다.

> 남성과 여성, 젊은이와 어르신, 활과 화살, 서로를 필요로 하네.
> 세상의 모든 부분들은, 정말이지 서로를 필요로 하네.[1]

불행하게도 여성의 가치는 인류 역사에서 인정받지 못했습니다. 어떤 문화권에서 여성은 인간의 기본권마저 없으며, 독약보다 더 위험하게 간주되고 있습니다. 남성이 피해야 할 단순한 감정적 존재로 받아들여지기도 합니다. 남성의 감독 하에 가정에 갇힌 일꾼으로 또는 자기 아버지가 팔 수 있는 노예로 취급되기도 합니다. 가족에게 짐이나 창피한 존재로 여겨지고 심지어 이름도 없이 번호로 불리기도 합니다. 종족 증식의 재생산 수단으로만 여겨지기도 합니다. 위대한 철학자들조차도 이렇게 당혹스러운 전통을 옹호하면서, 여성을 지옥의 문지기로, 덜 발달된 인간으로, 남성의 위대함에 대한 장애로, 그리고 창조의 실수로까지 저주하기도 합니다.

그러나 이슬람은 그 영원함에 대한 메시지를 통하여, 여성의 권리를 회복시키고, 여성에게 강력한 윤리적, 법적 보호를 제공합니다. 쿠란은 여성을 피조물에 걸 맞는 위치로 끌어 올리면서, 여성은 남성과 마찬가지의 권리를 갖는다고 분명히 가르치고 있습니

---

[1] 바시리, 오스만 시대의 시인.

다. 무함마드는 자신의 고별 설교에서, 남성은 여성을 친절과 존경으로 대해야 하며, 이 점에 대해 하느님을 두려워해야 한다고 열정적으로 충고했습니다. 여성의 권리에 대한 이슬람의 계율들은 역사적으로 전례 없는 내용이며, 여성이 경험한 노예 상태로부터 여성을 자유롭게 하는 것이었습니다. 이것은 무슬림이나 비무슬림 학자들 모두 동의하는 '사실'입니다.

하느님은 남성의 짝이 되라고 여성을 창조했습니다. 아담은 이브 없이 있을 수 없었고, 이브도 아담 없이 있을 수 없었습니다. 이 최초의 부부는 하느님의 최초의 대표자가 되었습니다. 이들은 그들 '창조주'의 속성들을 거울처럼 받아들여, 나머지 창조의 해설자가 되었습니다. 이들은 하나의 영혼을 가진 두 개의 몸과 같으며, 하나의 진리를 나타내는 두 개의 얼굴과 같습니다. 때때로 이 결합을 거칠게 이해하고 조잡하게 생각하기도 했으며, 가족과 사회질서의 조화는 깨어지기도 했습니다. 위대한 수피 시인 이븐 파리드Ibn Farid가 말했듯이, 여성과 남성의 아름다움은 '창조주'의 아름다움인 "최고의 아름다움"의 희미한 빛이었습니다. 이 두 피조물은 손에 손을 잡고 어깨를 맞대고 서 있으며, 서로를 각자의 위치에 맞게 받아들이면서, 이들은 더 아름다워집니다. 그러나 역사를 통해서 그 역할은 잘못 해석되고, 관계를 훼손시켜버렸습니다. 특히 육체미를 넘어서는 영성적인 아름다움을 다차원적으로 거울처럼 보여주는, 여성의 아름다움을 편견을 가지고 육체적 특징에 주목하여, 그 위대함을 줄여버렸습니다.

여성이 자신들의 내면적 깊이를 알고 그 본성 안에 남아 있을 때, 여성은 존재들의 핵심적인 아름다움을 반영할 수 있습니다. 이 반영을 즐기는 여성은 육체적인 어두움으로부터 자유로워져서, 하느님 아름다움의 지평선 너머로 올라갈 것이며, 마음속에서 다음과 같은 노래를 부를 것입니다.

> 찬란한 얼굴의 아름다운 태양도 결국 저뭅니다.
> 나는 영원히 지속되는 아름다움을 사랑합니다.
> "나는 사라지는 것을 사랑하지 않습니다"[2]

(야으무르, 2000년 4월, 제7호)

---

[2] 태양과 별 숭배를 거부하고 처단하는 아브라함 예언자에 관한 쿠란(6:76)의 구절.

평화로운 사회

역사를 통해 볼 때 우리는 기회가 있을 때마다, 평화를 멀리 떨어져 있는 사랑하는 사람처럼 언급해왔지만, 결코 평화를 만난 적이 없었습니다. 대신 우리는, 걱정과 불만으로 가득 찬 술집과 같은 세상에서 괴로워하며 살고 있습니다. 새로운 분란이 생길 때마다 잃어버린 평화가 향수처럼 우리에게 떠오릅니다. 평화와 평화의 부재는 낮과 밤이 순환하듯이 역사의 걱정 어린 얼굴을 넘어서 서로 교차하고 있는 것 같습니다. 평화는 이 순환적인 관계를 벗어난 적이 없으며, 어떤 면에서 보면 평화의 부재에 따라 정의되는 것 같습니다. 어떻게 달리 정의될 수 있을까요? 이 세상은 절대적인 평화나, 평화의 절대적인 부재의 장소가 아니고, 내세의 영원한 평화로 나가는 통로에 불과합니다.

역사를 통해서 볼 때, 자신의 의지력을 적절하게 발휘하고, 자신의 하느님과 통하는 잠재력을 깨달은 사람들만이 마음과 양심 안에서 평화를 얻었습니다. 하지만 존재의 신비를 이해하지 못한 사람, 자신의 잠재력을 악을 위해 발전시킨 사람, 그리고 자신들의 원초적인 욕망의 포로가 된 사람들에게 평화의 절대적인 부재만이 있을 뿐입니다.

진리를 향하는 길에 있는 신자들에게, 평화의 절대적인 부재는 문제가 없습니다. 그들은 어떤 분란을 맞이해도 희망이라는 기쁜 파도를 받아들이면서 다가오는 어떤 것에 맞서서도 미소 지을 수 있습니다. 이런 면에서 보면 신앙과 희망은 평화의 첫째 조건입니다. 고귀한 양심과 천국을 내면에 간직하지 못한 사람은 진정한 평화를 얻을 수 없으며, 희망을 가지고 미래를 기다리는 사람과 다가올 기쁜 삶을 기대하면서 마음 안에서 천국을 발견한 사람은 평화를 빼앗길 수 없습니다.

우리는 우리의 모든 노력을, 국가적이고 국제적인 차원 모두에서, 평화로운 사회를 세우려는 사람들을 돕는데 기울여야 합니다. 평화로운 사회는 경멸을 받을 만한 감정이 없는 순수한 사회이며, 고상한 이상들을 지향합니다. 평화로운 사회에서 개인들의 양심은 순수하며, 가족들은 신뢰와 행복으로 빛나고, 공동체는 합의를 이룹니다. 평화는 개인 안에서 시작되고, 가족 안에 울려 퍼지며, 여기로부터 평화는 사회의 모든 부분을 덮게 됩니다. 따라서 우리의 목표가 선의와 아름다움, 희망과 안전을 통해서 평화를 성취하는 것이라면, 우리의 작업은 개인들로부터 시작되어야 한다는 점을 반드시 명심해야 합니다. 왜냐하면 가정을 이루고 사회생활에 기여하는 존재는 바로 개인이기 때문입니다. 이런 관점에서 보면, 오류에 빠진 개인들로 이루어진 사회는 어떤 희망, 행복이나 평화도 약속할 수 없습니다. 이런 가치들은 지적이고 영성적인 깊이를 가지고 자아의 신비를 이해한 사람들과 함께합니다. 우리가 우리 자신을 확고하게 할 때, 우리는 선한 가족의 일원이 되고 자신을 충분히 실현하는 사회의 구성원이 될 수 있습니다.

이런 고상한 개인들로 이루어진 가정은 '천국'에 견줄 수 있습니다. 이들의 축복받은 가정생활 안에서 가족 구성원들 간의 관계는 출생으로 시작되거나 죽음으로 끝나지 않습니다. 끊임없이 이어지는 가정생활 안에서 새로운 축제는 계속 벌어져서 저세상까지 지속될 것입니다. 시간이 지나도 가족의 건전한 구조는 사라지지 않고, 가족들을 단단히 묶어주는 동정심은 훼손될 수 없습니다. 이런 가정은 영원히 지속되며, 그 조화와 강력함은 나라의 미래를 약속하는 토대가 됩니다. 나라를 지탱하는 것은 가족의 덕성과 순수함이며, 나라가 이 토대와의 관계를 잃어버리면, 나라는 그 활력을 잃게 됩니다. 가족의 유대에 의존하지 않는 민족은 자신의 정체성을 잃어버립니다. 가족을 규정하는 사랑, 존경, 협동, 유대와 같은 가치들은 틀림없이 나라를 위해서도 필요합니다. 이런 것을 갖추어야만, 나라는 역사를 결정하고 지구의 평화와 정의의 균형을 이루는데 봉사할 수 있습니다.

평화로운 사회에서 사람들을 묶어주는 것은, 가족들 간의 조화, 행동양식들의 일치, 개인들 마음속에 있는 이타주의 등입니다. 개인들의 고통과 기쁨은 공동체 전체에서 느낄 수 있습니다. 백성이 나라를 존경하고 지지하듯이, 나라도 백성에게 봉사해야 합니다. 정치가는 자기 지지층의 즐거움과 기쁨을 추구합니다. 고용주는 피고용자와 함께하며 과도한 짐을 지우지 않습니다. 노동자를 가족처럼 대하고, 서로 나누며, 필요와 권리에 관심을 갖습니다. 마찬가지로 노동자도 자신의 일과 더불어 고용주와 함께합니다. 적대감이 없이 고용주와 피고용자들은 자신들의 가장 모범적인 노력을 하고 현세에서나 내세에서 하느님의 칭찬을 받기를 희망합니다. 교육제도는 학생들에게 덕성의 감각을 심어주기 위해서 고안되었으며, 학생들의 가슴에 사랑과 친절의 문을 열어주고, 모든 인류를 위해서 새로운 세대에게 동정심을 가르칩니다. 교사들은 자기 학생들을 무모한 야망, 조잡한 욕망, 무례함과 수치심으로부터 지켜주고, 학생들은 사회에 대해 신성한 개념들을 존중하는 법을 배웁니다. 마지막으로 사법적 규율들은 범법자들과 가해자들을 처벌하고, 무고하고 억압받는 사람들을 보호합니다.

이런 이상을 위해 일하는 사람은 누구나 그 실현 가능성을 볼 것입니다. 우리가 평화를 향해 이런 노력을 얼마나 오래 계속해야 하는지는 오직 하느님만이 아십니다.

(스즌트, 1979년 8월, 제7호)

이상적인 사회

이상적인 사회는 이상적인 개인들로 이루어지기 때문에, 이상적인 사회는 이상적인 인간의 특징에 따라 규정되어야 합니다. 오류를 범하며 사는 많은 군중들은 선함과 아름다움을 알지 못합니다.

전통적으로는 "완전한 사람"으로 표현되어 온 이상적인 인간은 통찰력과 이해력을 가진 사람입니다. 이 사람은 자신이 육체적으로나 정신적으로, "최선의 형태로 창조되었음"[1]을 알고 있습니다. 이 사람은 영성적인 완성으로 나아갈 수 있는 인간의 독특한 위치를 알고 있습니다. "우리는 하늘과 땅, 산에 신뢰를 주었으나, 하늘과 땅, 산은 이 신뢰를 거부하고 두려워했네. 그러나 인간은 이 신뢰를 받아들였네."[2] 인간은 하느님의 이 선물을 활용할 줄 압니다. 우리가 신의 안내에 따라 살 때, 우리는 완성으로 나아가는 길에 있음은 분명합니다. 하느님께서 우리에게 주신 선물에 대해 우리의 의지력을 발휘할 때, 그리고 이 선물들을 풍성한 수확을 위해 가꿀 때, 우리는 영원히 살 것입니다.

이상적인 인간은 삶과 죽음, 시련, 우주 안에서 자신의 위치

---
1) 쿠란, 95:4.
2) 쿠란, 33:72.

그리고 하느님과 자신과의 관계 등에 관하여 도전적인 질문들을 합니다. 이런 탐구들로부터 나온 해답들을 통하여, 그는 지혜의 빛나는 탑을 쌓고, 그 꼭대기까지 올라가, 궁극적인 실체를 이해합니다. 그리고 그는 경외, 신뢰 그리고 만족으로 가득 찬 영혼의 궁극적인 원초로 되돌아옵니다.

이런 높은 목표들을 달성한 영혼은 더 많은 축복에도 자만하지 않으며, 손실을 입어도 흔들리지 않습니다. 자신의 개인 생활에서 받는 축복과 시련도 무관심으로 대할 뿐입니다. 다른 사람들은 분노와 좌절을 느낄 수도 있지만, 자기의 책임만을 기억하며, 그로부터 힘을 끌어냅니다. 따라서 이상적인 인간은 시련을 당할 때도 성공을 합니다. 그리고 엄청난 시련을 맞이할 때도, 확신을 가지고 역경을 헤쳐 나갑니다. 가장 어려운 순간에도, 그는 저 멀리서 오는 평화의 숨결을 느끼며, 절대 겸손을 통하여 하느님을 찬양합니다.

하느님의 권위에 대한 믿음 덕택에, 이상적인 인간은 최상의 신뢰를 소유합니다. 순수한 믿음은 자신의 마음 깊은 곳에 뿌리를 내리고, 그는 깊이를 헤아릴 수 없는 정신세계의 차원들을 탐구합니다. 이런 깊이에 맞추어진 귀를 가지고, 그는 천상의 목소리를 듣습니다. : "두려워하지도 슬퍼하지도 마라. 너희에게는 약속된 천국의 좋은 소식이 있으니"[3] 아니면, "당신들에게 평화가 있으소서. 그리고 당신이 행한 선에 대한 보상으로 천국에 들어가소서."[4] 그리고 그가 누리는 편안함은 그의 가장 지극한 기쁨이 됩니다.

이상적인 인간은 저세상의 영역을 진심으로 믿으며, 이것에 따

---

[3] 쿠란, 41:30.
[4] 쿠란, 16:32.

라 자신의 삶을 구성합니다. 그는 언제나 죄, 범죄, 부정의, 수치와는 거리가 멀고, 자신의 욕망 때문에 방황하지 않고, 욕망에 대해 투쟁을 합니다. 그의 눈은 하느님의 아름다움에 맞추어져 있고, 그의 영혼은 영원함에 고정되어 있으며, 그의 마음은 천사와 혼령들에게 열린, 밝고 다양한 색깔을 가진 정원과 같습니다. 육체적인 쾌락을 추구하지만 평화와 만족을 얻지 못하는 사람들이 많은 반면, 이상적인 사람은 '영혼의 사람'입니다. 이상적인 사람은 지식과 지혜로 인간에게 봉사하기 때문에 평화와 만족을 얻습니다. 이상적인 사람은 이 땅에서 잔인함과 부정의를 없애는 데 단호합니다. 그는 용기 있게 사랑을 가지고 자신을 억압하는 사람을 대하고, 겸손을 가지고 용서하며, 선의를 가지고 이런 사람들에게 관용을 베풀며, 필요한 경우 침략자들에 대항해서 자기 공동체를 방어합니다.

이 '영혼의 사람'은 하느님을 제외한 모든 것이 반드시 죽고 일시적이라는 것을 알기 때문에, 어떤 것에도 굴복하지 않고 어떤 것에도 속지 않습니다. 그는 자신이 가진 모든 것을, 인간을 위해 봉사하는 데 사용합니다. 그는 자기 주위의 세계를 깊이 생각하고, 자기 뒤에 올 사람들의 행복을 위해 일합니다. 그리고 그는 "미래 세대여 영원하라!"라고 말하면서 후회 없이 사라집니다.

이상적인 사람은 언제나 진리 안에서 하느님의 기쁨을 추구합니다. 물질적이거나 정신적인 어떠한 보상도 그를 위축시키지 못하며, 그는 가장 위대한 가치에 대한 봉사만을 생각합니다. 이러한 기준으로 볼 때, 그는 하느님의 모든 종이 자신보다 더 고상하다는 것을 알고 이들에게 최고의 존경을 표시합니다. 그는 자기 품 안에 있는 갈등의 불을 끄기 때문에 어떤 불만도 갖지 않습니다.

이런 식으로 그는 친절함을 가지고 다른 사람들의 잘못된 행동들을 덮어줍니다. 그는 천둥번개와 같은 폭력을 다른 사람들을 보게 할 수 있는 빛으로 바꾸어버립니다. 빛을 비추는 이러한 그의 태도는 님로드Nimrod의 불마저 "차갑고 안전한" 무엇으로 바꾸어 기질이 나쁜 영혼들에게조차 평화를 가져올 수 있습니다[5]

우리는 이 같은 이상적인 사회를 향하여 일을 하지만, 우리들 가운데 많은 사람들은 아직도 그런 일을 할 자질들을 갖추지 못하고 있습니다. 친절함을 가지고 다른 사람들의 잘못된 행동을 덮어주지 못하고, 다른 모든 사람들과 마찬가지로 반감을 가지고 서로를 대합니다. 우리 자신의 생각을 위해서 욕망과 야망을 가지고 실수를 자주 합니다. 따라서 우리는 개인적인 감정을 가지고 우리의 봉사를 해치면서 봉사 자체를 하지 못하게 되기도 합니다.

(스즌트, 1990년 6월, 제137호).

---

[5] 님로드는 아브라함 예언자를 불길 속에 던져 죽이려고 했던 잔인한 왕이었으며, 그 불은 하느님의 명령에 따라 "차갑고 안전한" 곳으로 변했다.(쿠란, 21:69 참고)

문명의 개념

"**문**명"이라는 개념은, 마을, 도시, 또는 나라 등 인간의 덕성으로 묶여진 어떤 공동체에도 적용될 수 있습니다. 인간은 역사의 시작 이후 이런저런 문명 안에서 살아왔습니다. 그런 우리는 진정으로 문명적civil이 될 때만 문명civilization 안에서 살 수 있습니다. 문명은 산업, 기술, 또는 도시 발전 등으로 정의되기도 합니다. 그러나 이런 것들은 인간의 덕성과 함께 하는 한 생활 발전의 도구들일 뿐이며, 문명의 핵심적인 요소들로 잘못 알아서는 안 됩니다.

근대화는 생활의 겉모습을 바꿀 수 있지만, 사람을 반드시 문명화시키지 않습니다. 진정한 문명은 인간 능력의 성장으로 가능하며, 문명화된 사람들은 사회에 대한 봉사를 위해서 영성적으로 그리고 지성적으로 꽃이 피는 사람들입니다. 따라서 문명은 무엇보다도 먼저 영성적이고 지성적인 실체이며, 재화, 사치나 궁전 같은 것들 안에서 찾아져서는 안 됩니다. 문명은 육체적인 쾌락의 요구가 지배하는 생산과 소비에서 찾을 수는 없습니다. 오히려 문명은 윤리적인 영역에서 찾아야 합니다.

역사를 통해서 보면, 문명을 물질적인 번영에서 찾고 대중을 근대화로 몰고 간 사람들이 많았습니다. 이러한 기만은 시간을 낭비했고, 낭비된 삶을 뒤에 남겨 놓았습니다. 대신 우리는 문명을, 영성적인 완성과 자아의 갱신과 같은 영혼에서 찾아야 하지 않을까요? 문명은 사서 입을 수 있는 옷과 같지 않습니다. 우리는 우리들 자신을 위해서 문명을 구상하고 조심스럽게 준비해야 하며, 문명화된 세대들이 꽃을 피울 수 있게 모든 것을 고려해야 합니다.

이런 식으로 문명은 단순한 근대화와는 근본적으로 다릅니다. 문명은 영성적이고 지성적으로 새로워지지만, 근대화는 생활을 위한 설비들일 뿐입니다. 많은 사람들이 개념의 혼란과 신앙, 철학, 윤리, 그리고 문화 등에 대한 진정한 가치의 왜곡으로 잘못된 길을 갔습니다. 이렇게 많은 나라들이 퇴보했습니다. 그들이 근대적인 수단들과 설비들을 즐길 때, 그들의 엘리트들은 누가 문명화되었고 누가 그렇지 않은지를 판단하면서, 역사가 용서할 수 없는 가장 심각한 죄를 문화에 대해 저질렀습니다. 문명화가 근대화와 동일시될 수 없듯이, 교육도 계몽과는 철저하게 다릅니다. 공식적인 학위도 없이 계몽된 사람들이 있기도 하지만, 교육은 잘 받았으나 문명에 대한 인식이 거의 없이 편견을 가지고 있는 사람들도 많습니다.

이러한 개념의 혼란은 우리를 길을 잃게 합니다. 검은 것이 흰 것으로 불리고, 정의가 억압받으면서 독재가 정의의 왕관을 쓰는 곳들이 근대 세계에는 많아 보입니다. 어두운 영혼들이 빛의 제자들로 소개되는 반면, 진정으로 계몽된 사람들은 무지한 사람 취급을 받습니다. 이러한 혼동은 너무도 자주 진보라는 이름으로 축복을 받습니다.

이런 혼동으로부터 벗어난 계몽된 사회는 뛰어나게 계몽된 사람들의 존재에 달려있습니다. 사회는 자연과학과 수학 학위를 가진 사람들로부터 주로 빛을 받습니다. 시대의 요구를 알고 있는 이 계몽된 사람들은 자신들의 마음과 영혼, 의지에 따라 삽니다. 빛의 영원한 자원은 이들 안에서 빛나며, 이들은 자신들의 영감과 생각을 통합하고, 이 빛을 사회 전체와 함께 나눕니다. 문명은 이들 노고의 결과이며, 문명은 진정한 생각과 믿음에 의해 형성됩니다. 새로운 모든 문명은 이들의 사랑과 신앙으로부터 탄생합니다.

이런 사랑과 신앙이 없는 곳에 문명에 대한 희망은 없습니다. 전제적인 압제를 받는 사회에서는, 가장 믿을 수 없는 과학적 발견들도 진정한 문명이 다가옴을 알릴 수 없습니다. 이런 사회에서 어떠한 기술적 진전을 지속시키는 것도 불가능합니다. 공동체가 신앙, 사랑, 책임감을 빼앗기면, 학문은 문명을 성립시킬 수 없습니다. 모든 제도가 새로워지고, 삶의 기준들이 높아지고, 옷차림도 모두 근대화되어도, 기술적 변화만으로는 문명이 만들어질 수 없습니다. 문명은 지성적이고 영성적인 결정체입니다. 하지만 우리는 개개인을 몇 달 안에, 사회 전체를 몇 년 안에 '문명화'시킬 수 있습니다.

아! 그러나, 우리들의 분명하고도 **빠른** 근대화에도 불구하고, 지혜를 발전시키지 못했기 때문에, 가장 비극적인 결과가 나와서, 문명은 근대적인 도구와 제도의 채용과는 아무런 관계가 없게 되어 버렸습니다. 우리나라의 지식인들은 오랫동안 이런 기만을 선전해왔으며, 근대적인 과학기술의 발전을 문명의 약속처럼 내보이면서 대중을 잘못 이끌었습니다. 그들의 의도가 무엇이던 간에, 이 실수의 결과는 우리나라의 전반적인 파괴였습니다.

다행히도 최근에 우리들은 전통적인 인간적 덕목들을 위해 모이기 시작했으며, 진정한 의미의 문명을 성립시키려 하고 있습니다. 확신과 신앙을 가지고 이런 이상에 헌신하는 일은 새로운 세대의 의무입니다.

(스즌트, 1985년 8월, 제79호)

우리가 파괴한 자연

자연은 경이로움의 전시장이며, 경탄하면서 숙고하는 책입니다. 자연은 매일 아침 새로운 모습으로 눈부신 옷을 입고 우리 앞에 나타납니다. 자연은 영혼과 생명의 원천이며, 우리를 황홀하게 합니다.

한 때, 펼쳐진 자연의 모습은 상상을 넘어 눈부셨습니다. 자연은, 사랑의 나라를 향해 항해하는 놀라운 배와 같았고, 저세상을 비추는 수천 개의 등불이 달린 샹들리에와 같았습니다. 에메랄드 언덕과 차가운 계곡, 동물들이 떼지어 다니는 숲을 가진 자연은 저세상의 해변이었습니다. 자연 속의 정원들과 과수원들은 '천국'을 연상시켰으며, 노래하는 새들과 울어대는 곤충들, 하늘의 축복처럼 쏟아지는 비와 더불어, 순수한 심장으로 전하는 감사의 찬양은 하늘로 올라갔습니다. 그 당시 자연은 하느님 힘의 아름다움으로 빛났습니다. 인간은 자연과 너무도 가까이 지냈으며, 저 세상의 영광을 맛보고 그 놀라움에 몸을 떨었습니다.

우아하고 품위 있는 궁전이 우리에게 영감을 주어 저세상의 궁전을 명상하게 하듯이, 자연은 우리 안에서 영감을 통해 아름다움의 궁극적 '원천'에 대한 통찰력을 주며, 이 원천은 세상을 구상하고 존재하게 했지만 아직도 우리의 인식 너머에 머물러 있습니다.

자연의 건축가는 우리를 저세상의 문으로 데려갑니다. 산들은 하늘의 치맛자락에 머리를 누이고 있으면서 하늘을 알려고 합니다. 꽃에서 꽃으로 날아다니는 벌처럼 우리의 상상력은 이들 자연의 아름다움을 따라 더 멀리 지평선으로 달려갑니다. 거기에 도달하면, 우리는 하늘 너머 무한을 향해 새로운 여행이 시작된다고 믿습니다. 그리고 우리는 저세상으로부터 우리의 깊은 영혼들 안에서 천상의 멜로디를 듣습니다. 이런 세계에 계속 머무는 사람은 자신이 오랫동안 갈망해온, 진정으로 '사랑하는 사람'을 만날 것이며, 여행이 끝나기를 바라지 않을 겁니다. 이런 여행을 하기로 결심한 사람들에게, 자연은, 그 상쾌한 경치, 색색 가지의 언덕들, 감동을 주는 산들, 매혹적인 정원들, 경외심을 일으키는 나무들, 속삭이는 시내들과 강물들과 함께, 쾌락, 즐거움, 평화, 상상의 영역입니다. 이렇게 펼쳐진 자연의 모든 구석구석은 서로 다른 놀라움, 한편의 시, 그리고 매혹입니다. 자연의 모든 아름다움들은 서로 경쟁하는 것처럼 보여서 우리는 그저 "자연은 더 이상 영광스러울 수 없다"고 말 할 수 있을 뿐입니다. 이런 아름다움을 깨달은 사람들은 존재를 보다 깊게 경험하기 시작합니다. 어디서나 천상의 멜로디를 듣습니다. 이렇게 중독된 마음 안에서, 나무들은 수피처럼 춤을 추고 그들의 '창조주'를 노래하며, 꽃들은 자기 나름의 언어로 '그분'의 영광을 선포합니다. 정말이지, 백합, 제비꽃, 라일락, 장미, 카네이션, 재스민, 동백꽃, 난초, 목련 등의 기쁨에 찬 색깔들은 우리에게 하느님 아름다움의 신비들을 속삭입니다. 이런 자연의 아름다움 앞에서 시간은 비옥해지며, 우리 조상들의 모든 시간의 아름다움을 우리가 경험하는 것과 같습니다.

자연은 너무도 매혹적인 특별한 장소들로 가득 차 있기 때문에, 우리가 자연 속에 있을 때, 우리는 아름다움의 천상에 가까이 있는 것처럼 느낍니다. 우리는 이 세상이 얼마나 서로 연계되었는지를 보기 시작하고, 이 세상의 언덕 위에서 '천국'을 보게 됩니다. 강들은 '천국'의 소리로 속삭입니다. 나무들은 '천국'의 정원들 안에서처럼 산들바람에 흔들립니다. 자연의 아름다움 안에서 우리는 영원한 아름다움들을 느끼고 봅니다. 결국 우리는 이 생생한 욕망을 유일하게 실현하는 '전능하신 한 분'에게로 향하게 됩니다.

우리의 명상을 위하여 '자비하신 한 분'이 보여주시는, 자연의 이렇게 놀라운 책이, 그리고 아름다움의 이 매혹적인 펼쳐짐이, 잡동사니 덩어리로 취급 받는 일은 얼마나 안타까운 일입니까? 자연은 오염과 사막화로 파괴되었습니다. 매연은 하느님 질서가 놀랍게도 지배하는 공기를 막고 있습니다. 생명과 은총의 샘인 물은 해롭고 오염된 강물로 혼탁해졌으며, 강물은 찌꺼기 덩이처럼 흐르고 있습니다. 하느님 자비와 축복의 저장창고인 땅은 불모의 황무지와 같이 균형 없는 폐허가 되었습니다.

우리에게 맡겨진 많은 것들처럼, 자연은 우리의 잘못된 취급으로 고통을 받고 있습니다. 우리는 평야와 계곡을 잘못 사용했습니다. 우리는 강과 바다를 배반했습니다. 우리는 공기와 물을 오염시켰습니다. 우리는 정원들과 숲을 당연한 것으로 여겼습니다. 아니, 우리는 자연의 이 아름다운 천국을 지옥으로 만들면서 우리 자신을 배반했습니다. 우리가 손으로 파괴한 것을 되살리는 데 실패한다면, 자연은 이어지는 재앙을 통해 파편 더미처럼 부수어질 것입니다.

(스즈트, 1990년 1월, 제132호)

마음의 주권을 향하여

최근의 상황으로 볼 때 인간은 고통에서 고통으로 표류하고 있습니다. 우리는 죽음의 구덩이에 빠져있으며, 빠져나오려는 노력도 우리를 새로운 재앙으로 이끌 뿐입니다. 전 세계에 걸쳐 기존 정부들은 개인들의 탐욕과 야망에 시달리고 있습니다. 오늘날, 우리 사회를 조정하고 있는 엘리트들, 대기업들, 강력한 마피아들은 건드릴 수 없습니다. 인간의 덕성들은 무시되고, 사람들은 재화, 재산, 그리고 안락을 부추기는 '삶의 표준"에 사로잡혀 있습니다. 승리했을 때 손을 들어 올리는 오만한 검투사처럼, 물질적인 부는 덕성, 지식, 명상, 용기 등 우리가 한 때 의존했던 가치들을 짓밟고 있습니다. 하지만 도덕적인 맥락 밖에서 부는 아무런 가치를 갖지 못합니다. 재화 그 자체만을 위하여 재화를 추구한다면, 재화는 잔인함의 원인이 됩니다. 사회의 진정한 핵심인 지혜와 윤리는 환상과 어리석음으로 취급되어 왔습니다.

사회가 육체적인 요구에 따라 구성된다면, 사람들이 자기 자신의 번영만을 생각하고 쾌락과 즐거움의 노예로 삶을 살아간다면, 목표 없고, 남을 속이고, 부주의하고, 무식하고, 편견에 사로잡힌 사람들은, 부지런하고, 성실하며, 좋은 기질의 사람들을 희생시키면서 번영할 겁니다. 사회에서 윤리와 덕성에 대한 고려를 배제하는 일은 나라 발전에 이바지하는 기질과 능력을 남녀로부터 빼앗는 일입니다. 이것은 전 세계에 걸쳐 사회에서 나타나고 있는 근본적인 왜곡입니다.

　인간은 전례 없는 번영을 누리고 있습니다. 하지만 우리는 또한 이전에는 없었던 정도로, 우리 자신의 야망, 환상, 탐닉의 포로가 되었습니다. 우리가 육체적인 욕구를 만족시킬 때, 우리는 삶의 광란에 굴복합니다. 우리는 마시면 마실수록 더 목마를 뿐입니다. 우리는 먹으면 먹을수록 더 게걸스럽게 될 뿐입니다. 우리는 더 얻기 위해 재정을 조작하고, 얼마 안 되는 돈을 위해 우리의 영혼을 악마에게 팝니다. 따라서 우리는 인간적인 진정한 덕성으로부터 멀어집니다.

　삶이 일시적인 물질적 가치의 추구에 소모될 때, 인간은 그 삶 자체를 소비하는 것으로 끝나고 자신의 존엄을 잃어버립니다. 이런 상태에서 깊은 신앙, 풍부한 지혜나, 사랑과 영성적인 기쁨의 표현은 있을 수 없습니다. 이런 일이 어떻게 생겼을까요? 근대적 인간은 안락과 쾌락으로만 삶을 평가하고 천상의 실체를 완전히 무시하고 있습니다. 어떻게 더 축적할 수 있는가, 무엇을 사고팔 수 있는가, 어디서 쾌락을 발견할 수 있는지 만을 우리는 생각합니다. 그리고 합법적으로 이러한 목표들을 얻을 수 없을 때, 불법적인 방법에 의존합니다. 사회의 가시적인 토대가 우리의 목적들에 도움이 되지 않을 때, 우리는 지하로 이동합니다.

　오늘날 인간은 이 어두운 지하세계를 여행합니다. 그러나 지하세계는 우리가 진정한 통로를 발견하기 위해서는 반드시 포기해야만 하는 막다른 골목입니다. 여기서 빠져나오지 못하면, 사람은 억압에서 억압으로 표류하며, 자기 자신을 결코 발견하지 못합니다.

공산주의에서 빠져나오면 무정부주의자가 되고, 무신론에서 자신을 구하면, 일원론자가 됩니다. 다원주의에서 벗어나면 신다원주의에 기울게 됩니다. 소외로 고통받고 자기 정체성을 잃어버리며, 다른 사람을 흉내 낼 뿐입니다. 이런 식으로 인간은 수 세기 동안 자신을 낭비했습니다. 우리는 정치적 위기에서 벗어났지만 윤리적 위기에 빠져버리고 말았습니다. 경제 위기를 극복했지만, 군부에 의한 위기 상황에 처하게 되었습니다. 더구나 우리의 에너지는 우리 자신의 부정적인 태도들로 인해 고갈되어 버렸습니다. 이런 잘못된 도전들로부터 벗어나려면, 전통적인 종교적 원칙들, 믿음, 사랑, 도덕, 형이상학적 사고, 영성적인 훈련 등으로 되돌아가는 것이 필요합니다.

믿는 것은 있는 그대로의 진리를 아는 것이며, 사랑하는 것은 이 지식을 삶에 적용하는 일입니다. 믿지 않는 사람은 어떤 수단을 쓰더라도 절대적인 진리를 이해할 수 없으며, 사랑하지 않는 사람은 생명이 없는 육체와 같습니다. 믿음은 행동의 가장 중요한 원천입니다. 믿음은 우리의 영혼을 존재 전체에 간여하게 이끌며, 사랑은 인간적인 사고의 가장 핵심적인 측면입니다. 이런 이유 때문에, 우리의 종교적인 전통을 양육하려는 사람은 제일 먼저 믿음의 제단으로 나아가서 사랑의 강단에 올라가야 합니다. 이런 충동은 도덕과 덕성을 깊이 이해할 때 생길 수 있습니다.

도덕은 종교의 핵심이며, 하느님 메시지의 의미 있는 교의입니다. 도덕적이고 덕성을 갖춘다는 것이 영웅적인 것이라면, 예언자들과 그 추종자들은 진정한 영웅들입니다. 이슬람의 가장 두드러진 특징은 도덕입니다. 분별력이나 지혜가 있는 사람이면 누구나 쿠란과 예언자들의 전통, 한 구절 한 구절이 모두 도덕적 가르침으로 가득 차 있다는 것을 알 수 있습니다. 완벽한 도덕을 구현한 무함마드는 "이슬람은 아름다움이다"라고 말하면서 이 진리를 쉽게 표현하고 있습니다. 무슬림 공동체에서 우리는 도덕적 체계의 일원이며, 서사시의 도덕적 자녀들입니다. 어떠한 환상이나 생각도 우리의 도덕을 흔들 수 없으며, 우리는 도덕을 통하여 영원함을 얻으려고 꿈을 꾸고 있습니다. 그리고 우리는, 형이상학적인 사고에서 유래되는, 우리의 영성적인 힘이 이 꿈을 실현해 줄 것이라고 믿고 있습니다.

형이상학적 사고는 존재의 관찰가능하고 관찰 불가능한 측면들을 하나로 이해하는 우리의 노력을 포함합니다. 지성과 영혼 모두, 전체를 품에 안지 않으면, 모든 것은 생명 없는 파편으로 부수어질 것입니다. 우리가 형이상학적 사고를 무시한다면, 이성으로의 접근을 못 하게 됩니다. 역사상 모든 위대한 문명은 형이상학적 사고의 전통에 뿌리를 두고 있습니다. 이 점은 특히 이슬람의 경우 사실이며, 이슬람의 이어졌던 문명은 꾸란의 형이상학적 토대에 기반을 두고 있습니다. 형이상학적 사고는 영혼이 자연으로 침투하는 것이며, 형이상학과 자연과학이 서로 배척하는 것으로 생각하는 사람은 흐르는 강물을 그 근원지인 샘물로 되돌리려는 헛된 시도를 하는 사람입니다.

우리는 또한 형이상학적 사고를, 실체를 전체로 인식하는 사랑의 능력으로 규정할 수 있습니다. 이러한 점에서 사랑은 모든 존재가 관심을 받아야 함을 알게 해 줍니다. 진정으로 사랑하는 사람은 재화나 명예를 추구하지 않습니다. 진정으로 사랑하는 사람은 자신 안에서 불타는 사랑의 폭풍 가운데서 평화롭게 숨을 쉽니다. 이들은 자신의 영혼이 소멸할 때, 자신이 '사랑하는 사람'의 얼굴을 분간하고, 존재의 흩어진 재 안에서 '사랑하는 사람'을 알아보고, 서로가 하나가 되길 바랍니다. 이들은, 수피의 용어로 표현한다면, 언제나 "하느님 안에서 자기 영혼의 소멸"이라는 계곡으로부터 "하느님 안에서 자신의 영원함"이라는 봉우리를 향하여 여행합니다. 틀림없이 이런 목표는 영성적인 훈련을 필요로 합니다.

영성적인 훈련은 우리가 창조된 목적으로 우리를 안내합니다. 영성적인 훈련은, 영혼이 육체적인 한계를 벗어나 그 근원으로 향하고 창조의 목적을 충족시키는 방법이라고도 규정될 수 있습니다.

우리 시대의 세대들은 자신들의 영성적인 동력을 잃어버리고, 자신들의 본질로부터 멀어졌습니다. 불쌍하고, 초라하고, 방황하는 그들은 자기 나름 논리의 희생자들입니다. 우리는 이들이 자신의 적절한 대상을 명상하도록 도와야 합니다. 그리고 그들에게 헌신하는 종으로서 우리는, 우리가 할 수 있다는 것을 믿어야 합니다. 우리의 노력이 평가를 제대로 받지 못해도, 우리는 희망을 포기하지 말아야 합니다. 우리는 오직 예배를 통해 우리의 의지를 다져야 하며, 자기비판을 통하여 의지를 훈련해야 합니다. 우리가 우리의 의무를 다하고 이 길을 걸어갈 때, 우리가 어디를 가던, 하느님은 거기에 계실 겁니다. 우리의 책무는 이들 씨앗을 미래의 황금으로 된 언덕들 위에 뿌리는 것입니다. 그리고 그 씨앗에 생명을 주는 분은 하느님입니다.

철저한 봉사의 노력을 통하여, 우리는 평화, 안전, 그리고 사랑의 윤리들이 지금이 세상에 나타날 것을 믿습니다. 우리는 인간이 참된 행복을 발견할 것을 믿습니다. 우리는 미래세대가 돈, 풍요, 명예, 지위, 그리고 온갖 종류의 탐욕 대신에 사랑에 자신들의 신뢰를 둘 것을 믿습니다. 이럴 때, 모든 사람은 그들 마음의 주권에 따라 살 것입니다.

(스즌트, 1995년 8월, 제199호)

사랑을 갈망하는 인간

우리는 인간으로서 인간답게 행동하는 법을 잊어버렸습니다. 오늘날 우리의 행동은 존재들 가운데 인간이 차지하는, 독특한 특권을 가진 지위를 거의 나타내지 못하고 있습니다. 천사들도 질투할 만한 놀라운 자질들을 갖고 있음에도 불구하고, 우리는 악령들도 놀라게 하는 행동합니다. 우리는 너무도 자주 증오와 분노로 불타고 복수로 이것을 해소합니다. 너무도 오랫동안 우리는 세상을 바꾸는 사랑의 영향력을 알지 못하고 살았습니다.

우리의 생각은 끊임없이 악한 행동들에 쏠립니다. 환경을 파괴하고 "다른" 모든 것을 억압하는 일은 우리에게 제2의 본능이 되었습니다. 너무도 많은 사람들이 이성보다는 감정에 조종을 당하고 있습니다. 우리처럼 생각하지 않는 사람들을 본능적으로 짓밟고 말을 못하게 합니다. 우리가 닥친 문제들에 대한 대안적인 해결책을 제시하지 못하고, 우리는 오직 우리 의견만을 고집하면서 앞으로 나아가고 있습니다. 이렇기 때문에 용기를 북돋우려는 우리의 시도들조차도 파괴적이 됩니다. 영혼의 부드러운 언어를 통해서 우리는 누군가의 마음을 얻거나 우리 자신을 표현하지 못합니다. 오직 과거에 집착하는 낡은 사고방식을 보여줍니다. 우리 자신의 이기심이 만들어 낸 반대자들을 만나면, 우리는 격분하고 맙니다. 엄청나게 분노해서 경쟁자들을 부숴버립니다. 그렇지 않으면 가능한 모든 수단을 사용하면서 적대자들에 대한 비방을 주저하지 않습니다. 오늘날 세계에서, 우리는 압제자들의 소음과 압제 받는 사람들의 절규만을 들을 수 있습니다. 나라들은 억압당하고 있고 희생된 사람들은 오랫동안 신음하고 있습니다. 이미 많은 사회에서 모든 열정은 끝이 났습니다. 자기 자신들의 가치를 빼앗긴 사람들은 서로가 서로에게 늑대처럼 되고 말았습니다. 생각과 이해의 조그만 차이도 논쟁과 갈등의 원인으로 간주됩니다. 상대를 단호하게 반대하기 때문에 조그만 불일치도 억누르지 못하고 폭력적인 싸움으로 번지고 맙니다. 다른 사람의 눈을 파내어 버리고, 자살폭탄이나 폭발물 차량으로 대응합니다. 모든 것 안에 야만이 있습니다. 조금의 인간성도 없는 야생동물처럼 우리는 행동합니다. 의지, 정신, 감정, 마음을 간직하는 양심은 마비되었습니다. 의지를 가지고 흉악한 음모를 추구합니다. 한때 하느님을 아는 전망대 같았던 영혼은 오염된 욕망에 무릎을 꿇고 말았습니다. 사랑의 순수한 샘인 감정은 뱀과 전갈의 구덩이에 빠졌습니다. 진리를 명상하는 창문인 마음은 빛이 없는 터널과 같습니다. 인간에게 고유한 모든 속성들이 그 진정한 목표로부터 멀어진 것처럼 보입니다.

역사 단계마다 비슷한 파괴와 해악들이 나타났지만, 지금의 상황은 세계화와 기술 발전의 충격으로 더욱 악화되었습니다. 텔레비전, 잡지, 신문을 통해 매일 벌어지는 새로운 공포를 봅니다. 우리가 눈을 감고 귀를 닫아도, 비참한 내용의 소식들은 작살처럼 어쩔 수 없이 우리를 찌르고 들어와 우리 마음과 영혼에 치료할 수 없는 상처를 남깁니다. 때때로 우리는 악령의 주인이 되어 버립니다. 피와 눈물을 흘린 전쟁의 피해자들에게 분노하고, 문명이 우리 주위에서 부수어질 때 우리는 기진맥진해집니다. 가을바람이 불고, 우리는 마른 낙엽들과 같습니다. 우리는 어디에서나 봅니다.

> 망가진 도시들, 붕괴된 가정들, 지도자 없는 공동체들,
> 무너진 다리들, 파괴된 운하들, 텅 빈 거리들,
> "성전"의 이름으로 신자를 죽이는 불쌍한 신자들
> 황량한 가옥들, 황폐한 마을들, 무너진 지붕들,
> 할 일없는 대낮, 내일의 기약 없는 저녁 시간들[1]

밀려들어 오는 비극들은 비명이 되고, 무기력함에 대한 분노로 우리는 울부짖습니다. 그러나 세계는 우리의 도움을 기다립니다. 세계는 인간의 무관심으로 뒤틀려지고, 인간의 냉담으로 맥이 빠집니다. 이런 외침을 듣고 느끼는 사람은 몇 명뿐이며, 더구나 이들도 너무도 나약하고 무기력함을 느낍니다. 그래서 오늘날 인간은 수 없이 죽어가면서 절규합니다.

> 비는 오지 않고, 튤립은 자라지 않네.
> 우리의 운명은 언제나 이럴까?
> 하느님의 자비의 땅 너머로,
> 아침 바람조차 비참함을 몰고 오네.[2]

절망에 빠져 사람들은 이렇게 말하려고 합니다. "군중들은 언제나 서로를 잡아먹고, 대중들은 영원히 사라져간다." 사람들은 더 이상 사랑하지 않고, 비탄에 잠긴 사람들에게 손을 내밀지 않으며,

---

1) 메흐메드 아키프(1936년 서거)
2) 수지 Suzi (1830년 서거), 오스만 시대의 수피 시인.

억압받는 사람들을 동정하지 않습니다. 우리는 더 이상 안전하지 않습니다. 세상의 운명은 피를 생각하고 말하는 미친 사람들에 의해 결정되며, 또다시 독재자들의 시대가 될 것입니다.

하지만, 이런 상황은 계속될 수 없습니다. 왜냐하면, 이런 세계는 인간과 인간성의 소멸이기 때문입니다. 오늘날 우리는 역사적인 교차점에 도달했습니다. 우리는 루미Rumi와 유누스Yunus 같은[3] 사랑과 친교의 영웅들이 전하는 하느님의 부름에 다시 한 번 귀를 기울입시다. 사람됨이 어떤 특권인지를 온 세상에 보여줍시다. 증오와 반감이 어둡게 한 세상에 사랑과 대화를 선포합시다. 우리 모두를 품에 안는 하느님 자비에 따라 우리의 양심을 넓힙시다. 모두에게 우리 마음의 문을 엽시다.

더 이상 우리를 말라 버려서 사라질 물방울로 여기지 맙시다. 그 대신 영원의 바다로 흘러 들어가는 폭포수처럼 하나가 됩시다. 우리 모두는 사람들이며, 우리의 유전자 안에는 아담의 자취가 담겨 있으며, 우리는 아흐메드Ahmed[4]의 진리를 공유하고 있습니다. 그리고 모든 악에 맞서 우주를 향해 우리는 "이 땅 위에 있는 하느님의 대리인임"을 그리고 우리는 영원함을 받을 후보자임을 외칩시다. 다시 한 번 천사들이 우리들의 특권을 질투하게 만듭시다. 손에 손을 잡고, 마음에 마음을 다하여, 하느님을 향하여 함께 걸어갑시다.

(스즌트, 2008년 3월, 제350호).

---

3) 유누스 엠레Yunus Emre (1321년 서거): 터키의 수피 시인.
4) 수피즘에서 '알 하키카 알 아흐마디이야al-haqiqa al-Ahmadiyya'(아흐메드의 진리)는 하느님의 사명을 받은 무함마드의 원초적인 존재를 의미합니다. 수피즘에서 이 진리 또는 실체는 인간의 이상적인 형태이며 따라서 하느님 창조의 기본적인 규범입니다.

하느님에 대한 사랑

이 어두운 시대에 인간의 마음은 적개심에 사로잡혀 있습니다. 우리의 영혼은 병들어 있고, 증오는 넘치며, 서로는 늑대처럼 싸웁니다. 이런 불행한 시대에 우리는 물과 공기를 필요로 하는 이상으로 사랑과 자비를 필요로 합니다. 우리는 사랑을 잊어버린 것 같고 동정심이란 낱말은 우리 혀에 낯섭니다. 우리는 이웃들에게 자비를 보여주지 않습니다. 공감은 우리를 떠났고, 우리의 마음은 굳어있으며, 적개심으로 가득하고, 모든 것이 석탄처럼 검게 보입니다. 거의 독재자 같은 사람들이 온갖 구석에 자리잡고, 관용을 증오하면서 많은 사람들이 대화를 저주합니다. 거짓과 살육으로 서로를 모욕하기 위해 새로운 방법들을 고안해내고, 이빨과 발톱을 드러내며, 피로 물든 말들을 쏟아냅니다.

개인들과 군중들 사이에는 비참한 분열이 있습니다, 우리는 말할 때, 우리, 너, 다른 사람들이라는 분열적인 표현들을 새롭게 강조합니다. 분열을 향한 우리의 갈증은 결코 채워지지 않습니다. 지속적으로 쏟아지는 싸움들은 텔레비전 드라마에도 넘쳐납니다. 서로가 서로에게 떨어져 있으며, 이런 격리는 우리의 모든 행동 안에 반영되어 있습니다. 줄이 끊어진 목걸이의 구슬들처럼, 우리는 여기저기에 흩어져 있습니다. 독재자들로부터 당하는 고통 이상으로 우리는 이런 불일치로부터 고통을 당하고 있습니다.

　사실 이런 분열은 우리가 하느님으로부터 멀어졌기 때문에 생겼습니다. 우리는 "그분"의 아름다움과 영광이 요구하는 헌신을 가지고 "그분"을 사랑하지 않기 때문에, "그분"의 사랑은 우리들의 영혼 안에서 사려져 버렸습니다. "그분"이 없는 상태에서 우리의 공허한 마음은 자기중심주의에 사로잡혀 서로 으르렁거리고 있습니다. 서로에게 '반동', '편협', '이교도'라는 딱지를 붙이면서 끊임없는 전쟁을 계속하고 있습니다. 마치 우리가 저주받은 것 같습니다. 사랑은 우리를 빈곤하게 만들었으며, 우리는 자비와 친절을 갈망합니다. 우리가 하느님을 사랑하지 않아도, "그분"은 우리에게 사랑과 존경을 우리들의 마음속에 남겨주었습니다. 지금이라도 우리가 "그분"에게 되돌아가면, "그분"은 우리에게 사랑을 다시 주십니다. 하지만 지금 우리는 사랑의 진정한 원천으로부터 너무나 멀리 떨어져 있기 때문에 우리가 서 있는 길은 "그분"께로 향해 있지 않습니다. 한 때 호우처럼 내렸던 사랑의 비는 우리들의 영혼 위로 내리지 않으며, 우리들의 마음은 사막이 되어 버렸습니다. 하느님에 대한 우리의 사랑만이 이런 병들을 고칠 수 있습니다.

　하느님에 대한 사랑은 모든 선한 것의 시작인 동시에 다른 모든 사랑의 순수한 원천입니다. 사랑과 동정심은 오직 "그분"의 의지에 의해서 우리 마음 안에 들어옵니다. 그리고 우리와 "그분"과의 관계가 확보될 때, 다른 모든 유대는 더욱 튼튼하게 됩니다. 하느님에 대한 우리의 사랑은 우리의 신앙이며 종교입니다. 사랑 없이 우리는 살 수 없습니다. 하느님의 우리에 대한 사랑은 존재의 핵심이며, 이것을 통하여, 존재들은 천국의 모습을 갖추기 위한 양분을 얻을 겁니다. 하느님은 사랑에 맞게 모든 것을 창조하셨고,

사랑으로 인간과 관계를 맺으셨습니다.

사랑은 육체 안이 아니라 영혼 안에 드러나 있습니다. 우리가 사랑을 하는 모든 곳에서 우리는 하느님을 언제나 만납니다. 우리가 '사랑받는 분'과 다른 일시적인 것들을 혼동할 때도 마찬가지입니다. 사랑이 그 적절한 대상을 발견할 때, 사랑은 진정한 가치로 승화됩니다. 이럴 때 우리는 욕망을 갖게 한 방탕에서 벗어나 오직 하느님만을 섬기게 됩니다. 바로 이때에 비로소 우리는 올바른 길 위에 그리고 모든 존재와의 올바른 관계 안에 있게 됩니다.

우상숭배자들은 자신들이 신성에 예배드린다는 이유 때문에 자신들이 예배드리는 대상은 신성하다고 생각합니다. 그러나 하느님은 "그분"의 유일하고 영원한 신성 때문에 예배를 받고 사랑을 받습니다. "그분"의 '주인 됨'은 우리의 봉사를 필요로 하며, 따라서 우리는 "그분"께 언제나 봉사해야 합니다. 우리는 언제나 "그분"에 대한 우리의 사랑을 표현하며, 우리의 재능에 대하여 "그분"께 감사를 드리고, 모든 행동에서 충성을 바치려고 합니다. 아름다움, 완전함, 위엄, 재화, 권력, 위상, 번영 그리고 가족 등 많은 것들이 "비유적인" 사랑을 보여줍니다.[1] 그러나 그러한 대상들에 대한 과도한 사랑은 하느님과 대상을 결부시키게 할 수 있어서 우상숭배로 일탈할 가능성이 있습니다. 가령 우리는 아름다움이나 성취의 포로가 됩니다. 완전함에 박수를 보내고 위엄에 머리를 숙입니다. 재화와 권력을 위하여 우리의 인간성과 자유를 희생시킵니다. 번영과 지위에 아부하려고 우리 자신을 저급하게 만듭니다. 이런 식으로 우리는, 우리에게 박애와 재능을 제공하는 "한 분"에게 드려

---

[1] 수피즘에서 하느님의 사랑만이 실제적이며, 다른 모든 사랑은 비유적이다.

야 할 사랑을 쓸데없는 피조물들에게 나누어줍니다. 오직 "그분" 만이 아름다움과 완전함의 합당한 소유자이며, 위엄 있는 왕, 절대적으로 부유하고 권력 있는 분입니다. 우리가 "창조주" 자신보다 피조물들을 더 사랑할 때, 우리는 우리의 사랑이라는 소중한 보석을 헛되게 낭비하며, 우리가 헛되이 사랑하는 사람들의 무관심과 부실함 때문에 우리는 고통을 받습니다.

신자는 하느님을 먼저 사랑하며, "그분"을 위하여 다른 모든 것들을 사랑합니다. 이 세상의 사물들 안에 하느님 모습들이 나타나 있기 때문에 신자는 이것들에게 가치를 부여합니다. 신자는 이것들을 경탄하고 하느님의 이름으로 사랑합니다. 하느님을 고려하지 않는 사랑은 분산되고, 기약이 없으며, 불안정하고, 열매를 맺지 못합니다. 따라서 우리는 다른 어떤 것보다도 하느님을 사랑해야 하며, 다른 모든 것이 "그분"의 이름과 속성들을 드러내기 때문에 다른 모든 것을 사랑해야 합니다. 우리는 모든 피조물을 존경으로 감싸 안아야 하며, 모든 축복 앞에서 "이것도 당신으로부터 옵니다."라고 말합니다. 그럴 때 모든 축복은 "사랑하는 그분"과의 일치의 순간이 됩니다. 이렇기 위해서 우리는 하느님의 집과 같이 순수한 마음을 가져야 하고, 모든 피조물들의 얼굴에서 빛나는 하느님 모습들을 찬양하도록 훈련받은 혀를 가져야 합니다.

> 애인의 아름다움을 수많은 얼굴로 보고파서,
> 연인은 산산조각이 나야하네, 깨진 거울처럼.[2]

볼 수 있는 사람에게 모든 피조물은 빛나는 거울, 아니면 "창

---

[2] 터키의 고전 시가에 있는 작자 미상의 이행시.

조주"의 영광을 드러내는 찬사입니다. 인간의 얼굴은 하느님 자비의 신비로운 진리를 표현합니다.

> 하느님은 "자신"을 위하여 너에게 거울을 만들어주셨네,
> "그분"의 유일한 자아를 보는 유리.3)

이 말들은 우주 안에서 우리의 위상을 일깨워주는 중요한 표현입니다. 인간은 "하느님의" 감추어진 아름다움의 신비한 거울이기 때문에 우리의 눈길은 "그분"에게 맞추어져야 합니다. 그리고 우리는 "그분"이 나타난 모습들을 관찰하면서, 우리를 사랑의 나라로 더 멀리 이끄는 "그분"의 자비심을 기대합니다. "그분"의 사랑과 기쁨을 얻기 위하여, 우리는, "그분"의 '숨겨진 보물'을 열 수 있는 열쇠처럼 우리의 마음을 "그분" 가까이에 계속 두어야 합니다.4)

사랑이 솔로몬과 같고 마음은 신기한 왕관이라면, 사랑이 마음 안에 자리 잡을 때마다, 마음은 올라갑니다.5) 그리고 왕은 언젠가는 확실히 자신의 왕관을 씁니다. 우리의 마음이라는 왕관이 자기에 맞는 솔로몬을 찾는다면, 왕관은 언제나 하느님께 봉헌됩니다. 우리는 명상 속에서 "그분"과 대화하며, 우리의 모든 행동과 마시고 숨 쉬는 그 자체를 "그분"이 분배해주신 축복으로 받아들입니

---

3) 하나키 메흐메드 베이Hanaki Mehmed Bey (1606년 서거): 오스만 시대의 시인.
4) 수피즘에서, 창조 이전에는 알려지지 않았던 "하느님의 영원한 아름다움"은 "숨겨진 보물"로 표현됩니다.
5) 여기서 필자는, 솔로몬의 사랑과 마음을 왕관에 비교하는 무함마드 뤼프티 Muhammed Lutfi의 이행시에 나타난 이미지를 참고합니다. 솔로몬은 신기하게 날아갈 수 있는 왕관을 가졌습니다.

다. "그분" 가까이에서 따뜻하게 시간을 보내며, 우리의 마음은 사랑과 갈망의 불꽃이 있는 벽난로처럼 타오르기 시작합니다. 우리의 사랑이 "그분"이 주신 선물임을 알기 때문에, 우리는 그 선물을 이해하지 못하는 사람들에게 갈망의 고통도 결코 드러내지 않습니다.

이 길은 모든 사람에게 열려 있습니다. 유일한 조건은, 여행자가 성실하고 의지를 가져야 한다는 것입니다. 모든 아름다움, 완벽함, 위대함과 찬란함이 하느님께 속한다는 것을 우리가 보고 이해한다면, 우리는 "그분"의 영광에 적합한 사랑을 가지고 "그분"께 정열적으로 나아가야 합니다. 이 불같은 사랑이 오직 하느님께로만 향할 때, 사랑은 우리의 느낌과 하나가 됩니다. 신과의 일치에 바쳐진 마음과 이슬람의 가르침에 헌신한 마음을, 사랑은 삐뚤어지게 하지 않습니다. 신과의 일치를 믿는 사람은 "그분"을 위하여 하느님을 사랑하며, 이 사랑은 이 세상에서나 저 세상에서 아무런 대가를 바라지 않습니다. 마음의 샘으로부터 느낌이 나오기 때문에, 신자는 쿠란의 원칙들과 무함마드의 가르침에 따라 느낌들을 정제하고 검토합니다. 인간적인 흥분에 휩싸일 때도 신자는 바른 길을 가며, 사랑의 불로 자신을 소비해도 그 길은 똑바릅니다.6) 신자는 하느님을 깊이 사랑하며, "그분"을 모든 것의 진실한 "소유자"와 "주인"으로 알기 때문에 "그분"의 절대적인 장엄함과 초월성을 존경합니다. 신자는 하느님이 이름들을 통하여 알려지고 속성들을 통하여 규정됨을 압니다. 따라서 그의 사랑 때문에 잘못된 감정을 갖지 않습니다.

---

6) 하느님과 "하나가 된" 기쁨과 흥분으로 하느님을 선언하는, 이른바 "중독된 수피들"이라는 수피즘의 독특한 전통을, 필자는 암묵적으로 언급한다.

신과의 일치를 믿는 사람은 자신의 마음을 하느님께 둡니다. 그는 다른 모든 것 이전에 하느님을 사랑하고 찾고 경배합니다. 그의 모든 행동은 그의 열정과 봉사를 표현합니다. 결과적으로 신자는 예언자들과 "그분"을 드러내는 가장 순수한 거울인 하느님의 뛰어난 친구들 뿐 아니라, 땅위의 비범한 "대리인"으로서 "그분"의 의지를 대신하는, 하느님의 특별한 종들도 사랑합니다. 이들 가운데, "인류의 자랑"인 예언자 무함마드는 가장 사랑을 받아야 합니다. 왜냐하면 그는 하느님 호의의 초점, "그분"께 헌신한 사도, "그분" 인격과 속성들의 진정한 해설자, 그리고 예언자들 가운데 마지막이고 가장 고상한 예언자이기 때문입니다. 신자는 하느님을 위하여 젊음을 사랑합니다. 우리가 일시적인 존재임을 충분히 경험하도록 "그분"께서 주신 젊음을 사랑합니다. 신자는 하느님을 위하여 이세상을 사랑합니다. 이세상은 "그분"의 아름다운 이름들과 속성들이 드러나는 곳이며, 저세상에서 수확할 선한 것들을 가꾸는 곳입니다. 자기 자녀들을 돌보는, 동정심의 영웅들인 부모들과, 하느님의 축복을 자신과 함께 나누는 가족 모두를 신자는 사랑합니다. 이상과 같은 사랑들은 또한 하느님에 대한 솔직한 사랑의 표현이기도 합니다. 신자는 "그분"을 위하여 모든 것을 사랑합니다.

신자로서 우리는 하느님을 위하여 우리의 사랑을 받는 것들에 대해 우리의 마음을 열어놓지만, 비신자는 사랑받는 것들이 '사랑하는 하느님' 자신인 것처럼 사랑합니다. 이 두 가지 사랑은 완전히 다릅니다. 하느님을 위하여 무엇을 사랑하는 일은 신앙으로부터 나오고 예배와 관련되며, 그 자체가 도덕적 행위인 신성한 행동입니다. 이런 사랑은 완벽한 신자의 표시입니다. 반면 본성을 따르는 동물적 성향을 표현하는 감각적인 사랑을 '사랑'으로 부를 수 있다면, 이 사랑은 하느님 안에서 시작하지만 천사들이 맛보려고 달려오는 신성한 음료와 같습니다. 이런 사랑 안에서 우리가 우리의 모든 경험을 사랑하는 존재에게 주고 우리 자신을 위하여 아무것도 남겨 놓지 않는다면, 사랑하는 사람에 대한 관심만이 우리 마음에 남게 됩니다. 그 다음 우리의 마음은 자기 리듬에 맞추어 새로운 갈망으로 불타오르고, 눈은 이런 불꽃을 눈물로 차갑게 만들려고 합니다. 마음은 사랑의 비밀을 노출시켰다고 눈을 비난하면서 마음 안이 불타고 있을 때에도 바깥으로부터의 고통을 감추려고 애를 씁니다. 그리고 읊조립니다.

> 사랑에 빠져 있다면, 슬퍼하지 말라, 그 상처를;
> 아무도 모르게 하라, 너의 번뇌를[7]

사랑은 자신의 왕좌를 우리 마음 안에 만든 군주입니다. 무릎을 꿇고 혼자 외롭게 가슴 속에서 퍼내어 하느님께 전하는 희망과 갈망을 사랑은 말합니다. 사랑의 고통을 표현하는 일은 다른 사람들, 특히 사랑을 모르는 사람들이 알게 해서는 안 됩니다. 사랑은 "모든 것을 아시는 분"을 위한 것이기 때문에, 낯선 사람들로부터 떨어져서, 가장 개인적인 영역 안에 남아 있어야 합니다.

치졸한 사람들은 가는 곳마다 얼마 안 되는 자신들의 사랑을 과시하려고 하며, 자신들의 고통을 큰 소리로 불평하고, 자기들이 사랑하는 대상을 많은 사람들에게 알리려고 합니다. 그러나 하느님을 사랑하는 사람들은 조용하고 성실합니다. 이들은 하느님이

---

7) 고전적인 터키의 수피 시가에 있는 작자 미상의 이행시.

계신 곳에 자신의 머리를 기대고, 하느님께 자신의 마음을 다 드리며, 열정마저 감춥니다. 하지만 이들은 사랑의 번민을 결코 드러내지 않습니다. 자신들의 손과 발로 "그분"께 봉사하며, 귀와 혀로 "그분"의 명령을 따릅니다. 이들의 마음은 태양처럼 지평선 위에서 떠오르는 하느님 모습들을 기다립니다. "그분" 존재의 빛에 녹아들어가고 자신의 사랑을 드러내지 않습니다. "그분"의 사랑을 더 깊이 느낄수록, 사랑으로 타올라 "더!"라고 말합니다. 사랑의 포도주 한 컵을 마시고는 "더"라고 말합니다. 사랑하고 사랑 받는 것에 결코 만족하지 않으면서 "더"를 반복합니다.

이들이 '더'를 계속 요구할 때, "사랑하는 사람"은 이들에게 이전에는 보지 못한 아름다움들을 드러내고 많은 신비들을 가린 장막들을 걷어냅니다. 이럴 때, 이들은 "그분"만을 느끼고 생각합니다. 이들은 모든 것 안에서 "그분"의 상상할 수 없는 아름다움이 드러나는 것을 봅니다. 자신의 의지와 권력을 버리고 자신의 사랑을 표현하면서 "그분"에게 복종하고 충성을 바칩니다. 이들의 마음은 산만해지지 않도록 너무도 굳게 잠겨 있어서 다른 어떤 사랑도 이들의 "번창하는 집" 안으로 들어갈 수 없습니다.[8] 이들은 자기 존재를 다하여 하느님께로 향하며, 이들의 "그분"에 대한 찬양은 스스로가 이해할 수 있는 범위 훨씬 너머로부터 나옵니다. 이들은 하느님께서 자신들의 충성을 영예롭게 해주시를 간절히 희망합니다. 자신들의 지위는 하느님께서 보실 때 자신이 하느님께 헌신한 정도와 관련된다는 것을 이들은 알기 때문에, 이들은 "그분" 앞에서 똑바로 서려고 노력합니다.

---

[8] 여기서 필자는 마음을, 지상에 있는 카바Kaba에 해당한다고 전통적으로 간주되어 온, "하늘에 있는 천사들의 예배장소"에 비유합니다(쿠란 52:4 참조).

"그분"을 미친 듯이 사랑해도 이들은 어떤 것도 요구하지 않습니다. 대신 이들은 빚을 진 사람처럼 부끄러워하고 충실하며, 이런 모습은 라비아 알 아다위이야Rabia al-Adawiyya의 "천국을 요구하기 위해 저는 '당신'께 예배를 드리지 않았습니다. 제 봉사의 유일한 이유는 한 가지, 제가 '당신'을 사랑하기 때문입니다."라는 표현에서 보는 듯합니다. 이들은 오직 끓어오르는 사랑만을 가지고 "그분"의 지고한 모습을 향해 여행을 하며, 가는 길 내내 자신들에 대한 "그분"의 자비에 "그분"께 끊임없이 감사드립니다. 이들의 마음은 "그분"께 다가가며, 이들의 영혼은 모든 창조를 반영합니다. 모든 것 안에서 사랑의 소리를 듣고, 모든 꽃으로부터 나오는 사랑의 향기에 도취되며, 이 세상 모든 모습에서 "그분"의 아름다움을 봅니다. "그분"이 계실 때, 이들은 언제나 사랑을 말하고 생각합니다. 이들 앞에서 모든 창조는 하느님 사랑의 축제로 펼쳐집니다. 이 축제 안에서 하느님과의 조화를 듣습니다. 사랑이 이들의 마음 안에서 그 권위를 세우게 되면, 반대되는 것들은 서로를 닮게 됩니다. 현존과 부재, 축복과 적대, 편안함과 곤란함, 기쁨과 고통 등 모든 것은 같은 소리를 내고 같은 모습으로 보입니다. 고통과 즐거움이 다르지 않듯이 질병과 치료도 다르지 않게 됩니다. 분노도 샘물 맛이 납니다. 존재들이 아무리 잔인해도 깊은 신뢰를 가지고 자기 위치를 지킵니다. 자기 자신에게 열릴 문을 응시합니다. 하느님의 은혜와 모습을 찾고 받아들일 준비를 합니다. 복종은 자신 사랑의 최고 표현이며, 심장은 복종의 기쁨으로 뜁니다. 자신이 '사랑하는 사람'에게 복종하지 않을까 두려워 그는 나뭇잎처럼 떨며 떨어지지 않도록 "그분"의 도움을 청합니다. 이런 완전한 일치를 위한 이런 요청은 자신을 천국과 지상에서 사랑받게 만듭니다.

하느님만을 바라보고 자신의 사랑에 대한 보답으로 어떤 것도 기대하지 않습니다. 왜냐하면 자신이 바라는 보답이 저세상을 위한 것이라 할지라도 그러한 기대는 자신의 사랑에 대한 배반이 될 수도 있기 때문입니다. 그는 모든 것을 겸손하게 받아들이고 자신의 모든 유혹을 떠나 "그분" 안에 피난합니다.

사랑하는 사람에게 갈망 그 자체가 최고의 영예이며, "그분"의 의지 안에서 자기 부정은 최고의 성취입니다. 사랑은 처음에는 보상, 관심, 인내를 요구하지만, 점차 열정, 갈망, 친숙함, 만족, 그리고 조심스러움과 더불어 성장합니다. 사랑의 길은 우리에게 개인적인 욕망으로부터 정화될 것을 요구합니다. 사랑의 길은 우리의 모든 생각을 "사랑하는 사람"에게 연결시킬 것을 요구합니다. 사랑의 길은 "그분" 기억 속에 확고하게 머물 것을 요구하고 "그분"이 표현하신 사랑 안에 언제나 남아 있을 것을 요구합니다. 이런 길을 가는 중에, 극한 정도의 사랑은 이쉬크ishq, 열정과 기쁨의 분출은 샤우크shawq, "사랑하는 사람"의 모든 대접을 기꺼이 받아들이는 것은 리다rida, "그분" 앞에 있다는 황홀감을 억제하면서 지속적인 겸손과 절제를 유지하는 것은 탐킨tamkin[9]이라고 합니다.

이와 같은 자질들이 그의 마음을 지배하기 때문에, 사랑하는 사람의 모습은 특별합니다. 하느님께 외치고 마음의 짐을 덜기 위해 고독을 찾기도 합니다. 여러 가지 생각에 빠져들어 "그분"과 대화하기도 합니다. 자신이 하느님과 떨어져 있음을 한탄하기도 합니다. "그분"과 다시 만날 희망에 편안해지기도 하고 기쁨의 눈물로 진정되기도 합니다. 다양한 피조물들 가운데 드러난 하느님

---

9) 이 용어들은 하느님과 관련하여 수피즘의 기본 개념들이다.

의 고유한 모습을 자주 맛보기도 하고 자기 주위에서 벌어지는 일들을 잊기도 합니다. 자신이 더 이상 자기 목소리를 듣거나 숨을 쉴 수 없게 만드는 하느님의 두려운 모습에 완전히 빠지기도 합니다.

하느님에 대한 우리의 지식은 사랑이 성장하고 자양분을 받는 토대입니다. 지혜를 빼앗긴 사람은 진정한 사랑을 볼 수 없으며, 감각이 무뎌진 사람들이 지혜를 얻을 수 없는 것과 마찬가지입니다. 때때로 하느님은 우리 안에서 사랑을 되살리려고 우리 마음에 자극을 주기도 합니다. 이것은 우리가 오직 기대할 수 있는 특별한 선물입니다. 하지만 특별한 호의를 수동적으로 기다리는 태도는 지혜와 하느님에 대한 지식을 추구하는 적극적인 기대보다는 그 의미가 훨씬 적습니다. 신앙심 깊은 종들은 자기 행동을 통해 기대를 합니다. 이런 태도는 놀라운 행동으로 자신을 이끕니다. 이들은 충실히 사랑하는 사람들입니다. 자신들이 사랑하는 사람이 자신을 어떻게 대하더라도, 이들은 기뻐합니다. 이들은 신뢰를 가지고 다음과 같이 말할 수 있습니다.

> 저는 무력한 사람입니다, 사랑하는 이여. 저는 당신을 결코 포기하지 않습니다.
> 원하신다면 저의 심장을 단칼로 찌르십시오. 그래도 저는 당신을 떠나지 않을 겁니다.10)

그들은 '사랑하는 사람'과 다시 결합하기를 원하면서 고통을 겪습니다. 그러나 결코 불평하지 않습니다. 이들은 언제나 '사랑하

---

10) 네시미 Nesimi (1417년 서거): 터키의 수피 시인.

는 사람'과의 재결합을 꿈꿉니다. 이들이 나누는 모든 대화는 "그분"에 관해서입니다. 이들의 입에는 언제나 "그분"의 이름이 있으며, 천사와 같이 높은 곳에 다다릅니다. 사랑은 이들의 영혼이며, 이들의 영혼은 육체를 다스립니다. 육체 없이 살아남을 수 있지만, 영혼 없이는 불가능합니다. 이 사랑 이외에는 어떤 것도 이들의 존재 안에 머물 자리가 없습니다. 이들이 이 세상에서 가장 가난하고 가장 약하게 보여도, 이들은 영혼의 영역에서는 왕관을 쓰기에 충분한 자리에 높이 서있습니다. 이들은 약함 속에서 위대하고, 힘세며, 가난한 속에서 한없는 부자입니다. 이들이 침침한 촛불처럼 보여도, 이들은 태양을 불태우기에 충분한 에너지의 근원입니다. 모든 사람들이 이들을 존경하고 경탄해도, 이들은 오직 하느님만 의지합니다. 이들 영혼의 부유함은 우주를 능가하지만, 하느님 앞에서는 작은 불꽃이며 아무 것도 아닙니다.

> 영혼의 촛불은 불꽃을 갖고 있지만
> 하늘의 등잔에는 맞지 않는다네.[11]

"사랑하는 사람"이 없는 삶을 이들은 상상할 수 없습니다. 그런 삶은 삶이 아닙니다. 이들에게 이 사랑 없이 사는 것은 자신들 삶의 낭비입니다. "그분"에게 연결되지 않는 어떠한 기쁨이나 쾌락도 착란에 불과합니다. 사랑이 없는 사람들을 이들은, 인간의 진정한 삶에 대한 이방인으로 간주합니다.

(스즌트, 2003년 6-7월, 제293호)

---

11) 쉐이크 갈리브Sheikh Galib (1798년 서거): 터키의 수피 시인.

하느님 앞에 선 신자

풍성하게 영적인 생활을 하는 신자는 자신의 미래를 확신하고, 자기가 만나는 모든 것 안에서 신앙을 통해 진리를 봅니다. 그는 마치 기념비처럼 단호하게 서있습니다. 자신의 모든 일을 하느님께서 보신다는 것을 알고 있기 때문에, 그는 언제나 남이 부러워하는 정결함과 예의를 갖추고 행동합니다. 그는 하느님 앞에서 그리고 다른 사람들 앞에서 친절하고 품위를 갖추며, 온화하고, 예의 바릅니다. 생명이 위협을 받거나 극심한 탄압을 받아도 그는 결코 야만적이 되지 않습니다.

신자의 보기 드문 말씨나 깊이는 하느님에 대한 봉사의 결과입니다. 그는 눈에 띄게 친절하고 주의 깊으며, 자신의 말과 행동에 깊게 신경을 쓰며, 모든 일들에 대해 진지합니다. 그러나 동시에 매우 부드럽고 관대하며, 모든 것에 대해 열린 마음을 갖고 있습니다. 그의 내면세계는 신앙으로 풍부해지고 넓어져서, 그는 모든 사람을 품에 안으며, 사랑과 동정심을 듬뿍 주고, 하느님과 가까이함에서 얻어지는 아름다움을 모든 사람에게 보여줍니다. 기쁘게 하느님을 만날 날을 꿈꾸기도 하지만, 깊은 경외심과 두려움을 가지고 "심판의 날"에 대해 걱정하기도 합니다.

신자는 마음이 넓으며, 자신을 둘러싼 증오의 스모그를 보지만,

시기와 비방의 폭풍은 무시합니다. 자신의 영혼 안에 이런 것들이 일으키는 고민과 번뇌를 그는 무시합니다. 그는 하느님 앞에 서있으며, 바로 이 사실이 적절치 못한 모든 것을 마음으로부터 지워주고 내면세계를 깨끗이 해줍니다. 그의 영혼에는 결점이 없고, 서 세상에 대한 영성적 선물들을 즐깁니다. 바로 이 영혼의 깊이에 따라 그는 행동하며, 그의 목표는 아주 높기 때문에 이 세상 어떤 것에도 주의를 빼앗기지 않습니다. 그의 신앙은 완벽하고, 나이 드신 분들을 존경하고 젊은이들을 동정심으로 축복해주며, 자신에게 주어진 덕성들에 따라 자신의 삶을 가지런히 합니다.

그는 인간에 대해 봉사하는 자신의 이상을 보여주지 않는 모든 것, 혼란스러운 생각들, 부질없는 행동들, 결국은 하느님께로 이끌지 못하는 헛된 말들을 거부합니다. 그의 침묵은 명상적이며, 그의 말은 언제나 하느님의 지고한 개념들을 선포합니다. 그의 외적 그리고 내적 감각은 하느님께 맞추어져 있고, 그의 헌신은 천사들처럼 순수합니다. 그는 언제나 높이 날고 영성적인 열정으로 불타오를 준비가 되어 있습니다. 그는 하느님을 존경하기 때문에, 하느님을 자기 방식으로 주장하지 않습니다. 그의 눈은 언제나 지평선 너머의 것들을 바라봅니다. 그의 노력, 열정, 근면은 세상에 울리며, 이러한 가치들은 자신 삶의 진정한 동기입니다.

덧없이 지나가는 시간들 속에서 그는 언제나 이 세상을 발전시키고 저 세상을 얻으려고 합니다. 자신의 자연적이고 영성적인 능력들, 태어나면서부터 자신이 받은 하느님의 선물들을 낭비하지 않으며, 이 세상이나 저 세상에 어떤 도움도 되지 않는 하찮은 것들에 시간을 낭비하지 않습니다. 봉사하면서, 그는 하느님께서 자신에게 주신 모든 것을 언제나 쉽게 나누어 주며, 하느님의 어떤 자그마한 축복도 헛되게 하지 않습니다. 올바르고 합법적인 방법으로 일을 하고 돈을 벌기 때문에, 그의 노력은 폭포처럼 떨어지는 '천국'의 강물에 합류합니다. 이 목적을 위해 그는 언제나 하느님의 이름으로 행동하며, "그 분"의 기쁨을 위해서 자기가 하는 모든 일을 주의 깊게 생각합니다. 그는 가장 작은 물 한 방울 안에서도 큰 바다의 풍요로움을 찾으며, 작은 원소들 안에서도 태양의 축복을 찾고, 궁극적으로는 일시적인 것들 가운데서 영원함을 추구합니다.

하느님을 위하여 그는 모든 사람과 모든 것을 사랑합니다. 언제나 사랑으로 숨을 쉬며, 자신의 주위에 사랑의 분위기를 만듭니다. 비탄의 소리가 들리는 어느 곳에든지 그는 돌진해가며, 다른 사람들의 고통을 덜어줍니다. 그는 눈물을 웃음으로, 절망의 비탄을 하느님에 대한 찬사로, 폭풍과 같은 불길을 하느님 은총의 따뜻한 바람으로 바꿉니다. 그는 다른 사람들이 고통을 받지 않도록 고통을 받습니다. 그는 다른 사람들이 흐느껴 울지 않도록 눈물을 흘립니다. 남에게 봉사하지 않는 자신을 가치 없게 여기고, 이기심 없고 이타적이면서 '나'보다는 '우리'를 언제나 선호합니다. 영혼과 그 의미를 중시하는 그는, 자신의 마음이 육체적인 요구에 압도되거나, 자신의 영혼이 육체의 욕망에 의해 질리는 것을 허용하지 않습니다. 그는 예언자들이 모범적으로 보여준 고결함과 순결함을 추구합니다. 자기 통제의 챔피언이면서, 합법적인 쾌락을 추구합니다. 육체적인 쾌락에 대한 투쟁에 자신의 의지력을 적절하게 발휘합니다. 하느님의 도움으로 역경을 극복하고, 어떠한 어려움 없이 영혼의 지평선에 다다릅니다.

그는 진지하고, 성실하며, 선의 표현과 악의 극복에 단호합니다. 너무도 성실해서 천사들과 겨루기도 하며, 천사들은 인간의 창조에 대해 언제나 하느님을 찬양합니다.1) 태어 날 때 하느님이 주신 선물을 창조 목적을 위해서만 사용하기 때문에 천사들의 부러움을 사기도 합니다. 자신에게 주어진 모든 선물들을 확실하게 지키는 신자를, 하느님은 그 모습을 보여주심으로서 축복합니다.

모든 개인은 존재와 더불어 보편적인 인간적 가치를 부여받습니다. "천국"에 대한 갈망, "천국"을 얻을 수 있는 능력, 하느님의 아름다움을 명상할 수 있는 능력 등은 또 다른 특별한 선물입니다. 이러한 선물들은 하느님께서 결정하신 창조 목적에 맞게 사용하기 위해 인간에게 주어졌습니다. 이렇게 볼 때, 인간의 잠재력을 악용하고 육체의 지배 밑에 사는 일은 하느님의 선물을 존중하지 않고 훼손하는 일이며, 악령들을 기쁘게 하고 천사들을 당황하게 할 뿐입니다. 따라서 신자는, 하느님의 선물들은 이어지는 축복을 위한 수단임을 깨닫습니다. 선물들을 활용하면서 신자는 자신의 진정한 모습은 하느님의 종임을 깨닫습니다.

반대로, 믿지 않는 사람들, 신앙, 지혜, 사랑을 위해 하느님이 주시는 선물을 알아채지 못하는 사람들은 이후의 영원한 축복을 받지 못합니다. 저세상을 게을리 하기 때문에, 이 세상에서 결코 완전한 행복을 누릴 수 없습니다. 불신으로부터 오는 근심과 걱정, 우울, 망상으로 고통을 받습니다. 불신자는 저세상으로 가는 빛나는 통로인 이 아름다운 세상을 지옥으로 만들어버립니다. 불신자

---

1) 필자는 여기서 쿠란의 구절을 참고합니다. 아담Adam의 뛰어난 특징을 이해한 천사들은 "당신 영광 받으소서! 당신께서 저희에게 가르쳐주신 것만을 저희는 압니다. 당신은 모든 것을 아시고 전적으로 현명하십니다"라고 하느님을 찬양하기 시작합니다(쿠란 2:32).

는 다른 사람을 진정으로 사랑할 수 없습니다. 의미 없는 이유들로 다른 사람들을 증오하고, 그 대가로 증오의 대상이 됩니다. 대부분의 시간에, 탐욕과 허욕에 고통을 받으면서 좌절로 분열되고 죽음의 공포에 떱니다. 광란의 상태에서 흑백과 선악을 구분하지 못하기 시작합니다. 자신과 같이 생각하지 않는 사람을 원수나 배반자로 여기고, 불신의 악몽에 사로잡히게 됩니다. 한마디로 불신자들이 겪는 지옥과 같은 고통은 불신으로부터 나오는 해로운 결과입니다.

진정한 신자는 하느님의 선물을 너무도 풍부하게 받으며, 그 선물은 추수 때의 셀 수 없는 낱알과 같습니다.[2] 하느님께로 오르는 계단과 같이, 또는 하느님의 선한 기쁨의 지평선으로 이끄는 등불과 같이, 이 선물을 활용합니다. "천국"의 사람들과 함께 나아가면서, "천국"에서 하느님을 기쁘게 할 수 있다는 약속에 행복을 느낍니다.

(스즌트, 2006년 5월, 제328호)

---

2) 쿠란 구절 참조: "하느님을 위하여 자기 재산을 쓴 사람은 일곱 개의 낱알을 맺고, 각 낱알은 백 개의 낱알을 맺는 옥수수와 같다. "그분"은 당신이 원하시는 누구에게나 몇 배로 더 주시며, 한계가 없고 모든 것을 아시는 분이시다"(2:261).

신자의 자질들

오늘날 우리는, 그 어느 때보다도 하느님에 대한 자신의 의무를 깨닫는 활기차고 책임 있는 세대들을 필요로 합니다. 우리 사회를 이끌어 갈 이상적인 사람을 필요로 합니다. 우리를 도울 안내자는, 무지와 무정부상태의 질곡으로부터 우리를 구하고, 신앙, 지혜, 통합, 그리고 평화로 우리를 이끕니다. 인류는 이전에 있었던 죽음의 장막을 걷고 새로운 옷을 만들어 입을 수 있었으며, 우리의 과거를 새롭게 하려는 이런 특별한 정신과 영혼들에게 감사드립니다. 이런 사람들은 위기 때마다 길을 밝히고, 경제적, 지적, 종교적, 그리고 윤리적 억압에서 고생하는 대중들에게 관심을 기울였습니다. 이런 사람들 덕분에 우리는 우리 자신의 존재를 끊임없이 재해석하여 우리의 생각과 느낌 안에 있는 장애물들을 제거했습니다. 이런 사람들 덕분에 우리는 우리 주위의 현상 세계를 새롭게 건설했습니다. 존재가 그 의미를 상실했을 때, 이들은 '존재의 책'[1]을 우리들에게 아름다운 선율로 읽어주며, 우리는 '존재의 책'을 한 줄 한 줄, 한 장 한 장 다시 분석할 수 있습니다. 이들 덕분에 우주는 다시 경이의 전시장이 되며, 숨겨진 진리들을

---

1) 영어 원문은 the book of existence이지만 The Book of existence로 보아 쿠란을 가리킨다고 뜻을 새길 수 있습니다(옮긴이)

다시 발견합니다.

　이런 자랑스러운 사람의 특징은 신앙이며, 자신의 노력으로 자신의 신앙을 어디에서나 드러냅니다. 이들은, 자신의 신앙과 노력으로 모든 것을 넘어서고, 하느님의 선한 기쁨과 진정한 평화를 얻을 수 있다고 믿습니다. 이 세상을 천국으로 향하게 한 다음, 이들은 이 세상 너머의 "천국"에 자리를 잡습니다. 자신의 종말이 기쁨으로 가득찰 것이라고 확신하면서, 이들은 "천국"의 언덕을 여행하듯이 삶을 여행합니다.

　사람에 따라 신앙의 정도는 다르지만, 신앙은 언제나 인간 생활에서 가장 많은 영향을 끼칩니다. 어떠한 사상, 교의나 철학도 신앙의 긍정적인 영향과 견줄 수 없습니다. 신앙이 한 사람의 가슴 속으로 들어가면, 하느님, 우주, 그리고 자기 자신의 삶에 대한 사고방식이 바뀝니다. 그의 시야는 너무도 넓어져서 책 한 권을 한 쪽 한 쪽 읽듯이 존재 전체를 탐구해나갑니다. 당연하게 여겼던 피조물들, 죽어 있고 의미 없었던 모든 현상들이 갑자기 생명을 얻습니다. 피조물들은 자신의 친구와 동료가 되어 동정심으로 이 사람을 반깁니다. 이런 따뜻한 분위기 속에서 그는 자기 삶의 진정한 의미를 느낍니다. 인간이야 말로 피조물들 가운데 의식 있는 유일한 형태임을 그는 이해합니다. 우주 전체에 펼쳐져 있는 비밀의 길을 가면서 모든 현상의 베일 뒤에 숨은 신비들을 알게 됩니다. 그리고 그는 3차원의 좁고 갇힌 세계에서 벗어나 무한한 광대함 속에 자신이 있다는 것을 발견합니다.

　모든 신자는 자기 영혼의 깊숙한 곳에서 흐르는 사고의 덕분에 자기 신앙의 정도에 따라 일시적인 세계 안에서 무한함을 즐깁니다. 시간과 공간의 한계 안에서 살지만, 절대적인 그 무엇처럼 자유롭고 순수해지며, 고상한 존재들의 수준에 도달하여 천사들의 멜로디를 듣습니다. 시냇가의 물 한 방울에 지나지 않지만, 자신의 영혼 안에 담겨진 "하느님의 숨결"을 느낄 때, 그는 커집니다.2) 그가 아무리 작아 보여도, 신자는 땅이나 하늘이 담을 수 없는 초월적인 존재입니다. 그가 갖추는 영성적인 자질들은 천상과 같이 광대하고 끝이 없습니다. 신자는 우리와 함께 걷고 나란히 앉으며, 우리처럼 예배를 드리지만, 그는 하느님 앞에 엎드린 비천한 자세로 하느님 높이로 솟아오릅니다. 그는 고상한 혼령들과 같은 하늘에서 날갯짓을 하며, 이 세상에서 저 세상을 경험합니다.

이런 신자는 개별성을 넘어 인간의 덕목에 자신을 헌신하며, 결국 보편성을 얻습니다. 그는 모든 신자들을 품에 안으며, 모든 사람에게 손을 내밀며, 성실함을 가지고 모든 존재를 반깁니다. 모든 것과 모든 사람 안에서 그는 하느님을 나타내는 자취를 알아냅니다. 그의 명상은 너무도 깊어서 천사들의 날갯짓 소리도 거의 들을 수 있습니다. 벼락의 무서운 천둥소리로부터 새들의 부드러운 멜로디에 이르기까지, 대양을 집어삼키는 파도로부터 강물의 영원한 중얼거림에 이르기까지, 숲속의 으스스한 포효로부터 산정상의 즐거운 봄노래에 이르기까지, 모든 곳에서 그는 아름다움이 장대하게 펼쳐져 있음을 알고 "이것이 진정한 생명이다!"라고 말합니다. 그는 모든 피조물에 대해 진리를 노래합니다. 기도와 찬양을 통하여, 그는 숨을 높이 내쉬어 진정한 가치들의 위엄을 드높

---

2) 쿠란은 다음과 같이 가르친다. 하느님께서 사람의 자궁 안에서 사람을 창조하실 때, 창조된 육체 안에 "당신" 자신의 영혼을 불어 넣으신다. 이 하느님의 영혼은 우리의 영혼을 구성하고 인간됨의 핵심을 이룬다(쿠란 32:9 참고).

입니다.

한결같이 겸손한 마음으로 하느님의 문 앞에서 종처럼 기다리면서 문이 열려 하느님이 따뜻하게 자신을 응시할 것을 바랍니다. 부재와 이별이 사라지고 평화와 친숙함이 자신의 영혼을 감쌀 행복한 시간을 기다립니다. 재결합에 대한 자신의 욕망이 충족되기를 갈망합니다. 그러나 하느님을 향하여 여행을 계속할 때, 하늘을 날고 땅 위를 달릴 때에도 동료 피조물들을 잊지 않습니다. 그는 매 순간마다 하느님과의 새로운 재결합을 경험하면서 갈망의 불을 끄지만, 새로운 불꽃은 계속 빠르게 다시 일어납니다. 하루에도 몇 번이나 그가 하느님의 친밀한 숨결을 느끼는지 누가 알겠습니까? 이런 축복을 빼앗긴 사람들의 고독과 고통 너머에 있는 깊은 슬픔을 그가 얼마나 자주 느끼겠습니까?

정말이지 이런 넓은 지평을 가지고 있는 신자는 예외적으로 정열적이고 단호해서, 새로운 영역을 탐구할 준비가 되어 있습니다. 하느님의 섭리 덕택에 자신이 얻을 수 있는 미래의 영예와 성취를 그는 생각합니다. 그는 결코 지치지 않으면서 자기 앞에 놓인 길을 계속 달리며, 의지는 자유롭고 마음은 평화롭습니다. 매 순간 존재에 대한 그의 호기심은 늘어납니다. 그의 영혼은 결코 끝나지 않는 평화의 들판 안에서 휴식을 취합니다. 다른 많은 사람들과는 달리, 고독과 소외를 결코 마주하지 않습니다. 왜냐하면 자기가 온 곳과 자기가 갈 곳을 알고 있기 때문입니다. 어디로 가고 있는지 알고 이 세상의 이합집산을 지배하는 지혜를 알고 있습니다. 그는 다른 사람들이 겪는 삶 여정의 지겨움이나, 공포, 근심, 고통을 느끼지 않습니다. 그는 하느님을 신뢰하고, 희망으로 도약하며, "천국" 꿈을 꾸면서 최정상의 즐거움을 맛봅니다.

신앙의 정도에 따라, 이런 영웅적인 신자들은 가장 어려운 길도 "천국"의 언덕을 산책하듯 여행을 합니다. 하느님과의 관계 덕택에 이들은 우주 전체에 도전하고 모든 어려움을 넘어섭니다. 재난과 파괴에도 공포를 느끼지 않고, 가장 무서운 상황도 이겨냅니다. 머리를 높이 들고 하느님께만 머리를 숙입니다. 이런 신자들은 어느 누구도 두려워하지 않고, 누구로부터도 보상을 기대하지 않으며, 누구에게도 빚을 지지 않습니다. 승리를 쟁취할 때 유혹으로부터 자신을 지키며, 동시에 감사의 마음으로 겸손해지며, 기쁨의 눈물을 흘립니다. 실패를 할 때, 그들은 인내심을 갖고 단호해지며, 날카로워진 의지를 가지고 다시 도전합니다. 축복을 받으면서도 오만하거나 감사하지 않는 마음을 갖지 않으며, 박탈감에 고통을 느끼면서도 절망에 빠지지 않습니다.

다른 사람들과의 관계에서 신자는 예언자들과 같은 마음을 갖습니다. 이들은 모든 것을 사랑하고 모든 사람을 품에 안습니다. 다른 사람들의 잘못에 눈을 감지만, 자기 자신의 가장 작은 실수에도 반성을 합니다. 화가 날 때도 주위 사람들의 잘못을 용서하고, 가장 표독스러운 사람과도 어떻게 지내야 할지를 압니다. 이슬람은 신자들에게 가능한 한 자주 용서해줄 것과, 증오와 복수의 덫에서 벗어날 것을 권고합니다. 하느님을 향해서 끊임없이 나아감을 아는 사람은 다른 방식으로 행동할 수 없습니다. 이들은 언제나 다른 사람들을 위해 선의를 가지며, 다른 사람들의 미덕을 찾습니다. 자신들의 영혼 안에서 사랑을 살아있게 간직하며, 증오와 반감에 대항해 끝없는 전쟁을 벌입니다. 참회의 불길은 아들의 오류와 잘못을 정화시킵니다. 이들은 자기 본성의 악한 감정들과 계속 씨름하며, 우선은 자신의 마음을 선하고 아름답게 만들면서 선함과 아름다움의 토대를 준비합니다. 라비아 알 아디위이야(Rabia al-Adawiyya)처럼, 그들은 모든 것을, 심지어 독까지도 달콤한 음료처럼 받아들입니다. 그들은 모든 사람을, 심지어 증오를 가지고 다가오는 사람들까지도 미소로 반깁니다. 사랑이라는 가장 강력한 무기로 가장 공격적인 무리들을 물리칩니다.

하느님은 이들을 사랑하며, 이들은 하느님을 사랑합니다. 이들은 언제나 사랑함의 흥분으로 가득 차 있으며, 사랑받음의 느낌에 사로 잡혀 있습니다. 겸손과 부드러움으로 이들은 자기 자신을, 장미가 자랄 수 있는 토양으로 만듭니다. 이들은 다른 사람들을 존경하지만, 동시에 자신의 영예도 존경합니다. 영예는 이 일시적인 세계보다 이들에게 더 가치가 있습니다. 이들은 자신들의 관용, 자비, 친절이 약점으로 해석되게 내버려두지 않습니다. 이들은 자신의 신념에 따라 살며 다른 사람들의 비난과 칭찬도 무시하지 않습니다. 대신 이들은 자기 생각의 보물들이 퇴색되지 않도록 주의를 기울입니다. 왜냐하면, 이들은 진정한 신자가 되기로 결심했기 때문입니다.

(스즌트, 1999년 5월, 제244호)

삶의 목표

이 세상의 삶이 그 어려움을 참고 견딜만한 가치가 있는 지의 여부는, 우리 삶의 목표에 대한 신뢰의 여부에 대체로 달려있습니다. 특히 우리가 우리 자신의 삶에 대해 생각할 때, 삶의 신비에 대해 자주 듣습니다. 여러 해를 보내면서 이 명상을 지속하면, 이 수수께끼는 천천히 그리고 점차적으로 풀립니다.

그러나 창조의 첫째가는 목표는 분명합니다. 인간, 우주, 하느님이 서로 연결되어 있다고 생각하면, 우리 삶의 목표는, 신앙, 지혜, 그리고 영성적인 기쁨의 이상들을 구현하고 따라서 인간됨의 특권을 과시하는 것이라고 말할 수 있습니다. 이런 위대한 프로젝트의 실현은 체계적인 생각과 행동의 훈련을 요구합니다. 분명히 하자면, 이 목표를 실현하기 위한 첫 번째 단계는 "생각과 행동"의 실질적인 순환의 시작입니다. 이 순환에서 우리의 생각은 행동을 더 이끌어내고, 반대로 행동은 우리 마음의 영성적인 인식과 우리 지성의 성찰에 따라 더 미묘하고 복잡한 생각이 나오게 합니다.

틀림없이 이 과정은 강한 신념, 의식 있는 행위, 그리고 모든 행동에서 완벽한 자기 통제를 요구합니다. 이런 자질들을 가진 사람은 누구나 삶의 의미를 이해하기 위하여 삶의 흐름을 성찰하는 반면, 다른 사람들은 주의를 기울이지 않거나 의식하지 않으면서 삶의 흐름에 굴복해버리고 맙니다. 성찰하는 사람은 자기 생각을 행동으로 옮기고 행동은 지적인 노동으로 풍부해집니다. 이들은 훈련으로 한계에 도달한 정신만이 생산적이라고 믿기 때문에, 매일 새로운 아이디어의 생산이라는 고통을 겪습니다. 생각의 고통이 크면 클수록 그리고 영혼이 불안하면 할수록, 그런 마음의 자궁으로부터 태어난 아이디어는 더 강해지고 더 일관되며, 더 빛난다고 확신합니다. 매일 매일 이들은 존재를 언제나 다시 검토하면서, 그 존재 위에 자기 생각의 수繡를 놓습니다. 우주의 영혼 안에 새겨지는 지혜는 이런 엄격한 노력을 필요로 합니다.

가장 중요한 점은, 우리의 존재는 세상의 축복으로 평가받아야 한다는 점입니다. 우리는 풍부한 축복의 세계 안에 살고 있으며, 이것을 활용하는 일은 우리의 의무이며, 하나하나의 축복을 보다 더 높은 축복에 이르는 사다리의 한 단으로 만들어야 합니다. 우리는 우리의 의지를 적절하게 하느님께 드림으로써 하느님의 섭리를 우리에게 초대해야 하며, 그렇게 해서 우리 자신이 피조물 가운데 독특한 존재라는 것을 증명해야 합니다. 우리의 의무는 존재의 흐름 안에서 우리의 위치를 명상해야 하고, 우리의 관계들을 반성해야 하며, 이럴 때 우리 영혼의 지성은 우리에게 지혜의 원천이 됩니다. 우리가 이런 노력을 할 때, 우리는 우리 자신을 다르게 보게 되고, 우리 자신을 보다 깊게 인식합니다. 드러난 현상들은 만들어진 것이며 우리들에게 많은 것을 가르쳐준다는 것을 배우게 됩니다.

진정한 삶을 얻기 위해서 우리가 반드시 도달해야 하는 지평선은 바로 여기에 있습니다. 우리는 우주 안에 살아있는 모든 요소들 가운데 가장 중요합니다. 우리는 우주의 영혼이며, 우주의 핵심과 진액이며, 우리로부터 존재 전체는 확산되고 늘어났습니다. 따라서 우리는, 이런 깊은 관점을 가지고 우리 영혼의 깊은 곳에서 작동하는 지혜를 발굴하면서, '존재의 책' 모든 페이지를 읽고 평가하는 책임을 핵심적으로 갖고 있습니다. 탄생과 죽음의 사이에서 고통을 느끼는, 육체적인 삶의 굴레에서 벗어나, 마음 깊은 곳에서 신의 모습과 영성적인 기쁨을 찾는 일이 우리의 책임입니다.

근심스럽고 고통스러운 삶을 살 만한 가치가 있는 것으로 만드는 것은, 우리가 일시적인 이 세상 여행의 매 단계에서 얻는 하느님의 선물들입니다. 이들 선물로부터 활력을 받는 사람들은 실패 없이 신의 모습을 보게 됩니다. 이런 영성적인 쾌락을 맛보면서, 이들은 그 끝을 향해 흥이 나서 흐르는 한 편의 시처럼 하느님을 향해 달려갑니다.

우리의 행복은 외부적인 욕구충족에 달려 있지 않고 여기에 머무르지 않습니다. 우리의 행복은 우리 영혼으로부터 나오는 영원한 행복, 하느님과의 결합에 의해서 풍부해지고 "천국"에서 실현되는 행복입니다. 이 행복은 우리 안에 살아 있고 모든 존재에 확산되는 즐거움입니다. 우리의 내면세계는 하느님의 자비하신 모습들이 펼쳐지는 파노라마입니다. 우리의 영혼은 그 모습들을 추구하는 데 지치지 않습니다. 우리의 삶은 그 모습들을 기다리면서 지나갑니다. 우리의 눈은 우리 운명의 지평선을 바라보면서 하느님의 가장 작은 은총이라도 축복으로 반깁니다. 그리고 우리의 영혼은 찬가를 부르며 그 기쁨을 표현합니다.

"그분"께서는 내 마음의 왕좌에 오르셨네.

오, 나의 임금님, 여기에 잘 오셨습니다!1)

오늘날 우리는 이런 이해에 맞추어 새로운 세대를 키울 안내자들을 필요로 합니다. 이런 영웅적인 안내를 받는 보다 젊은 세대들은 그들 삶의 목표에 맞추어 충분히 살아갈 겁니다. 무한함과 하나가 되는 영혼의 지평선을 넘어서 일시적인 삶이 영원한 삶과 같다는 것을 그들은 인식합니다. 그들은 지나가는 삶의 매 순간마다에 들어 있는 아름다움의 세계에 놀라고 각 사물의 모습에서 그 색깔을 분별하면서 영원함에 대해 새로운 이해를 할 겁니다. 그리고 그들은 이 삶은 살 만한 가치가 있다는 것을 이해할 겁니다. 이렇게 이해하면서, 그들은 은하수를 건너는 것처럼 그들 영혼의 심연을 여행하면서, 이 일시적인 세계의 풍부한 차원들을 경험할 겁니다.

(스즌트, 1997년 7월, 제222호)

---

1) 무함마드 뤼프티(1956년 서거): 터키의 수피 시인. 알바르 에페Alvar Efe로 알려진 이 시인은 페툴라 귤렌을 가르친 사람 가운데 한 분입니다.

진리에 대한 사랑

진리는 간단히 말하면 사물의 핵심과 실체입니다. 진리를 알기 위해서는, 사물이 무엇인지, 무엇을 의미하는지, 그리고 보이는 것을 넘어서 무엇을 나타내는지를 분명하게 알아야 합니다. 인간이나 우주의 핵심과 실체는 무엇입니까? 인간과 우주 각각 뿐 아니라 이 둘 모두를 하나로 볼 때, 인간과 우주는 무엇을 의미합니까? 아름다움과 조화를 담고 있는 존재 너머에는, 원자와 성운 너머에는, 그리고 인간의 물질적이고 정신적인 깊이 너머에는 무엇이 있습니까? 하느님의 창조는 '우연의 일치'의 결과가 될 수 없기 때문에, 입자에서 행성에 이르기까지 모든 것이 의존하는 진리가 있어야만 합니다. 모든 사물에는 궁극적인 근거가 확실히 있으며, 모든 인간은 이 진리를 알아야 할 의무를 갖습니다. 열정과 관심을 가지고 이 의무를 수행하는 일은 진리에 대한 사랑입니다.

이런 사랑은 실체의 핵심을 위하여 모든 존재를 탐구합니다. 이것은 모든 진리들의 "진리"에 도달하는 가장 확실한 방법입니다. 우리의 영성적인 흥분과 열정 안에서, 보이는 모든 것 너머에 있는 의미를 찾는 호기심 안에서, 그리고 우리의 의지가 발휘되는 상황에서, 이 진리에 대한 사랑 때문에 마음이 흔들림을 우리는 느낍니다. 그런 다음 우리는 항상 변하는 과학적인 패러다임의 관점으로 현상을 재검토 하면서, 예배의 기쁨과 엄숙함 속에서 내부 세계와 외부세계를 평가합니다. 우리는 지적인 작업의 어려움을 참아내고, 설명할 수 없게 보이는 문제들에 부딪힐 때 실망과 공포에 저항하며, 어떤 대가를 치르더라도 진리의 파악을 우리의 궁극적인 목표로 세웁니다.

이 여행의 성격은 또한 숙고입니다. 숙고는 작업의 가정과 결과에 따라 현상을 반영하고 평가하는 일입니다. 숙고는 우리 이해의 지평선 안에서 모든 것을 테스트하는, 포괄적인 명상이며 성실한 검토입니다. 숙고를 하면 시간이 미치도록 많이 걸리는 것도 참고, 하느님께서 주시는 충족을 지치지 않고 기다립니다.

진리에 대한 사랑에 있어서, 우리가 우주를 이런 방식으로 대하면, 모든 사물은 그 의미를 드러내기 시작하고 사물들은 그들의 비밀을 보여주며, 우리의 지평선에 빛을 비추고 우리의 마음을 편안하게 해줍니다. 전자들의 놀라운 역동성과 흥미로운 조화, 분자들의 정확한 운동, 세포의 완벽한 구조 등 모든 것은 자신들을 검토하는 사람들에게 무진장한 통찰력을 제공합니다. 수많은 기능을 가진 우리 몸의 기관들, 무수한 활동을 하는 정신, 깊은 의식, 인간에 대한 믿음과 사랑, "창조자"와의 일치를 위한 갈망, 땅과 바다의 수많은 피조물들, 이들 모두에 대한 연구는 우리의 영혼을 생동감 있게 만들고 진리를 향해 진보하게 합니다. 지구는 생명에 필요한 조건들과 자원들을 공급합니다. 태양은 자신의 에너지로 우리 눈을 부시게 하고 지구 위의 모든 피조물들에게 자신을 보여줍니다. 거시적이고 미시적인 우주는 자신의 위엄으로 박동합니다. 이들 모두는 진리의 이름으로 메시지들을 보냅니다.

우리가 매일 보고 관찰하는 지구는 진리에 대한 사랑으로 우리의 가슴을 흥분시킵니다. 왜냐하면 지구는 어떤 광경보다 더 아름답고, 어떤 궁전보다 더 장엄하고, 어떤 선생보다 더 많이 가르쳐 주며, 가장 정교한 체계보다 더 질서 잡혀 있으며, 가장 찬란한 산책길보다 더 매혹적이기 때문입니다. 지구는 언제나 생생하고 화려합니다. 지구는 "천국"의 사진인 동시에 "천국"으로 향하는 매혹적인 관문입니다.

우리가 편견을 갖지 않고 자연과 존재를 관찰하면, 우리가 만나는 모든 피조물에 우리는 경탄하지 않을 수 없으며, '사랑하는 사람'이 '사랑받는 사람'을 꿈꾸는 것처럼, 존재의 핵심을 꿈꾸게 됩니다. 새로운 조사와 분석을 통해, 우리는 호기심 많은 연구자 그리고 모든 존재 너머에 있는 진리의 발견을 사랑하는 사람이 됩니다. 이처럼 우주를 해석하는 호기심 많고 신중한 영혼은 생명을 다르게 보고, 피조물의 색상, 패턴, 구성은 그의 눈앞에서 찬사로 바뀝니다. 영성적인 황홀 상태에서 그는 하늘과 땅을 보고 찬탄을 하면서 꽃들의 황홀한 아름다움을 맞이합니다. 천둥의 포효로부터 새들의 노래에 이르기까지 모든 소리는 그에게 "창조주의 전능함"을 찬양하는 영광의 노래가 됩니다. 날씨 변화부터 강물의 속삭임에 이르기까지 모든 현상 안에서 그는 영성적인 희열을 경험합니다. 모든 현상 안에서 하느님의 무한한 힘과 자비를 경험하면서 그는 아이와 같이 즐거워합니다. 진리에 접근하는 호기심 많은 학생처럼, 그리고 사랑하는 사람이 가까이 있음을 느끼는 연인처럼, 그는 언제나 즐겁습니다. 그는 '아직은 아니야'라고 말하면서 탐구를 계속하며, 모든 것 안에서 책이 알려주지 않는 무한한 진리들을 이해합니다.

어느 날 그는, 우리의 이해와 표현 너머에 있는 "최고 존재"가 자신이 보는 모든 것의 소리, 숨결, 색상, 패턴, 형태, 정신 안에 나타나 있음을 알게 됩니다. 그런 다음 영원한 조화가 그의 통찰력 안에 울려 퍼지고, 그는 더 나아가 모든 사물이, "하느님은 경배 받는 한 분, 하느님은 약속된 한 분, 하느님은 사랑 받는 한 분"이라고 노래하는 지평선에 도달합니다.

이런 주의 깊은 영혼에게 모든 존재는 아름다움의 전시장, 놀라움의 화랑, 쾌락과 희열의 산책길입니다. 마음의 눈으로 보고 신앙의 빛으로 세상을 보는 사람들은 이미 "천국"으로 향하는 길을 걷고 있습니다. 이들은 종종 영원한 진리의 황홀경에 기절하기도 하며, 통찰력에 여행을 맡깁니다. 모든 피조물들은 진리를 사랑하는 이들을 반기며 특별히 지혜를 가르쳐줍니다. 이들은 계곡에서 계곡으로 여행을 하며, 각각의 피조물들이 제공하는 지식과 사랑을 마십니다. 이들은 모든 것들에 인사하고, 모든 것들은 이들에게 인사합니다. 매 걸음마다 이들은 '진리들 가운데 진리'에 더 가까이 다가갑니다. 이들은 자신의 신앙과 지혜의 도움으로 하느님으로부터 메시지를 받으며, 자신들이 특별한 혜택을 받아왔음을 알고 있습니다. 시간이 되면, 진리를 사랑하는 사람들은 하느님에 대한 명상의 지평선에 도달하는데, 이곳에서 이들은 보이지 않는 것을 보고 들리지 않는 것을 듣습니다. 그리고 완벽한 기쁨, 정열 그리고 경외감 속에서 이들은 그런 명상의 평온함을 결코 떠나지 않으려고 합니다.

진리에 대한 이 같은 사랑은 과학적인 탐구를 위한 열정을 불러일으키는 데, 이 주제는 별도로 다루어야 할 또 다른 중요한 주제입니다.

(스즌트, 2004년 5월, 제304호)

제3장

윤리와 영성

마음

> *사랑은 솔로몬과 같네,*
> *마음이 높고 왕관을 쓰신 분*[1]

마음은 인간의 가장 핵심적인 특징이며 가장 훌륭한 보물입니다. 마음은 영혼의 표현, 우리 느낌과 믿음의 근원, 그리고 우리 영혼의 가장 깊은 곳으로 나아가는 길입니다. 마음의 길을 걷는 사람은 어떤 어두움도 경험하지 않으며, 마음의 날개 위로 나는 사람은 어떤 장애도 넘어섭니다. 사람의 덕성은 마음의 언덕에서 길러집니다. 신앙, 사랑, 영혼의 기쁨들은 마음의 정원에서 열리는 열매들입니다.

마음이 사막과 같으면, 생각과 느낌은 불가피하게 시들어 사라집니다. 역사에서 볼 때, 사람의 이성이 황금시대를 누린 때는 이성이 마음의 지배에 복종했던 때였습니다. 마음이 지켜주는 상황에서 이성은 수 없는 불멸의 업적들을 남겼습니다. 이런 때에 물질은 영혼의 핵심인 용광로 속으로 녹아들어서 다시 주조되었습니다. 그 후 우리의 경험은 내세의 전시장이 되었고, 현세는 내세와

---

[1] 무함마드 뤼프티(1956년 서거): 터키의 수피 시인.

섞여 하나가 되어 초월적인 영역의 보물들이 현세에 주어졌습니다. 이 현세의 보물들은 내세의 기준에 따라 무한한 가치를 가지됩니다. 이런 때에 설탕은 사탕수수 줄기로부터 추출되었고, 새싹은 꽃으로 가득 찼으며, 토양은 내세의 빛으로 물들었습니다. 현세의 사물들은 성취되었고 완전하게 되었습니다. 튤립과 백합은 마음 앞에서 춤을 추기 시작했고, 내세의 매력들은 어디에서나 느낄 수 있었습니다.

그러나 우리의 정신이 한가한 잡담에 쏠리고 우리의 이성은 속게 되었습니다. 양심의 혀와 마음의 멜로디가 조용해지자, 땅은 무덤처럼, 집은 관처럼 되었습니다. 생활은 고되어졌고, 정신은 잘못된 갈망의 스모그로 질식했습니다. 이러한 불안 가운데, 세속적인 느낌들과 육체적인 생각들은 우리의 영혼을 도둑떼처럼 습격했습니다. 도둑떼들은 우리에게 다양한 독약을 먹였으며, 우리는 미혹에 빠진 군중이 되었습니다. 군중은 양심의 소리를 들을 수 없고 이성에 닫혀 있으며, 어떤 것도 명상하거나 이해하지 않게 되었습니다.

오늘날 우리는 마음의 이야기들을 갈망합니다. 왜냐하면, 이 이야기들 안에서 우리는 예수의 숨결이 되살아남을 느끼기 때문입니다.[2] 이 세상의 시작부터 사람의 마음은 언제나 행운을 얻어 천사들과 같은 날개를 달고 하늘 너머의 영역으로 여행을 했습니다. 이런 영웅들은 육체의 한계를 넘어 두 세계의 지배권을 잡을 수 있었습니다. 다른 사람들이 이집 저집 구걸을 다닐 때, 이들은 "천국"의 축복에 만족하면서 살 수 있었습니다. 현세의 먼지와 검댕

---

[2] 쿠란에 따르면, 예수님은 자신의 말과 숨으로 죽은 자를 살렸습니다(쿠란 3:49을 참고).

이가 이들의 지평선을 검게 만들었어도, 내세의 화려한 매력은 이들을 떼어 놓지 못했습니다. 모든 행동에서 이들은 하느님과의 친교를 즐기기 때문에 이들의 헌신은 가장 이익을 보는 거래입니다3). 이런 방식으로 이들은 인간을 이롭게 하면서 마음의 목표를 충실하게 달성할 수 있었습니다. 이와 같이 운이 좋은 사람들은 영원한 멜로디로 자신의 사랑을 노래하고 가장 먼 은하수를 향하여 자신의 목소리를 드높입니다.

마음은 하느님의 은총과 인간의 핵심이 교차하는 장소입니다. 따라서 마음 위에 "주권자"의 인장이 새겨지면, 마음은 정신세계와 물질세계를 하나로 만듭니다. 우리의 내적 아름다움과 외적 아름다움은 실제로 우리 마음의 다른 차원들이며, 외관의 빛남은 내적인 생활에 밀접하게 연결되어 있습니다. 마음으로부터 말이 나올 때, 영혼에는 불이 붙여지고 우리의 의식은 태양의 코로나처럼 불타오릅니다. 이런 순간에, 영혼이 자신의 얼굴을 마음의 신비스러운 목소리에 내밀 때, 우리의 느낌은 신비한 연주 활에 뜯긴 소리처럼 울리며, 우리의 양심은 기쁨과 존경으로 가득 찬 수피처럼 빙빙 돌기 시작합니다. 어디서나 우리는 사랑의 불길을 느끼며, 기쁨의 눈물이 갈망의 고통을 없애줍니다.

황홀경 안에서 자아와 의지를 잃어버릴 때, 우리는 일시적으로 균형을 잃어버리지만, 마음은 언제나 하느님 앞에서 겸손하게 남아 있습니다. 우리가 마음의 영역을 여행할 때, 우리는 혼란되거나

---

3) 이 구절에 언급된 정신적인 "거래"에 대한 쿠란의 개념을 참고: "하느님의 말씀을 암송하고, 끊임없이 기도하며, 자신이 받은 것을 아무도 모르게 그리고 공개적으로 주는 사람은, 결코 손해 보지 않는 거래를 바랄 수 있다"(35:29)

억압을 받지 않습니다. 마음의 영웅이 공포 때문에 멈추거나 어려움에 닥쳐 투쟁을 할 때, 사랑은, 키드르Khidr처럼 말의 고삐를 잡고 이 영웅을 주저함의 구덩이로부터 재빨리 구원합니다.4) 우리의 내적 외적 감각들은 마음의 명령을 따르는 군사들이며, 마음의 밝은 빛 주위를 나는 나방들입니다. 마음은 가장 높은 권위를 가지고 말하며, 우리의 모든 감각들은 그 권위의 지배에 복종합니다. 북극성처럼 자신은 스스로 돌면서 하느님의 이름을 찬양하지만, 다른 모든 감각들은 마음의 주위를 돌며 엎드립니다.

우리 모두는 마음의 집 안에 있는 손님들입니다. 이 집 안에서 그 주권을 가진 "한 분"께 우리의 마음을 바칩시다. 우리는 "주권자"에게 우리의 영혼을 바치기로 결정한 사람들이며, "그분"의 심판을 기다리고 있습니다. "그분"께서 우리의 마음 안에 숨을 불어 넣으신 이후, 재결합에 대한 우리의 갈망은 우리를 "그분"께 향하게 하고, 훌륭한 옷감을 짜듯이 우리의 사랑을 "그분"께 부지런히 드립니다. "친구"와 가까이 있음을 느낄 때, 우리의 영혼이 흥분해서 떨지만, 우리는 존경심을 가지고 머리를 숙이면서 "그분"께서 문을 열어주시기를 참고 기다립니다.

우리가 갈망과 사랑의 노래를 부르면서 이 길을 갈 때, 마음은 우리에게 은총을 주는 안내자입니다. 우리의 마지막 숨이 다할 때까지, 이 축복받은 안내자를 따르기로 우리는 약속합니다.

(스즌트, 1990년 8월, 제139호)

---

4) 키드르는 "녹색 존재"로서 이슬람 전통에서는 영적인 사람, 지혜의 사람이며, 천사와 같이 살고, 하느님의 명령을 수행하고 어려운 처지에 있는 사람들을 구하면서 하느님께 봉사합니다.

사랑

모든 존재의 핵심은 사랑입니다. 사랑은 이 세상에서 찬란한 빛이며 가장 위대한 힘입니다. 사랑으로 물리치지 못할 적은 땅 위에 없습니다. 사랑이 영혼을 채울 때, 영혼은 높아져서 영원한 생명을 위하여 준비합니다. 다른 사람들과 영원함의 아름다움들을 나누도록 우리에게 영감을 주는 것은 바로 사랑이며, 우리는 사랑을 위하여 모든 고난을 참습니다. 숨의 마지막 순간에 "사랑"을 말하는 영혼은 사랑의 숨에 의하여 저세상으로 들어 올려 질것입니다.

사랑을 모르는 영혼들이 번창하거나, 진정한 인간의 꼭대기에 오르는 일은 불가능합니다. 이러한 영혼들이 수백 년을 살아도 성숙함으로 나아갈 수 없습니다. 자아의 어두운 미로에서 벗어날 수 없기 때문에, 이러한 영혼들은 진정한 의미에서 사랑할 수 없습니다. 그들은 사랑을 느끼지 못하고 우주의 심장에 놓여 있는 사랑을 알지 못한 채 사라집니다.

우리가 어렸을 때 세상에 처음 눈을 뜨고 자비로 가득한 부모의 얼굴을 볼 때, 우리는 처음 사랑을 마주합니다. 우리는 사랑으로 뛰고 있는 심장을 믿으면서 자라납니다. 우리가 사는 동안 사랑을 보기도 하고 보지 못하기도 하지만, 언제나 사랑을 추구합니다.

사랑은 태양처럼 빛납니다. 물은 증발하여 사랑을 향하여 올라갑니다. 응결된 물방울들은 사랑의 날개를 달고 땅위의 새싹들에게 내려옵니다. 이 축복을 받는 꽃들은 사랑으로 피어나고 자신의 사랑을 사랑하는 다른 사람들에게 줍니다. 잎 위에서 이슬은 사랑과 함께 춤을 추고 반짝입니다. 사랑과 더불어 양들은 재잘거리고 코를 비비며, 새들은 사랑의 합창을 합니다. 모든 피조물들은 사랑의 위대한 오케스트라에 참여하여 찬란한 교향악 안에서 자리를 차지하며, 우주의 품 안에서 쉬고 있는 깊은 사랑에게 자신의 소리를 전합니다.

사랑은 인간의 영혼을 너무도 완전하게 사로잡기 때문에 많은 사람들은 사랑이 없는 집을 뒤에 내버려두고 사랑을 위하여 집을 떠납니다. 모든 계곡에서 마즈눈은 라일라를 갈망하며 신음합니다.1) 하지만 자신의 영혼 안에서 움직이는 사랑을 이해하지 못하는 좁은 마음을 가진 사람들은 이런 갈망을 미친 짓으로 여깁니다.

다른 사람을 위해 사는 일은 올바르며 사랑은 이런 덕목의 원천입니다. 가장 위대한 인간은 이 이타적인 사랑에 참여하는 사람들이며, 자신의 영혼으로부터 모든 증오를 뽑아내어 버리는 사람들입니다. 죽음도 이러한 영웅들의 숨을 앗아갈 수 없으며, 겨울도 이들의 꽃을 사라지게 할 수 없습니다. 내면에서 갈망하는 이 영웅들의 영혼은 날마다 새롭게 사랑의 불꽃을 밝힙니다. 이 영웅들은 자신들의 심장을 친절의 정원 안으로 데려가고, 사랑은 이 친

---

1) 라일라Layla와 마즈눈Majnun은 고전적인 이슬람 문학 안에서 전설적인 인물들입니다. 남자를 나타내는 마즈눈은 문자 그대로 사랑과 갈망을 위해 "미친 사람"을 뜻합니다.

절의 정원과 다른 모든 사람들의 심장 사이에 통로를 만듭니다. 이들은 최고의 "권위"로부터 영원한 생명에 대한 특권을 받으며, 이 "권위"는, 생명은 물론 심판의 날에 이들의 수확도 없애버릴 수 있습니다.

자기 아이를 위해 죽을 수 있는 어머니는 자비의 영웅입니다. 자기 조국을 위해 자기 생명을 희생할 수 있는 사람은 용기의 챔피언입니다. 사람을 위하여 살고 죽는 사람은 불멸성의 기념비입니다. 이들 영웅들의 손 안에서 사랑은, 모든 적들을 정복하기에 충분한 힘을 가진 무기이며 모든 문을 열 수 있는 열쇠입니다. 사랑을 가진 사람은 모든 문에서 궁극적으로 환영을 받습니다. 사랑을 품은 향로처럼 이들은 이 땅의 모든 구석구석에 평화의 향기를 퍼뜨립니다.

사랑의 길은 다른 사람의 마음을 얻는 가장 빠른 길입니다. 그리고 이 길은 예언자들의 길입니다. 이 길을 걷는 사람들은 거부당하지 않고, 하나의 문이 닫혀도 수천 개의 다른 문들이 열릴 것입니다. 우리가 사랑의 길을 통해서 마음에 들어 갈 때, 어떤 문제도 해결되지 않을 수 없습니다.

행복합니다. 사랑의 안내를 따르는 사람들! 얼마나 불행합니까? 자기 영혼 안에서 사랑을 모른 채 평생을 귀머거리와 벙어리처럼 사는 사람들!

오! 주님이시여! 증오와 적개심이 모든 것을 어둠으로 덮어버린 이 시대에 우리는 "당신의 사랑" 안에 피난합니다. 우리는 "당신"의 문에 다시 한 번 오면서, "당신"의 변덕스러운 종들의 마음을 사랑과 덕성으로 채워주시기를 간절히 바랍니다.

(스즌트, 1987년 3월, 제98호)

자비

자비는 창조의 효모이며, 창조의 핵심 성분입니다. 자비를 통하여 존재는 조화 속으로 먼저 들어오게 되었으며, 조화의 지속을 허락하는 것은 바로 자비입니다. 자비가 없다면 모든 창조는 혼돈이 됩니다.

하늘 너머로부터 주어진, 자비의 메시지들이 땅의 질서를 잡았습니다.1) 모든 것은 자비 안에서 나름의 균형을 잡았습니다. 우주의 조화로운 운행은 내세의 영원한 존재들을 위한 예행연습이며, 모든 피조물은 이 목적을 향해 움직입니다. 모든 운동에서 질서가 나타나기 때문에, 자비는 모든 행동 안에서 빛을 냅니다.

이렇게 모든 것을 포괄하는 자비는 눈에 띄지 않을 수 없습니다. 자비는 바람 속에도, 춤추는 물속에도 드러나 있습니다. 구름은 자비의 날개 위에서 머리 위에 떠있으며, 비가 우리를 도와주는 것도 자비를 통해서입니다. 천둥과 번개도 이런 비밀스러운 자비의 좋은 소식을 전합니다. 모든 자연은 "끝없이 자비로우신 한 분"의 찬양 노래를 부릅니다. 땅, 바다, 식물 모두가 자기들 나름의 언어로 자비의 노래를 부릅니다.

---

1) 쿠란에는 인간에 대한 하느님의 자비에 대한 표현들이 많다. 6:157; 7:154; 11:17; 12:111; 16:89; 19:21; 31:2-3; 46:12 등을 보라.

벌레를 보아도, 우리 발밑에서 우리의 자비를 매우 필요로 합니다. 그러나 동시에 벌레들은 다른 많은 것들에게 자비를 베푸는 부지런한 여행자들입니다. 자비롭게도 수백 개의 알을 땅 속에 낳습니다. 따라서 토양은 풍부해지고 식물을 번성하게 합니다. 땅과 벌레는 우리의 발밑에서 서로 자비를 베풀지만, 우리는 이러한 사실을 모르고 자비롭지 못하게 지나치게 사용합니다. 불쌍한 인간들! 인간들은 자기 행동의 부정의를 알지 못하고 있습니다.

수천 송이의 꽃을 방문하는 벌과 고치 안에 갇혀 있는 누에를 봅시다. 이들은 자비의 이 교향악 안에 참여하려고 얼마나 어려운 일을 참고 있습니까? 이 자기 희생적인 피조물들이 우리에게 꿀을 주고 면 옷을 입히기 위하여 고생하고 있는 것을 우리가 어떻게 인정하지 않을 수 있습니까? 개로부터 병아리를 지키려는 어미 닭을 자비의 챔피언으로 생각하지 않을 수 있겠습니까? 하물며 늑대도 자기 배고픔을 잊고, 자기 새끼들에게 먹이를 구해다주지 않습니까?

자연 안에서 모든 것은 자비를 목격하며 자비를 발산하고 있습니다. 우주는 자비의 교향악을 연주합니다. 서로 다른 소리와 곡조는 너무도 완벽한 리듬을 이루는데, 모든 것을 포괄하는 자비만이 이 신비한 음악의 지휘자가 될 수 있습니다. 이 자비를 전혀 모르는 영혼은 얼마나 불행합니까? 이런 자비를 맛볼 때, 우리의 책임은 이 우주의 자비를 이해하고 우리를 이 자비에 바치는 일입니다. 인간으로서 우리는 모든 인간들과 자연의 모든 것들에게 자비를 베풀어야 합니다. 우리가 자비를 베풀수록, 우리는 더욱 고상해집니다. 우리가 부정의와 과오를 저지를 때, 우리는 우리 자신의 품위를 떨어드리고 수치스럽게 됩니다.

무함마드에 따르면, 목마른 개에게 물을 준 창녀는 "천국"에 갔습니다. 고양이가 굶어죽을 때까지 집에 가두어 둔 다른 여자는 지옥에 갔습니다. 자비를 받기 위해서 자비로워집시다. 이 땅에서 한 번 자비를 베푼 사람은 그 보상으로 천상의 수많은 기운을 받습니다. 우리들의 조상들은 이 진리를 이해했으며, 곳곳에 아주 많은 자비의 집을 세웠습니다. 이들의 관심은 인간 너머에 도달하는 것이었으며, 자비가 자신들의 기질이었기 때문에 동물까지도 보호하고 소중히 여기는 재단을 만들었습니다. 어떤 사람은 부상을 입은 새들을 위하여 안식처를 만들기도 했습니다.[2]

아! 동물들에게도 자비를 베푼 우리 조상들처럼, 우리는 사람들에게 자비를 베풀기를 원합니다. 그러나 우리는 심지어 우리 자신에게도 자비롭지 못했으며, 신세대들에게 자비심 없는 무관심을 가르치기도 했습니다. 발전을 수 없이 질식시키면서 이 사회를 살 수 없게 만든 사람들은 바로 우리 자신들입니다.[3]

하지만 우리는 자비심이 잘못 사용될 수 있음도 알아야 합니다. 자비의 악용은 자비의 부재만큼이나 역겹고 해롭습니다. 적절하게 베푼 자비는 생명의 물과 같습니다. 하지만 잘못 베풀어진 자비는 독이 됩니다. 산소와 수소가 적당한 비율로 결합되면 생명에 가장 중요한 활력소가 됩니다. 이와 같이 우리는 자비를 적당한 비율로 베풀어야 하며, 누가 자비를 받을 자격이 있는지 알아야 합니다. 괴물에게 베푸는 자비는 탐욕을 부추길 뿐입니다. 흉악

---

[2] 철새들을 보호하기 위해 오스만 제국 당시 부르사Bursa에 설립된 "불쌍한 철새 재단"과 같은 동물보호 자선 단체를 필자는 언급하고 있습니다.
[3] 이 글이 발표 된 해에 벌어진 터키의 심각한 사회적 혼란을 특히 언급합니다. 1980년 9월, 사회의 다양한 이념 갈등 가운데 전개된 폭력투쟁을 종식시키려는 명분으로 군사쿠데타가 일어났습니다.

한 사람들에게 베푼 자비는 이 사람들을 더욱 공격적으로 만들 뿐입니다. 다른 사람에게 독이 되면서 쾌락을 즐기는 사람들에게 자비를 베푸는 일은 맞지 않으며, 세상을 코브라에게 넘겨주는 일입니다. 피에 굶주린 사람에게 베푼 자비는 그 희생자에게는 무자비가 됩니다. 늑대에게 자비를 베풀면 희생되는 양들의 권리는 무시하게 됩니다. 이러한 태도는 틀림없이 늑대들을 기쁘게 하지만, 나머지 피조물들을 비탄에 울부짖게 합니다.

(스즌트, 1980년 11월, 제22호)

용서와 관용

인간은 그 안에 악덕과 덕성이 공존하는 피조물입니다. 어떤 다른 피조물도 이런 모순에 빠져 있지 않습니다. 인간은 특이해서 천국의 하늘을 날기도 하지만 동시에 지옥의 구덩이로 떨어지기도 합니다. 인간은 탁월함과 비참함 사이의 어떤 상관관계도 찾지 못합니다. 자연 속의 다른 존재들과는 달리 인간 안에서 인과관계는 이상한 모습을 보이기도 합니다. 바람을 맞는 밀처럼 그저 휘기도 하지만 커다란 무화과나무처럼 꺾여서 다시는 일어나지 못하기도 합니다. 인간의 행동은 천사들의 부러움을 사기도 하지만, 악마도 부끄러워 할 만큼 간악하기도 합니다.

인간의 본성에는 순수함이 잠재해있지만, 오류의 가능성도 피할 수 없습니다. 그러나 이렇다고 해서, 실수가 인간 핵심의 일부를 뜻하지는 않습니다. 인간은 실수로 손상되고 과오로 **훼손될 수** 있지만, 이런 것들은 부차적인 흠일 뿐입니다. 그래서 인간에게 용서는 모든 것입니다.

용서를 구하고 잘못된 행동을 후회하는 일은 사려 깊은 일이며, 대단한 가치를 갖습니다. 그러나 용서하는 일은 더 가치 있으며, 존엄과 덕성의 표현입니다. 용서는 덕성 있는 행위이며, 덕성은 용서를 필요로 합니다. "더 젊은 사람은 실수하지만, 더 나이든 사람은 용서한다."라는 잘 알려진 속담은 많은 것을 말해줍니다. 용서를 받으면 회복됩니다. 용서 안에서 우리는 우리의 핵심으로 되돌아가 우리 자신을 새롭게 발견합니다. 따라서 이런 복귀에 대한 요구를 격려하는 태도와 행동은 "전능하신 한 분"을 가장 기쁘게 합니다.

용서는 인간을 만들었습니다. 처음 하느님이 인간을 용서했을 때, "그분"은 인간의 가슴에 용서라는 아름다움을 심었습니다. 이담과 이브가 처음 실수를 저질렀을 때, 인간은 스스로 잘못을 범했습니다. 그리고 양심의 가책으로 후회가 밀려와 하늘에 울부짖었을 때, 그 응답으로 하늘로부터 용서가 내려왔습니다.[1] 여러 세대를 거쳐 인간은 희망과 위로를 통하여 이 소중한 유산을 간직했습니다. 우리가 오류를 범할 때마다 우리는 이 첫 번째 용서의 안식처를 기억합니다. 그래서 우리는 우리의 부끄러움을 없애면서 한없는 자비의 축복을 받습니다. 그리고 우리 역시 용서를 베풀며 다른 사람들의 실수를 용서로 덮어줍니다.

용서를 통해 주어진 희망 덕택에, 우리는 우리의 제한된 지평선 위로 올라가 그 진정한 빛으로 세상을 봅니다. 용서의 날개 위로 올라간 행복한 사람들의 영혼은 위안을 받습니다. 용서 받는 것을 즐기지만 용서를 하는 기쁨을 느끼지 못하는 사람을 상상할 수 있습니까? 우리는 용서를 받는 것처럼 용서하는 것을 사랑합니다. 용서가 물처럼 흐른다면 다른 사람의 내적 고통이 누그러뜨려

---

[1] 아담과 이브 서로 간의 실수가 인간의 첫 번째 오류이지만, 이 죄나 범죄는 개인적인 문제이기 때문에 원초적이거나 물려받을 죄는 아니라고 쿠란은 가르칩니다. 시련을 주기 위해 하느님은 이들을 "정원"에서 쫓아냈지만, 이들이 반성했기 때문에 이들을 용서했습니다(쿠란 2:35-39; 7:23-24)

진다는 것을 아는 우리2)가, 어떻게 다른 사람을 용서하지 않을 수 있습니까? 특히 우리가 한 번 용서를 받았다면, 우리는 용서하는 덕행을 먼저 실천해야 합니다.

용서하는 사람은 용서를 통해 영예로워지는 보상을 받습니다. 그러나 용서하지 않는 사람은 용서받지 못합니다. 자기 마음에서 관용을 지워버리는 사람은 자신의 인간됨을 완전히 잃어버립니다. 자기 자신의 실수를 후회하지 않는 사람들은 용서하는 고상한 기쁨을 느끼지 못합니다. 돌로 죄인을 쳐 죽이려는 군중들에게 예수는, "너희들 가운데 죄 없는 사람이 먼저 저 여자에게 돌을 던져라"고 말했습니다."3) 이 의미심장한 교훈을 진정으로 배운 사람이 어떻게 다른 사람을 벌할 수 있겠습니까? 우리는 다른 사람에게 벌을 줄 자격을 이미 가지고 있습니까? 다른 사람들의 잘못을 기록하며 인생을 낭비하는 사람이라면 이 말을 이해할 수 있겠지요! 죄인은 정의를 위해 벌을 받아야 하고, 자비는 이런 단죄에 끼어들어서는 안 됩니다. 그러나 증오와 적개심을 가지고 죄가 있다고 판단한 사람들을 단죄하는 일은 정의롭지 않습니다. 우리가 아브라함처럼 용기 있게 우리의 자아라는 우상을 파괴할 준비가 되어 있지 않다면, 우리는 우리 자신은 물론 다른 사람들도 진리 안에서 판단할 수 없습니다.4)

용서는 사람과 더불어 이 세상에 왔으며, 사람과 더불어 그 완성을 이룹니다. 우리는 가장 완벽한 사람인, 무함마드의 삶 안에서

---

2) 영어 원문은 we who know that the waters of forgiveness will assuage the inner suffering of others입니다(옮긴이)
3) 요한복음 8:7.
4) 예언자 아브라함은 단호하게 공동체 안에 있었던 다신교적인 우상들을 부수어버렸다(쿠란 21:57-58).

용서의 무한한 양상을 볼 수 있습니다. 증오와 적개심은 사악한 영혼이 뿌린 지옥의 씨앗과 같습니다. 반감을 조장하고 이 땅을 나락으로 바꾸는 사람들에 대항하여, 우리는 위기에 처한 모든 사람들을 용서해야 합니다. 용서와 관용에 익숙하지 않은 사람들이 우리의 최근 상황을 고통으로 채웠습니다. 이와 같은 불길한 사람들이 미래도 지배할 것을 생각하면 떨지 않을 수 없습니다. 따라서 우리는 우리의 자녀들과 손자손녀들에게 용서의 덕목을 가르쳐서, 가장 잔인한 행동들과 가장 불안한 사건들에 맞서서도 지속되게 해야 합니다.

그래도 인류의 괴물들에게 자비를 보여주는 일은 용서라는 바로 그 덕목을 훼손하는 일이 됩니다. 잔인한 영혼들은 고문과 다른 사람들의 고통을 즐깁니다. 그렇기 때문에 우리가 이런 영혼들을 용서할 수 없다는 것은 인간을 존중하지 않는 일과는 관계가 없습니다. 어떤 사람도 이런 용서를 정당화할 수 없습니다.

우리의 최근 상황을 보면, 자녀들은 적개심의 학교에서 교육을 받았으며, 우리는 이들이 전장의 공포 속으로 내던져진 것을 목격했습니다.5) 입에서 피를 내뿜는 사회로부터 그들은 무엇을 배울 수 있었겠습니까? 새 아침에도 지평선은 피로 붉게 물들었습니다. 당시의 잔인한 사건들은 이들 영혼의 개선에 대한 갈망을 비웃었습니다. 우리가 이 세대들의 고통을 인식할 수 있다면 좋겠습니다. 이들은 너무도 오랜 기간 동안 잘못된 교육을 받아서 잔인하게 되었기 때문에, 이들은 부패와 반란만을 알 뿐입니다.

우리는, 용서와 관용이 잘 처방만 되면 우리의 상처를 낫게 할

---

5) 이 문장은 이 글이 발표될 당시, 터키의 부정적인 사회적, 정치적 상황을 보여줍니다.

수 있는 천상의 명약이라고 믿습니다. 그러나 용서의 정확하지 못한 적용은 전반적으로 새로운 갈등을 만들어 냅니다.

> 먼저 병을 진단하고 치료를 하라
> 모든 연고가 모든 상처를 낫게 할 수 있다고 믿는가?[6]

(스즌트, 1980년 3월, 제14호)

---

[6] 지야 파샤Ziya Pasha (1880년 서거): 오스만 시대의 정치가, 작가, 시인.

덕성과 행복

사람들에게 행복을 약속하는 사람은 덕성을 갖추어야 합니다. 왜냐하면 덕성이 없는 사람은 행복과는 거리가 멀기 때문입니다. 역사를 돌이켜 볼 때 건전한 판단을 한 사람들은 언제나, 행복과 덕성은 함께 있어야만 한다는 말에 동의했습니다.

간단히 말하면, 덕성은 도덕과 사랑만을 요구합니다. 덕성을 갖춘 사람은 모든 피조물들과 자신과의 관계를 알며, 모든 것을 사랑으로 품에 안습니다. 생명은 시원한 산들바람처럼 이 사람의 주위를 그리고 그 마음을 기쁨으로 채워줍니다. 수많은 사건들의 소용돌이 속에서 일을 해도 이 사람은 지혜를 찾아내기 때문에 언제나 놀라움과 기쁨으로 가득 찹니다. 해가 지거나 밤이 와도 이 사람의 희열은 줄어들지 않고 이 사람의 마음이 어둠으로 채워지지 않습니다. 이 사람은 평화 안에서 살며, 피조물들이 언제나 새로워지는 풍경들에 황홀해합니다.

덕성은 인간의 모든 욕구나 물질적인 것을 멀리하는 금욕주의를 거부하지 않습니다. 이런 거부는 다른 사람들로부터 우리를 고립시키고 이 세상에 불만을 갖게 합니다. 이것은 입센Ibsen이 표현하듯이 행복의 죽음입니다. 이 세상을 거부하게 되면, 우리는 우리들 안에 갇히게 되고 세상에 대한 관대함을 잃어버리게 됩니다.

이런 금욕주의는 도덕을 오해하는 태도입니다. 왜냐하면 진정한 덕성은 다른 사람들을 위한 삶이기 때문입니다.

그렇다고 덕성이 물질적인 행복과 정신적인 행복 모두를 보장한다는 주장은 잘못입니다. 덕성을 갖춘 사람도 아프고, 가난하고 비참한 상태에 있을 수 있으며, 억압과 치욕, 배반을 당할 수 있습니다. 고문, 비난, 투옥으로 고통을 당할 수 있습니다. 예수는 억압을 받았으며, 소크라테스는 유죄 판결을 받았고 에픽테투스Epictetus는 추방당했습니다. 그러나 이들 덕성을 갖춘 사람들은 고난에도 불구하고 행복했습니다. 왜냐하면, 행복은 순수한 신앙에 기반을 둔 내적인 천국의 실재를 의미하기 때문입니다. 누르시Nursi대로 표현한다면, 신앙은 "천국"의 씨앗Tuba을 품는 반면, 불신은 지옥의 씨앗Zaqqum 씨앗을 품습니다.1)

한계가 없는 이 우주 안에서 우리의 한계를 겸손하게 인정하는 것과 인간 나름의 가치를 과장하지 않을 것을, 덕성은 요구합니다. 우리의 채워지지 않는 야망에 실망하고 자존심이 상할 때, 우리는 불행해지기 쉽습니다. 덕성을 갖춘 사람은 이성의 사람입니다. 해결책이 있는 문제들을 포기하지 않고, 해결책이 없다고 비탄에 빠지지 않습니다. 역경을 피할 수 있다면 피하기도 하지만, 자신이 어쩔 수 없는 일들을 당하면 신의 의지에 복종하기를 선택하기도 합니다. 피할 수 없는 역경들이라도 이 사람을 놀라게 할 수 없고 기쁨을 훼손시킬 수도 없습니다. 왜냐하면 이 사람은 언제나 역경을 맞을 준비가 되어 있기 때문입니다. 자기중심주의, 천박한 생각, 재화나 지위에 대한 욕망과, 이 사람의 행복은 타협하지 않습

---

1) 이슬람 전통에서 투바Tuba는 풍부한 열매를 맺는 나무로, 고약한 냄새를 피우는 지옥의 나무, 자꾸움Zaqqum과 비교됩니다(쿠란 37:62).

니다. 사랑, 동정 그리고 친교의 기쁨 안에서 얻어지는 쾌락에 이 사람은 만족합니다.

　이 사람은 배반, 복수, 증오 질투의 감정에 빠지지 않기 때문에, 사랑과 존경의 산들바람은 이 사람을 편하고 기쁘게 해줍니다. 다른 사람들과 기쁨을 나누기 때문에 오는 영성적인 쾌락을 이 사람은 맛보면서, 다른 사람들의 고통을 덜어주고 다른 사람들을 행복으로 이끕니다. 자신의 가족과 나라, 그리고 모든 피조물들에 대한 이 사람의 관심은 해변이 없는 대양과 같습니다. 이런 식으로 이 사람은 이 세상을 떠나지 않고도 "천국"의 끝이 없는 기쁨들을 경험합니다.

　덕성을 통해 우리는 과거와 미래에 연결됩니다. 우리보다 먼저 왔거나 우리의 뒤를 이을, 덕성 있는 많은 사람들과의 영성적인 공동체로, 덕성은 우리를 데려갑니다. 덕성 있는 행동을 통하여 우리는 이 많은 사람들을 인정하고 공감을 합니다. 다른 말로 하면, 덕성을 갖추는 것은 우리들의 조상과 자녀들과 삶을 같이 하는 것입니다. 우리의 마음이 모든 사람들과의 이러한 친밀한 관계 안에 머물 때, 외부 조건들이 우리의 행복을 더 이상 방해할 수 없습니다. 따라서 우리는 이 세상에서 영원한 행복을 얻을 수 있습니다.

　덕성과 진정한 행복 사이의 이러한 깊은 관계를 가장 고상한 스승들이 우리들에게 가르쳐주었습니다. 이 행복은 마음을 만족시켜주고 영혼을 안정시켜줍니다. 이 행복은 성숙, 겸손, 용서 그리고 관용이라는 덕성의 가장 강력한 원칙들에 뿌리를 둡니다. 이 **행복은 영성적 행복이고 우리들 본질의 중심이기 때문에 다른 어떤 것도 이 행복을 대체할 수 없습니다.** 물질적 행복은 이 행복에 아무런 기여를 하지 못할 뿐 아니라 영성적인 쾌락으로부터 우리를 떼어 놓지도 못합니다. 신앙 속에서 자신들의 영혼을 끌어올리고 덕성으로 마음을 채우는 사람들은 얼마나 행복합니까?

(스즌트, 1982년 6월, 제41호)

내적인 평화

사람은 평화를 꿈꾸고 평화에 사로잡혀 추구하며, 평화를 위하여 투쟁합니다. 그동안 우리는 평화를, 어려운 작업이나 물질적 번영을 통하여, 끝없는 자유를 누리면서 욕망 충족을 통하여, 물질적 편안함을 증진하는 기술적 진보를 통하여, 그리고 쾌락과 성적인 욕망을 만족시키면서 추구해왔습니다. 이러한 방식들을 통하여 사람은 자신의 삶을 평화의 획득에 바쳤습니다. 희망을 가져야 한다고 수많은 이유들을 제시했지만, 우리는 우리의 목적지에 결코 도달하지 못했습니다. 그러면 어떻게 해야 되겠습니까? 우리가 추구하는 평화는 진정한 덕성의 열매입니다. 평화는 완벽한 신앙으로만 얻을 수 있습니다. 이것이 바로 예언자들의 부름의 핵심입니다.

우리가 평화를 얻기 원한다면, 우리는 하느님께로 돌아서서 "그분"께 우리들의 모든 존재를 맡겨야 합니다. 완전한 헌신 안에서 사는 신자는 육체적 욕망의 포로가 될 수 없으며, 하느님 이외에는 어떤 것도 두려워하지 않습니다. 우리를 "사랑하시는 전능한 분"의 보호에 놓이게 되면, 드디어 평화 안에 있게 됩니다. 절대적인 힘과 은총을 가지고 하느님은 자신에게 돌아오는 사람들을 구원하고 불행에 빠지지 않게 합니다. 신자는 이것을 압니다.

이러한 이유 때문에 신자는 평화와 안전의 산들바람을 진정으로 느낍니다. 자신의 삶을 모두 하느님께 바칠 때, 신자는 이 목표를 달성합니다. 하느님께로 나아가는 길은 보호를 받으며, 하느님과 다시 결합합니다. 그의 신앙은 확신을 주고 그의 복종은 신념을 굳게 해주며, 그는 자신의 의지를 신의 권위에 맡깁니다. 따라서 그는 감각적인 것들의 온갖 덫을 넘어서고 동물적인 욕망의 압박을 이겨냅니다. 쿠란을 안내자로 삼아, 그는 존재의 목표를 향해 나아갑니다. 쿠란의 안내를 보호자로 삼는 사람은 자신 영혼 안에서 깊은 만족과 흔들리지 않는 신뢰를 느끼며, 신뢰와 안전 속에서 숨을 쉽니다. 자신의 삶을 명상하고 영원함에 대해 숙고할 때, 자기 자신 나름의 책임을 점점 더 알게 되어 희망으로 가득 차게 됩니다. 이 희망은 자기 신앙의 깊이와 정비례합니다. 신자는 모든 것을 하느님 자비의 관점으로 바라봅니다. 물질적 외관의 장막이 걷히면, 신자는 선한 미래를 약속하면서 미소 짓는 영원한 실재를 보게 됩니다.

　신앙은 이세상과 저세상에서 행복의 열쇠입니다. 신앙 속에 피신하는 모든 사람들에게 신앙은 죽음 이후의 기쁜 편안함을 약속합니다. 신앙은 우리들에게 부활과 자비로운 심판이라는 기쁜 소식들을 제공합니다. 잠겨 있는 "천국"의 상상할 수 없는 보물들을 열어 보여주며, "천국"에서 우리는 드디어 하느님의 한없는 아름다움을 보고 "그분"의 영원한 기쁨을 나눕니다. 신앙의 약속은 가장 힘든 시련 속에서도 우리를 지탱해줍니다.

　우리가 신자로서 우리의 모든 존재를 하느님께 돌릴 때, 다른 모든 것은 우리의 시야로부터 벗어납니다. 오류의 강압과 억압은 날아가는 풍선처럼 사라집니다. 이 일시적인 세상의 흐름은 반짝이면서 우리의 눈을 부시게 할 수 있지만, "그분"이 우리 마음에 비추는 빛 안에서 희미해집니다. 우리는 어디에서나, "오늘 모든 주권은 하느님, '한 분', '전능하신 분'에 속한다."는 선언을 듣기 시작합니다.1) 이런 관점에서 우리는 우리를 속이는 잘못된 권력들, 거짓 자비, 거짓 은총의 약속으로부터 자유로워집니다. 우리는 도움을 위하여 "그분"만을 찾습니다. 역경에 마음이 흔들릴 때, 우리는 오직 "그분"만을 믿고 의지합니다. 모든 존재들을 포괄하는 "그분"의 자비로운 섭리의 보호 안에서 우리는 모든 위협으로부터 안전합니다. 우리가 아플 때에도 "그분"의 초월적인 힘의 보호를 받고, 죄에 물들었을 때에도 "그분"의 용서를 통하여 죄를 씻어냅니다2). "그분"에 대한 신앙, 의지, 복종을 통하여, 우리는 우리의 지평선을 흐리게 하는 모든 안개를 걷어냅니다. 따라서 우리는 굴복하지 않고 미래를 맞이합니다. 우리는 "그분" 안에 뿌리를 둔 양심을 가지고 개인, 가족, 사회의 문제를 해결합니다. 우리가 극복하지 못할 외로움은 없습니다. 일시적으로 추방을 당해도 우리의 신앙과 복종은 언제나 친밀한 것 안에 우리를 놓아둡니다. 우리에게 닥치는 어떠한 어려움도 우리는 인내와 신뢰를 가지고 반깁니다.

　신자로서 우리의 신앙과 지혜는 우리를 모든 것과 친하게 만듭니다. 따라서 우리는 모든 피조물들은 친구처럼 대합니다. 우리는 이 세상에 속해 있으며, "이 땅위의 대리자"라는 영예를 진지하게 받아들입니다. 모든 것이 우리를 위해 창조되었음을 알기 때문에

---

1) 심판의 날을 비유하는 쿠란의 구절(쿠란, 40:16).
2) 영어 원문은 When tainted by sin, we are bathed in the basin of His forgivenes입니다(옮긴이)

우리는 하느님 앞에 감사와 겸손으로 경배를 드립니다. 우리의 영혼은 천사와, 아니 전체 우주와 함께 합니다. 자연은 우리 앞에 우리 조상들의 가옥처럼 서 있고, 세상은 어머님의 품처럼 우리를 반깁니다. 우리는 물질주의나 자연주의에 관심을 두지 않고 우주 안의 모든 것을 하느님과 연관시킵니다. 따라서 그 대답으로 모든 것은 우리를 반깁니다. 우리는 모든 것들 안에서 안전하며, 우리는 모든 것을 안전하게 합니다. 어느 누구도 우리를 겁먹게 하지 않고 우리는 어느 누구도 놀라게 하지 않습니다. 대신 우리는 모든 사람들, 형제들과 자매들을 품에 안고, 모든 피조물들에게 미소를 보냅니다. 우리는 하느님의 모든 선물들을 맛보고 즐깁니다. 대기와 대지, 하느님 안에서 자라는 꽃들, 그리고 정원과 산들. 이 세상 전체를 우리는 마음의 언어로 맞이하며, 우리의 친구들이며, 그리고 이 세상에 함께 온 같은 손님인 모든 피조물들에게 정감을 보여줍니다. 우리의 모든 행동에서 우리는, 모든 피조물들과의 합의와 화해라는 우리의 목적을 과시합니다.

신앙을 통해 신자는, 인류가 갈망하는 평화를 마침내 성취합니다. 남이 부러워할 만한 침착함 속에서 그는 신앙의 무어라 표현할 수 없는 기쁨에 황홀해집니다. 공격이나 논쟁을 모르는 그는, 오직 자신의 기쁨을 다른 사람과 나누고, 가능성의 새로운 지평선을 다른 사람들에게 드러내기 위해 자신의 힘을 사용합니다. 다른 사람이 살 수 있게 도와주기 위해 언제나 애쓰며, 다른 사람들이 필요한 것을 자기 자신의 것으로 여깁니다. 하느님을 무한하게 신뢰하지만, 사람들에게 결코 등을 돌리지 않습니다. 하느님의 절대적인 힘으로부터 오는 힘을 받아, 신자는 다른 신자들을 기꺼이 돕습니다. 역경을 이겨내는 힘은, 자신을 강하게 하는 시련에 맞서 깊은 신앙으로부터 나오며, 신자는 역경에 맞서 실망하지 않고 목적을 향해 나아갑니다. 자신의 신앙과 다른 사람들에 대한 봉사를 통하여, 신자는 평화, 그리고 하느님의 기쁨을 즐깁니다.

사회는 그 구성원인 개인들이 마음으로부터 서로 사랑하며 존경하는 이런 만족 상태에 도달했을 때에 비로소 평화를 위한 준비를 할 수 있습니다. 이럴 때 부조화의 원인들은 사라집니다. 개인들은 차별과 특권으로 갈라지지 않습니다. 모든 사람과 모든 사물이 절대적인 "근원"의 권위 밑에 있다는 것을 알게 되면, 우리는 쿠란이 가르치는 바와 같이 진정한 형제와 자매가 될 수 있습니다.3) 이 관계는 피상적이지 않습니다. 사랑과 동정심이 우리를 몸 속의 기관들처럼 우리를 함께 묶고, 무함마드의 말을 사용하게 합니다. 그리고 우리는 서로의 눈, 귀, 혀, 입술, 손과 발이 되어, 서로의 고통과 기쁨을 나눕니다.

이런 사회에서 개인들은 다른 사람들의 행복을 위해 자신의 삶을 바치며, 이들 사이에 외로움이나 비참함은 없습니다. 자녀들은 부모들을 성인들로 공경하고, 부모들은 공을 들여 정성스럽게 자기 자녀들을 기릅니다. 부부는 서로를 기쁨으로 대하고 노년의 낭만을 즐기면서 저세상에서도 영원히 함께 할 것을 생각합니다. 이성과 양심으로 걸어온 삶의 길을 공유하면서 덧없는 감정의 기복을 넘어섭니다. 이들은 서로에 대해 너무도 충실하기 때문에, 어떤 꿈이나 생각도 사랑으로부터 이들을 갈라놓을 수 없습니다.

완전한 조화 속에서 사는 나라는 평화의 가족과 같이 됩니다. 이런 가족들로 이루어진 나라는 서로를 동정심과 존경심으로 대합

---

3) 쿠란, 49:10.

니다. 이들은 자신들의 이웃이 악을 없애기 위해 노력하고 여기서 성공하는 것을 보려고 합니다. 모든 사람들을 좋게 생각하고 어느 누구에게도 걱정을 끼치지 않으며, 누구의 명예도 더럽히지 않습니다. 이런 나라 안에서 사람들은 서로 헐뜯거나 방해하지 않습니다. 사회의 일부가 다른 영역을 파괴하지 않으며, 사람들은 음모, 사기, 비방에 의존하지 않습니다.[4] 양심과 평화가 있는 이런 사회 안에서 사람들은 악에 대해 언제나 투쟁을 벌이며, 인간의 덕성을 굳게 보호합니다.

(스즌트, 2000년 2월, 제253호)

---

[4] 이 문장들은 1997년 2월의 이른바 '포스트모던 쿠데타' 이후의 혼란하고 불안한 터키의 사회적, 정치적 상황을 보여줍니다.

동정심을 갖는 사람의 모습[1]

동정심을 갖는 사람은 신앙, 행동, 비전의 영웅입니다. 그의 깊이는 지식으로 측정되지 않고 동정심의 풍부함, 영혼의 순수함, 그리고 하느님과의 친밀감 등으로 측정됩니다. 이 사람에게 과학적 성취는 진리에 도움이 되는 한에서만 가치를 가집니다. 우주의 실재를 드러내지 못하는 어떤 도움이나, 실제적으로 이익이 되지 않는 지식은 이 사람에게 중요하지 않습니다.

동정심을 갖는 사람은 자신을 영성적인 삶에 바칩니다. 물질적이고 정신적인 모든 불완전함으로부터 언제나 자신을 멀리합니다. 육체적인 욕망들로부터 자신을 단호하게 지키며, 증오, 반감, 탐욕, 질투, 이기심 그리고 사치에 맞서 활발하게 투쟁합니다. 그는 중용과 겸손의 기념비이며, 언제나 진리를 추구합니다. 자기가 알고 있는 세상과 빠르게 소통을 하지만, 여전히 인내하고 신중합니다. 자기 생각을 시끄럽게 외치기보다는 다른 사람의 모범이 되도록 실천에 옮깁니다. 다른 사람들이 하느님께 다가가는 것을 돕는 데 그는 서두릅니다. 그의 마음은 다른 사람들에 대한 동정심이라는

---

[1] 영어 제목은 A Portrait of the Man of the Heart입니다. 제3장 윤리와 영성의 첫 글의 제목 Heart는 마음으로 번역했습니다. '마음의 사람' 정도로 번역하면 어색해서 '마음'을 '동정심'으로 바꾸었습니다. 마음은 하느님에 대한 진정한 마음, 태도 등을 나타낸다고 봅니다(옮긴이)

벽난로처럼 불타오릅니다. 자신의 고통은 드러내지 않으면서 자신 안에 피신하려는 모든 영혼들을 따뜻하게 맞아줍니다.

동정심을 갖는 사람은 자신의 시선을 언제나 저세상에 둡니다. 그는 지치지 않고 하느님의 기쁨을 위해 헌신하며, 자기 목표를 향해 고귀한 말처럼 달려갑니다. 그는 달려가지만 어떠한 대가도 바라지 않습니다. 진리의 이런 성실한 제자는 진리를 위해 모든 것을 포기할 준비가 되어 있습니다. 그는 모든 사람에게 마음을 열어놓으며, 모든 사람들을 동정심으로 품에 안습니다. 다른 사람으로부터가 아닌 오직 하느님으로부터만 무엇을 기대하면서, 그는 수호천사처럼 공동체 한 가운데 서있습니다. 그는 모든 것들과의 조화를 추구하며, 어느 누구에 대해서도 반감을 갖지 않습니다. 다른 사람에 대한 이해를 깊게 하고, 결코 경쟁하지 않습니다. 대신 사회에 봉사하는 모든 사람들을 사랑하며, 응원의 박수를 보내주며, 서로 다른 견해들을 존중해줍니다.

동정심을 갖는 사람은 궁극적으로는 하느님의 섭리에 의존합니다. 그렇지만 자신의 노력을 게을리 하지 않습니다. 모든 행동에서 하느님의 은총을 구합니다. 사회 안에서 일치를 증진하기 위해 애씁니다. 쿠란은 사회의 유대감이 하느님 은총의 중요한 핵심이라고 가르치고 있습니다. 그는 올바른 길을 걷는 모든 사람들과의 협력을 추구하면서 자기 의견을 기꺼이 조정합니다. 왜냐하면 축복은 일치 안에 오고, 불일치와 갈등으로는 어디에도 못갑니다.

동정심을 갖는 사람은 하느님을 사랑하고 "그분"의 기쁨에 자신을 바칩니다. 자신이 어디에 있는 지가 중요하지 않고, 그는 하느님의 동의에 자신의 모든 행동을 종속시킵니다. 하느님을 기쁘게 하려는 야망으로 그는 이 세상과 저세상에서 자신이 갖는 모든 것을 포기합니다. '나의 성공', '나의 성취'와 같이 잘못된 표현을 그는 하지 않습니다. 어느 누가 과업을 성취해도, 그는 자기 것으로 생각해서 기뻐합니다. 다른 사람들의 성취를 존경하고 다른 사람들에게 리더십의 영예를 기꺼이 돌립니다. 그는 겸손 속에서 다른 사람이 자신보다 더 성공적이고 봉사의 능력이 더 있다고 생각합니다. 다른 사람이 봉사할 자리를 마련해주고 대중들이 보지 않게 뒤로 물러섭니다.

동정심이 있는 사람은 언제나 자기 자신에게 질문을 합니다. 자기 자신의 실수에 너무도 관심을 갖기 때문에 다른 사람들의 실수를 비판할 시간이 없습니다. 그는 선의 모범을 보이고 다른 사람들의 눈을 하느님께로 돌리려고 최선을 다합니다. 다른 사람들의 실수는 눈감고 미소로 대해줍니다. 이런 식으로 다른 사람들이 실수를 친절하게 이겨내도록 하며, 다른 사람들이 상처를 받지 않도록 공격하지 않습니다. 다른 사람들의 권리를 침해하지 않고, 분노로 공격하지 않습니다. 가장 긴급한 상황에서도 그는 침착하게 행동합니다. 어디에 있든 간에 동정심이 있는 사람으로 살기위해 분투하면서 자신의 영성적인 과업에 언제나 관심을 갖습니다.

동정심이 있는 사람은 자기의 삶을 완전한 신앙 속에서 하느님께 바쳐야 하며, 이것이 우선순위 1번입니다. 그의 감정, 생각, 행동은 하느님의 기쁨에 바쳐져 있기 때문에 "천국"도 그를 그의 목적에서 벗어나게 하지 못합니다. 이 목적을 공유하는 사람들과 다투지 않고 이 사람들을 질투하지 않습니다. 반대로 그는 이 사람들이 약할 때 격려를 합니다. 모든 신자들은 한 몸 안의 기관들임을 알고 있습니다. 완벽한 이타주의의 정신 안에서, 그는 자신의 지위, 명예, 영향력을 가지고 동료들에게 보상을 합니다. 동정심을 갖는 사람은 뒤로 물러나면서 다른 사람들의 성공을 축하하고 성공에 박수를 보내며, 성취를 기쁨으로 반깁니다.

동정심이 있는 사람이 자신만의 길을 가고 자신의 성격에 따라 행동을 하지만, 다른 사람들의 생각과 공헌을 존경합니다. 공동체와 함께 나누고 살 준비가 되어 있습니다. 자기와 생각을 나누는 사람들과 협동을 하면서 '나' 대신에 '우리'를 어디서나 세우려고 일을 합니다. 더구나 그는 다른 사람들의 행복을 위하여 자기의 행복을 희생합니다. 그러나 이런 희생에 대해 어떤 칭찬의 말도 기대하지 않으며, 이런 칭찬은 자신의 성실함을 해친다고 생각합니다. 다른 사람들이 자신에 주목하는 일과 명성을 누리는 일을 야생동물인 것처럼 피합니다. 자신의 희망은 완전히 버립니다.

동정심을 갖는 사람은 쿠란과 무함마드의 안내에 따라 삽니다. 이 사람은 진심으로 신앙심이 있고, 하느님의 친구이면서 언제나 "그분"이 나타나 계심을 알고 있습니다. 자기중심주의, 오만, 자랑을 부단히 경계합니다. 선한 것이 자신에게 주어질 때, 그것의 진정한 "주인"을 다른 사람에게 알려주며, "모든 것은 '그분'으로부터 옵니다."라는 말을 그저 할 뿐입니다. 인간의 의지와 관련하여 그는 '나'의 한계에서 벗어나 '우리' 안에 피신합니다. 그는 어느 누구도 두려워하지 않으며 겁먹지 않습니다. 그는 "하느님께 의지하면서 최선의 노력을 하며, 하느님의 섭리에 복종합니다."[2] 자신이 옳다고 생각하는 것을 위해 일하기에 머뭇거리지 않습니다.

동정심이 있는 사람은, 특히 하느님께 헌신하는 사람은 어느 누구도 비난하지 않습니다. 자기의 동료가 잘못하는 것을 보면 어

---

[2] 터키의 시인 메흐메드 아키프의 인용.

떤 식으로든 동료를 포기하거나 당황하게 하지 않습니다. 잘못을 본 자기 자신을 탓하고 자기 자신을 가다듬을 뿐입니다. 어떤 대가를 치르더라도 신자를 나쁘게 생각하지 않고 이들에게 도움을 빨리 주려고 언제나 노력합니다.

동정심이 있는 사람은, 이 세상이 봉사의 장소이지 보상의 장소가 아님을 확신하고 행동합니다. 특별한 능력을 가지고 자기 의무를 수행해도, 모든 결정은 하느님이 내리기 때문에, 그 결과를 걱정하는 것은 존경받을 일이 아니라고 생각합니다. 하느님의 기쁨을 향한 길을 계속 갈 때 인간에 대한 봉사, 신앙심에 대한 봉사, 종교에 대한 봉사는, 우리가 수행할 수 있는 가장 중요한 책무들이라고 그는 인정합니다. 자신의 성취가 아무라 훌륭해도 여기서 물질적이거나 정신적인 이익을 얻으려고 하지 않습니다.

동정심이 있는 사람은 자신의 성취를 남이 빼앗아가도 실망하지 않으며, 사람들이 자신을 반대해도 흔들리지 않습니다. 그는 이 세상을 반감이 아니라 인내의 세계로 봅니다. 인내 속에서 어려움을 당해도, 그는 언제나 새로운 해결책과 전략을 찾습니다.

결론적으로 제가 강조하고 싶은 것은, 오늘날, 인간의 덕성들이 무시당하고, 종교적인 생각들이 분열되어 있으며, 목표 없는 소음이 대기를 채우고 있는 지금, 이런 동정심이 있는 사람은 대기와 물을 살리기 위해 필요하다는 점입니다.

(스즌트, 2000년 8월, 제259호)

제4장
교 육

젊은이

> *그대들만이 이 개혁, 이 혁명.*
> *오, 젊은이여, 모든 것이 그대들 것이 아닌가?[1]*

우리 시대의 가장 중요한 관심사는 젊은 세대입니다. 우리는 어떻게 그들에게 그들이 할 바를 전하고, 그리고 우리가 원하는 바를 요구할 수 있을까요? 다가오는 세대들에 대한 약속뿐 아니라 도전을 진지하게 생각하는 것이 핵심입니다.

젊은이들은 온갖 도전을 맞이합니다. 새로운 시대는 젊은이들이 가져옵니다. 로마의 혁명도, 헬레니즘도 모두 젊은이들이 이루어냈습니다. 이 땅은 젊은이들 발자취의 영광을 다시 기다리고 있으며, 하늘은 그들의 목소리에 귀를 기울입니다. 세계 7대 불가시의도 젊은이들이 세운 장엄한 기둥들입니다. 젊은이의 아치형 눈썹은 초승달과 같고, 젊은이의 미소는 별과 같이 밝고 신비롭습니다. 제가 과장한다고 생각하지 마십시오. 수천 마디의 찬사도 이들 젊은 세대들의 영광을 드러낼 수 없습니다.

---

1) 오스만 시대의 시인, 테부피크 피크레트Tevfik Fikret (1915년 서거).

제4장 교육 **187**

> 봄바람은 예수님의 숨결과 같이 불어
> 꽃들은 비존재의 깊은 잠에서 깨어나 눈을 뜨네[2]

무지한 사람들은 젊은이들이 쓸데없이 방황한다고 생각하고, 무정부주의자들은 젊은이를 파멸로 끌어들입니다. 그러나 젊은이는 우리의 이해를 넘어서는 잠재력을 보여줍니다. 젊은이는 생명력 있고 잠시도 쉬지 않습니다. 하지만 게으른 젊은이는 치명적인 독약이 됩니다. 올바르게 교육받으면, 젊은이의 고상함은 한 없이 높아집니다. 영웅들처럼 젊은이는 수많은 좌절을 이겨낼 수도 있지만 욕망의 포로가 되기도 합니다. 모든 사람이 젊은이를 유혹하고, 모든 사람이 젊은이를 손에 넣으려고 합니다. 당신이 젊은이의 신뢰를 얻으면 젊은이는 당신에게 휴식과 안락을 가져다줍니다. 그러나 당신이 젊은이를 단단히 잡지 못하면, 젊은이는 달아나버리고 맙니다. 당신이 젊은이에게 모호한 이상만을 준다면, 몽상가가 젊은이를 방황하게 합니다. 그들의 마음에 구체적인 것을 심어준다면, 그들은 물신숭배자들이 될 겁니다. 그들을 동물적인 욕망으로부터 해방시켜준다면, 그들은 제2의 본성을 가질 겁니다. 그들을 쾌락의 들판에 놓아둔다면, 그들은 불에 탄 석탄처럼 재가 될 겁니다. 그들에게 관심을 기울이면, 그들은 정상에 올라 다음과 같이 노래합니다.

> 당신이 하느님 사랑의 포도주를 마실 때
> 우주의 빛은 당신 가슴을 비추고
> 영원한 삶을 준다네, 당신에게.[3]

---

[2] 바키 Baqi (1600년 서거), 오스만 시대의 시인

그러나 그들을 포기한다면, 그들은 파멸에 빠져 다음과 같이 읊조립니다.

네가 현명하다면, 술 마시고 아름다움을 사랑하라,
세상이 있건 말건, 신경 쓰지 말고.4)

젊은이는 순수한 잠재력 그 자체입니다. 그들이 아직 그들의 본성을 깨닫지 못했다 할지라도, 우리는 그들을 무시해서는 안 됩니다. 우리가 그들을 어떻게 무시할 수 있습니까? 최근 상황을 보면, 젊은이들은 맹목적인 애국주의에 갇혀버렸습니다.5) 그다음 그들은 총체적인 소외를 경험하면서 전례 없는 재앙인, 부패와 음탕에 빠져버렸습니다. 그리고 오늘 날 젊은이들은 몸 안의 고통스러운 종기처럼 또는 눈 안의 백내장처럼 신음하고 있습니다. 그들은 겁먹고 있으며, 자비심은 사라지고, 사기에 전념하면서, 용기는 환상이 되어 버렸습니다. 낮은 곳 가운데서도 제일 낮은 곳에 있어 그들의 모습은 보이지도 않습니다. 하지만 몇 안 되는 진정한 교육자들이 그들을 아직까지도 고양하고 있으며, 우주가 준비한 고상한 가치들을 젊은이들은 여전히 성취할 수 있습니다. 하느님의 은총을 받기에 젊은이들은 아직 너무 늦지는 않았습니다.

젊은이들은 자신들을 풋내기 서열에서 지도자의 지위로 올려줄 선생을 간절히 찾고 있습니다. 자신들을 무시한 사람들이 그동안 자신들에게 끼친 해악을 젊은이들은 이해하고 있으며, 공허한 삶

---

3) 게다이Gedai(1889년 서거): 터키 오스만 시대의 민속 시인.
4) 지야 파샤Ziya Pasha (1880년 서거): 터키 오스만 시대의 정치가, 작가, 시인.
5) 귤렌은, 터키 공화국 초기 10년 동안 정부가 강화하고 선전한 편협한 민족주의를 언급합니다.

으로부터 거리를 두고 있습니다. 그들은 보호를 기대하며, 자신들 선배들과 구별되기를 원하고 있고, 우리는 젊은이들이 마음과 영혼을 합쳐서 덕성 있는 역사를 만들어내기를 기대하고 있습니다. 영혼의 질병을 치료하고 낡아버린 망상에 처방을 줄 수 있는 능력 있는 의사를 그들은 기다립니다. 그들이 "불이야! 저를 도우러 와 주세요."라고 외치면, 우리는 "저희 땀으로 불을 끄게 해주세요"라고 말해야 합니다.

오, 자비의 공동체여!6) 부활의 날을 기다릴 수 없다면, 일어나시오! 헤라클레스가 프로메테우스를 구했듯이, 젊은이를 구하러 갑시다. 지금 욕망의 환상에 시달리는 젊은이들을!

(주후르, 1977년 8월, 제3호)

---

6) 원래 ummet-i merhume는 무슬림 공동체 전체를 나타내기 위한 고전적인 터키식 표현입니다. 글자 그대로는 "하느님의 자비를 받는 공동체"를 의미합니다.

인간성의 향상

당신은 천사들보다 높습니다.
모든 세상은 당신 안에 숨겨져 있습니다.[1]

인간은 모든 철학이론과 과학이론의 핵심 주제입니다. 인간을 먼저 생각하지 않고는 어떤 철학도 성립될 수 없고 어떤 과학도 발전할 수 없습니다. 모든 학문은 육체적 차원과 형이상학적인 차원 모두에서 인간을 이해하기 위한 시도입니다. 왜냐하면 인간과 관계를 가질 때만 모든 것은 의미와 가치를 갖기 때문입니다. 학문의 모든 분야는 인간의 다양한 측면들을 토의하기 위해 인간 주위로 모여듭니다. 책들은 인간을 다루고, 인간으로 채울 때 빛을 냅니다.

인간은 너무도 완벽하게 조율되어 있고, 생물학적 기능은 너무도 완벽하게 조절되어 있기 때문에 인간은 이상적인 구조를 보여줍니다. 우리의 육체적인 기관들에 대해 경탄하지 않을 수 없으며, 우리의 영성적 본성들의 끝없는 깊이는 말할 것도 없습니다. 복잡한 뇌와 이루 말할 수 없는 영혼은 함께 모여 완벽한 조화를 이룹

---
1) 메흐메드 아키프, 터키의 시인.

니다. 인간의 모든 측면은 장엄한 예술작품처럼 경이롭습니다. 그러나 우리는 인간의 놀라운 외관이나 능력만을 다룰 뿐, 그 너머의 내적인 차원이나 잠재력은 주목하지 않습니다.

인간은 모든 측면에서 이해하기 매우 어려운 존재입니다. 인간의 독특함은 인간이 세상에 처음 올 때 시작됩니다. 다른 피조물들은 완벽한 본능을 가지며, 생명의 법칙들을 잘 알고 있습니다. 마치 다른 세상에서 훈련을 이미 받은 것처럼 이 세상에 옵니다. 그러나 모든 피조물들 가운데 가장 장엄하고 존경스러운 인간은 생명을 위한 어떠한 지식이나 기술도 갖지 않고 나타납니다. 인간 육체의 기계적인 질서를 넘어 이성, 의지, 자유, 그리고 자기반성에 따라 인간의 모든 것은 발전합니다. 이렇게 해서 인간의 내적 그리고 외적 존재는 종합되어 하나의 자아가 됩니다. 이런 종합 능력이 인간의 위대함입니다. 그러나 이런 능력은 교육을 통해서만 개발될 수 있습니다. 인간의 잠재력을 실현할 수 없는 본능에 인간을 맡겨두는 것은 토양 없이 씨앗을 뿌리는 것과 같습니다.

사자에게는 앞발이 있고 황소는 뿔을 가지고 있지만 인간은 자신의 생존을 위해 모든 수단을 준비해야 합니다. 이로운 것을 만들어 내고 해로운 것을 방지하기 위해 지성, 의지, 이성을 사용해야 합니다. 그래서 개개인들은 평화를 찾을 수 있는 문명을 건설합니다. 그러면 미래 세대는 인간의 마음과 영혼이 일구어 온 작업들과 덕성들을 물려받습니다. 자연스럽게도 인간은 현재에만 관심을 갖지 않습니다. 과거와 미래는 모두 인간의 영혼에 깃들어 있고 인간 존재의 핵심입니다. 이렇기 때문에 과학과 철학의 발전에 기여한 사람들은 자신들이 그 결실을 누리지 못한다는 것을 알면서도 작업을 멈추지 않았습니다. 그들은 인류를 위하여 지식과 문화의 이름으로 작업을 했으며, 후세에 놀라운 유산을 남겼습니다. 이런 자기 희생이 없었다면, 이 땅 위에 문명이란 있을 수 없었을 겁니다.

그러나 과거 세대의 노력은 우리에게 단지 물질적 발전 이상의 것을 남겨 주었습니다. 그들은 우리에게 덕성이라는 유산을 주었습니다. 앞서 간 사람들의 지혜에 따라 우리들은 우리의 능력을 발전시키고, 행동을 계획하며, 선한 목적에 맞게 우리의 노력을 기울입니다. 역사를 통해 볼 때, 각 세대는 이어지는 세대들의 교육을 중요한 책무로 삼았는데, 교육은 자신들이 줄 수 있는 최대의 선물이기 때문입니다. 교육은 보다 고상한 목적에 주의를 기울이게 하고 동물적인 성향으로부터 우리를 지켜줍니다. 우리에게 행동의 틀과 맥락을 제공함으로써 교육은 우리를 거친 타락에 빠지지 않게 합니다. 교육을 통해 우리의 능력은 피어나고 우리 영혼 안에 숨겨진 잠재력은 드러납니다.

탐욕과 분노가 뜻하지 않게 아름다운 결과를 가져올 수는 있지만, 인간의 마음속에는 선의 씨앗만이 있습니다. 교육을 통해서 선의 씨앗은 실현됩니다. 이성, 의지, 자기반성의 능력이 교육을 통해서 결실을 맺을 때, 우리는 진정한 인간이 될 수 있습니다. 그럴 때 인간은 동물적 존재를 넘어서고 자연 속에서 자유롭게 되고, 우리 자신을 절대적인 독립의 "존재"에 연결시킬 수 있습니다.

철학이 규정하는 인간 이성은 주어진 전제들로부터 결론을 끌어내는 능력입니다. 이 지적인 능력이 우리를 다른 피조물들과 구별합니다. 이성은 인간에게 특별히 주어졌지만, 성숙한 형태로 주어지지는 않았습니다. 이성은 우리가 발전시켜야만 하는 잠재력일 뿐입니다. 이성이 양심과 결합할 때, 우리의 내적인 존재와 외적인 존재 사이의 연계로서 새로운 독자성이 얻어집니다. 그러면 우리의 양심은 우리의 행동을 안내합니다. 이런 면에서 인간 이성의 궁극적인 목적 그리고 최고의 이상은 하느님에 대한 지식의 획득입니다. 이 지식을 통해 이성은 성숙과 완성에 도달하고, 우리는 우리의 도덕적 책임을 알게 됩니다.

자유는, 우리가 인간으로서 즐기는 자율성의 결과입니다. 우리는 우리 행동을 자유롭게 통제하지만, 동시에 인간만이 유일하게 행동에 책임을 집니다. 자유를 우선하지 않고 도덕을 논의하는 것은 불가능하기 때문에, 인간의 행동이 완전히 기계 운동과 같이 결정되는 물질주의적 이해를 우리는 거부해야 합니다. 도덕적인 피조물로서 우리는 자연의 법칙에 의해 결정되지 않는 차원을 갖고 있습니다. 옳고 그름을 구별하는 우리의 책임에 따라, 우리의 양심은 우리가 지향하는 초월적 영역의 존재를 분명하게 드러내줍니다.

우리가 양심 안에서 외부 세계를 볼 때, 우리는 이 우연의 영역 너머에 있는 무엇을 언뜻 볼 수 있습니다. 명상을 통해 우리는 공간적 제약을 넘어 높이 올라갑니다. 이러한 "올라감"의 정도는 우리의 지적인 활동의 질, 우리 의지의 결정, 그리고 자아성찰의 깊이에 달려 있습니다. 개인들은 모두 올라갈 수 있으며, 우리의 능력에 따라 몫을 받습니다. "올라감"은 우리를, 내적인 삶의 궁극적인 성취, "창조주"의 유일한 아름다움에 대한 명상으로 이끌어 줍니다.

여러 세기에 걸쳐, 우리는 이 고상한 여행을 게을리 했습니다. 그러나 우리는 특히 교육자로서, 젊은 세대들이 자신들의 인간적인 본질에 대한 지식을 얻도록 도와 줄 의무를 갖고 있습니다. 우리는 그들의 이성을 성숙시키고 그들의 의지에 활력을 불어 넣어야 합니다. 우리는 그들이 자신들의 감정을 깨끗이 하도록 도와주어야 하며, 자연 너머에 있는 그 무엇과 연결해주어야 합니다. 우리가 젊은이들을 품위 있는 인간으로 드높이지 않는다면, 역사는, 그들의 총체적인 소외에 대한 책임을 우리에게 물을 것입니다.

(스즌트, 1979년 7월, 제6호)

우리의 교육철학 1

새 학기의 시작은 우리가 교육체계를 다시 신중하게 검토하는 시간입니다. 학교는 미래를 위한 활기찬 실험실이며, 교과목들은 생명의 약이고 교사들은 치유의 영웅적 전문가들입니다.

학교는 삶의 모든 것과 삶 너머의 무엇을 배우는 곳입니다. 물론 삶 자체가 배움의 장소이지만, 이 삶을 채울 수 있게 이끌어주는 것은 오직 학교입니다. 교육은 삶에 대해 지혜의 빛을 비추기 때문에 학생들은 자신들의 환경을 이해할 수 있습니다. 교육은 현상의 의미를 밝혀주고 우리의 생각들을 종합해줍니다. 교육은 명상을 계속하게 하고 피조물들의 다양함을 하나로 묶어줍니다. 이런 점에서 학교는 거룩한 장소와 다르지 않고 교사들은 존경받는 성인들과 같습니다.

좋은 학교는 천사들로 가득찬 집과 같습니다. 개인들의 덕성을 기르고 학생들을 품위 있는 영혼으로 안내합니다. 좋은 학교에서 아이들은 자아의 신비를 배우며, 자신의 잠재력을 발휘합니다. 하지만 학생들이 천박함에 빠져들고 서로 소외된다면, 학교는 폐허일 뿐입니다. 지금까지 여러 세기 동안 이렇게 왜곡된 학교들은 우리를 당황하게 만들었습니다.

진정한 교사는 덕성의 씨를 뿌리고 가꾸는 사람입니다. 선하고 유익한 것에 주의를 기울입니다. 학생들에게 목표를 정해주고 삶의 풍파 속에서 방향을 제시해줍니다. 학교 안에서 다양한 삶의 흐름이 두드러지게 모습을 갖추어갑니다. 강물이 바다로 흘러가듯이 다양한 삶이 하나의 전체를 이룹니다. 학교 안에서 우리는 영혼을 훈련시켜서 삶에서 흩어진 사건들을 하나로 볼 수 있게 됩니다.

학교가 삶의 일정 기간에만 관계된다고 생각하는 것은 잘못입니다. 반대로 학교는 학생들을 평생 학습으로 이끕니다. 이런 점에서 우리의 교육은 교실 안에서 많은 시간을 보내지 않더라도 삶의 모든 면에 영향을 줍니다. 학생들이 진리에 대해 배우면, 학생들은 평생 진리를 되새기는 삶을 보낼 겁니다. 중요한 것은 우리가 학교 교육을 덕성으로 이끄는 안내자로 활용하는 일입니다.

학교에서 지식은 지혜의 형태로 내면화됩니다. 이럼으로써 우리는 물질적 차원을 초월하여 무한의 경계를 건드리게 됩니다. 내면화되지 않은 지식은 우리의 어깨 위에 놓인 엄청난 짐입니다. 혼란을 야기하는 해로운 악마입니다. 영혼에 빛을 비추고 영혼을 드높이지 않는 기계적인 교육은 우리의 양심을 어지럽히고 마음을 산란하게 할 뿐입니다.

학교가 제공할 수 있는 최고의 지식은 외부 세계의 현상과 내면세계의 지혜를 연결시키는 지식입니다. 훌륭한 교사는 외적 현상처럼 보이는 것을 내면생활의 주요 부분들로 전환시킬 수 있습니다. 삶 자체가 가장 훌륭한 안내자이자 진정한 스승이며 끊임없이 강의를 계속합니다. 하지만 이런 훌륭한 강의 이전에 우리는 실천을 해야 하며, 이 실천을 우리 교사들은 보여주어야 합니다.

교사들은 생활과 양심 사이에서 조정 역할을 하고 미묘한 현상들을 해석하게 가르칩니다.

책, 신문, 라디오, 텔레비전도 우리에게 무엇을 가르치지만, 삶의 실체나 우리 안에 존재하는 그 실체의 모습을 결코 가르쳐줄 수 없습니다. 이런 점에서 훌륭한 교사는 어느 것으로도 대체할 수 없습니다. 매일 매일 교사들은 우리의 마음에 새로운 열정을 불러일으키고, 지울 수 없는 "인상"을 남깁니다. 테크놀로지의 도움으로 학생들이 쉽게 배울 수 있는 것들이 많지만, 가장 중요한 강의는 지식의 목적을 알려주는 강의입니다. 이 강의는 자격 있는 교사를 필요로 하며, 이런 교사는 자기 마음으로부터 나오는 강의를 합니다. 이것이 바로 인간 역사에서 보는 많은 훌륭한 교사들의 비밀입니다.

좋은 강의는 이런 교사들에 의해서 이루어집니다. 학생들은 지식을 풍부하게 할 뿐 아니라 무한한 미지의 경계, 깨달음의 경지에 이르게 됩니다. 우리 학교의 강의를 통해서 우리는 자연 세계를, 영원한 진리를 명상할 수 있는 수가 놓인 장막으로 아니면 신비 영역을 덮고 있는 베일로 인식하기 시작했습니다. 이런 학교에서 학생 누구에게나 단순한 배움만으로는 충분하지 않습니다. 왜냐하면 교사들은 학생들이 하늘의 별들을 보고 확고한 자의식을 갖도록 기꺼이 이끌어야하기 때문입니다.[1] 이것이 바로 교사와 학생들의 일상을 넘어서는 교육입니다.

진정한 교사는 다음과 같습니다. 진정한 교사는 현상의 의미를

---

[1] 영어 원문은 In such a school, no one can ever get enough of learning. For teachers enjoy leading their puplis to the stars and bringing them to rest in their consciences.입니다.(옮긴이)

파악하고 자기 삶과 자의식 사이에서 이 의미들을 종합합니다. 진정한 교사는 모든 것 안에서 진리를 들으며, 이 진리를 어떤 언어로도 표현할 수 있습니다. 학교는 미래 세대를 위한 실험실과 같으며, 교사는 실험실의 물리학자입니다. 진정한 교사는 사회의 병을 고칠 수 있고 우리의 시야로부터 검은 구름을 제거할 수 있는 사람입니다.

(스즌트, 1979년 10월, 제9호).

우리의 교육철학 2

배움과 가르침은 인간의 고귀한 두 가지 의무입니다. 교육은 우리 영혼의 능력을 발굴하고 우리를 예의바르게 만듭니다. 교육으로 순화되지 않은 사람은 덕성을 발전시킬 수 없으며, 이런 사람들 안에서 사회적인 성실함을 찾을 수 없습니다.

여기서 중요한 질문이 나옵니다. 우리는 무엇을 배워야하고 무엇을 배우지 말아야 하는가? 무엇을 가르쳐야하고 언제 그것을 가르쳐야 하는가? 잘못된 시기에 제공된 지식은 정신을 가리는 안개와 같습니다. 이런 지식은 사람에게 빛을 주지 못하며 따라서 다른 사람들을 이롭게 하지 못합니다. 지식은 그 자체로 가치가 있지만, 많은 경우 지식은 짐이 될 수 있습니다. 모든 것을 알기 원한다거나 지식 자체를 위하여 지식을 추구하면, 우리는 단순한 정보 더미를 짊어질 뿐입니다.

교육은 학생들이 자신의 개성을 종합할 수 있게 도움을 주고 외부 세계와 내향적인 경험 사이의 관계를 발견할 수 있게 해야 합니다. 모든 지식은 행동을 위한 건전한 토대를 우리에게 제공해주고 새로운 종합으로 안내해야 합니다. 인간과 자연의 신비스러운 관계를 설명하지 못하는 지식은, 존재의 진정한 이해에 기여하지 못하고 우리와 존재와의 통합에도 기여하지 못합니다. 이런 학문은 수많은 수수께끼들로서 우리의 양심을 어지럽힐 뿐입니다. 그러나 자연세계의 인식과 해석 사이의 조화는 양심의 목적을 달성할 수 있는 자유를 우리에게 줍니다.

어떤 지식은 해로운 결과를 가져올 수 있기 때문에 모든 것을 알려고 하는 것은 위험합니다. 정보에 중독되려고 애쓰기 보다는, 우리를 우주와 통합시키는 지식으로 향하게 우리의 정열을 기울여야 합니다. 이런 태도야말로 진정한 생각의 근원이자 진정한 배움의 정신이 우리 안에 있다는 분명한 징조입니다. 이런 영혼의 교육은 쓸데없는 배움과 의식 없는 암기를 거부합니다. 이런 교육을 받으면 단순한 외양에 속지 않고 껍질을 열매로 잘못 알지 않습니다.

모든 것에 대한 호기심과 지식에 대한 분별없는 욕망은 진지한 공부의 장애물입니다. 진정한 사고는 필요한 것에만 관심을 둡니다. 어리석은 호기심으로 필요 없는 것들을 배우면 마음과 영혼에 해가 되고 특히 젊은이들의 순수한 영혼에 해가 됩니다.

젊은이들을 가르칠 때, 우리는 외양 너머의 의미를 보도록 그들을 도와주어야 합니다. 이렇게 도움을 줄 때, 그들의 나이와 상황을 염두에 두어야 하며, 어린아이들에게 자신이 소화할 수 있는 이상의 것을 주어서는 안 됩니다. 예를 들어 초등학교에서는 어린이들에게 세계지리, 인류 역사나 철학 등 복잡한 주제들의 짐을 지워서는 안 됩니다. 이런 일은 아이들에게 의심과 주저함을 심어 줄 뿐입니다.

사건들의 끊임없는 발발, 수많은 연구주제들, 그리고 연구의 지속적인 발전 등, 우리 시대를 전부 이해하는 일은 불가능하며, 이런 이해의 시도는 분명히 해롭습니다. 우리 시대는 분업, 의무의 분산, 그리고 전문화를 요구합니다. 학생들은 지식 영역의 작은 부분에 자신을 바쳐야 하고, 학생으로서 그런 전문성 안에서 자신의 역할에 충실해야 합니다.

오늘 날 가정과 사회 환경은 젊은이들을 이런 교육적 이상들을 향하게 하는 데 실패하고 있으며, 그들 내면의 고귀함은 무시되고 있습니다. 그들의 영혼은 자신들 주위에 있는 죽은 강의만을 듣고 있습니다. 자신들 원래의 순수함을 간직하지 못하고 있습니다. 거짓, 사기, 충동으로 가득 찬, 매일 매일의 하찮은 뉴스들, 정치적 논쟁의 끝없는 게임과 오락들은 젊은이들의 마음을 완전히 사로잡고 있습니다. 정신력이 뛰어난 사람들도 이런 부담을 견뎌낼 수 없습니다. 이렇게 혼란스러운 상황에서, 오직 자연스러운 일은 젊은이들이 학교 강의를 이해하기 위해 분투하고, 강의를 자신의 삶과 통합하면서 지혜를 얻는 일입니다.

부패한 문화 때문에 오늘 날 학생들은 게을러졌고 쉽게 얻을 수 있는 것만 쫓고 있습니다. 대중문화는 가치 없는 목표들을 갖게 하고 젊은이들의 환상을 악용하고 있습니다. 이러한 상황에서 위대함을 진정으로 획득하는 것이 무엇을 의미하는지를 가르치는 일은 믿을 수 없을 정도로 어렵습니다. 노동과 노력을 젊은이들은 싫어하고 체계적인 공부를 참아내지 못합니다. 일상의 하찮은 일에 물든 마음을 가지고, 의미 없는 투쟁에 마음을 쏟는 젊은이들에게 어떻게 덕성을 기르게 할 수 있습니까? 그들의 동물적 본능과 사치스러운 욕망이 매일 매일 늘어날 때, 어떻게 이들은 읽고 성찰하는 힘을 가질 수 있습니까?

선에 대한 지식은 부패와 타락에 저항합니다. 젊은이들은 자기 선생의 학교에서 먼저, 그 다음은 삶이라는 더 큰 학교에서 이 힘을 얻어야 합니다. 이 초월적인 지식으로 무장할 때만 오로지, 젊은이들은 악에 저항하고 자신들 의지의 날개 위에 오를 수 있는 힘을 얻을 겁니다. 반면, 이러한 지식이 없으면, 젊은이들은 무능력해지고 자신을 방어할 힘을 잃게 되며, 악에 대한 지식으로 마비될 겁니다.

이러한 사회적 위기에 더 이상 맞서지 않고, 위기를 극복하기 위해 자원을 더 이상 동원하지 않는 현실이 안타깝습니다.

(스즌트, 1979년 11월, 제10호).

교육이 약속하는 것

새로운 세대의 마음과 정신이 모두 합쳐서 양육될 때만 한 나라의 행복은 유지될 수 있습니다. 하지만 우리 시대의 젊은이는 방치되고 있으며, 불행의 한 복판에 있습니다. 그들은 잔인한 지도자들, 치명적인 이념주창자들, 그리고 정신을 쇠약하게 하는 미디어의 한 가운데 처해 있습니다. 이런 숨 막히는 환경으로부터 젊은이들을 구하는 것이 우리의 책임입니다. 왜냐하면, 우리의 미래는 바로 이 젊은이들의 활기찬 잠재력에 의해서 창조되기 때문입니다. 우리는 이들을 자신의 의지에 따라 살도록 가르쳐야 하며, 이것이 모든 권력 당국이나 행정기관들의 신성한 사명입니다.

우리의 미래를 우리는 젊은이들에게 맡깁니다. 교육을 통해 젊은이들이 분별력을 갖추지 못하면, 저급한 충동과 해로운 버릇의 무게에 짓눌려 버릴 겁니다. 사치, 분노, 탐욕은 젊은이들을 인간됨의 근본으로부터 멀어지게 할 것이며, 잘못된 신념의 노예로 만들 겁니다. 현대 교육학에 따르면, 이런 감정들의 영향력은 대단해서 교육을 많이 받은 사람들까지도 오류를 범하지 않을 수 없게 만듭니다.

실제로 인간의 욕구는 선에 봉사하도록 우리에게 주어졌습니다. 교육은 이런 감정들을 조절하고, 부정적인 영향을 강하게 거부하며 인간의 고유한 목적을 향하게 해줄 수 있습니다. 겉으로는 해롭게 보이는 인간의 감정들을 완벽이라는 목표를 향해 사용하게 교육은 가르쳐줍니다. 교육은 덕성에 대한 감각, 의지의 힘, 반성의 능력, 그리고 "진리"에 대해 봉사하는 자유의 사랑을 발달시킵니다.

젊은 세대는 욕망과 야망의 질곡에서 고통을 받고 있습니다. 우리가 이들에게 진정한 내면세계를 위한 교육을 제공하는 데 실패한다면, 이들을 도덕과 덕성의 길로 안내하는 데 실패한다면, 우리나라는 지금의 혼란에서 벗어날 수 없습니다. 분명한 것은, 젊은 이들에게 윤리와 문화의 고귀함을 전해주는 나라는 새로운 세대 안에서 신성한 가치들의 수호자들을 발견한다는 점입니다. 따라서 이런 나라의 미래는 보장받을 수 있습니다. 그러나 나라가 아이들의 도덕적이고 지적인 교육을 게을리 한다면, 사회는 퇴폐와 혼란에 빠집니다.

교육은 나라의 주요 관심사가 되어야 합니다. 왜냐하면, 교육은 나라의 활력과 유지에 밀접하게 연관되어 있기 때문입니다. 사회적, 경제적인 침체를 맞고 있는 나라에게는 더 중요합니다. 위기에 처했을 때, 맑은 눈으로 사회를 진단하지 못한다면, 사회는 썩고 맙니다. 이성보다 감정에 복종하고, 절망에 빠지고 군중의 소란 속에서 그 길을 잃는 사회는 비틀거립니다. 국가교육의 가장 작은 실수도 엄청난 파괴를 가져올 수 있습니다. 가을 낙엽과 같이 개인들을 흩어 버리는 모든 위기는 교육과 문화의 부족에서 나옵니다. 우리나라의 지도자들이 교육의 중요성을 이해하지 못한 채 본질적이지 못한 문제들을 다룬다면, 우리는 우리의 헤라클레스를

기다리듯이 하느님께 더 많은 인내를 청해야 합니다.1)

오늘날 우리는 다른 어떤 것보다 심각하고 미묘한 도전을 맞이하고 있습니다. 우리의 영성적인 유산을 새로운 세대에게 가르쳐서 그들을 소외로부터 구출해야 합니다. 교육을 통해 이루어지는 우리의 노력은 우리의 미래에 안정과 행복을 가져다주며, 반면 교육에 대한 소홀함과 무관심은 비참한 결과로 이어집니다. 따라서 책임을 지는 사람으로서 우리는 무질서의 원인들을 분석하고 우리의 자녀들을 일깨우기 위해 객관적인 계획들을 발전시켜야 합니다. 이것이 우리나라를 구하는 유일한 길입니다.

과거, 현재, 미래를 동시에 볼 수 있는 능력을 가진 세대를 길러내야 합니다. 그렇지 못하면, 우리나라는 역사의 무지비한 바퀴에 짓눌려버립니다. 환경 적응에 실패한 종種이 소멸해버렸듯이, 시대의 요구에 부응하지 못하는 나라는 사라져 버립니다. 다른 나라, 보다 힘이 센 나라에 영역을 내주고 맙니다. 과거 문명의 폐허와 사라진 피조물들의 화석은 이러한 신성한 원칙을 보여줍니다.

이집트 문명, 로마 제국, 안달루시아 문화, 오스만 제국, 모두는 똑같이 암울한 현실에 무너졌습니다. 시들어버린 자취와 민속적인 유물들만 남아 있을 뿐입니다. 체계적인 사고, 의지, 하느님에 대한 사랑을 가꾸어주려고 젊은이들에게 용기를 주지 않는 모든 나라는 같은 운명을 맞이합니다. 이와 같은 이상들은 젊은이들을 나태와 좌절, 공포로부터 보호해주며, 열정을 가지고 일하게 하고 공공 의식을 일깨워줄 겁니다.

---

1) 헤라클레스Heracles는 귤렌의 비유적인 이미지입니다. 고대 그리스 신화로부터 가져온 이 이미지를, 귤렌은 봉사를 하는 자신의 영웅적인 이타주의를 나타내는 사람으로 사용합니다.

오늘 우리는 우리 시대의 사회적 맥락에 맞게 교육체계를 다시 생각해야 합니다. 새로운 세대들을 위한 분명한 교육 지침을 발전시키면서, 과거로부터 현재, 그리고 현재로부터 미래에 이르는 새로운 과정을 만들어야 합니다. 이러한 점에서 공공 당국은 특별한 책임을 갖습니다. 활기찬 정신과 정열적 마음으로 이 문제에 대처할 때, 우리는 우리나라의 미래에 대한 신념을 가질 수 있고, 우리나라의 높아진 위상을 기대할 수 있습니다.

(스즌트, 1984년 3월, 제62호)

교육으로부터 기대하는 것

어떻게 신세대를 기를 것인가? 그들에게 무엇을, 그리고 왜 가르쳐야 하는가? 그리고 이 신성한 의무를 수행할 사람은 누구인가? 우리가 교육 문제를 다루려고 한다면, 이런 질문들에 대해 설득력 있는 대답을 찾아야만합니다. 분명하게 규정된 목표가 없으면 교육체계는 학생들을 혼란시킬 뿐입니다. 방법 없이, 교사들은 학생을 정보의 빈 그릇으로 만들 뿐입니다.

한 나라의 사회구조는 교육체계와 긴밀하게 연결되어 있습니다. 교육에 따라 한 사회의 모습은 형성되어 갑니다. 우리가 양성하는 세대는 자신들이 교육받은 방법 그대로 자신들의 자녀들을 양성하기 때문에 당장에 주어진 미래 이상의 내용이 필요합니다. 결혼과 재생산이 한 나라의 물리적 존재에 핵심적이듯, 교육은 한 나라의 영성적이고 도덕적인 존재에 너무도 중요합니다. 한 나라가 결혼 제도를 안정시키지 못하면, 더 이상 살아남을 수 없습니다. 마찬가지로 한 나라가 영성적이고 도덕적인 교육에 비중을 두지 않는다면, 쇠락을 피할 수 없습니다.

한 사회에서 개인들은 문화에 영향을 주고, 문화는 개인의 형성에 중요한 역할을 합니다. 가장이 가족들에게 막대한 영향을 끼치듯, 나라의 지도자도 국민들에게 마찬가지입니다. 한 나라가 높아지는 것은, 개인들 사이에 존재하는 지적이고 영성적인 문화, 그리고 지배층의 통찰력 있고 진실한 봉사에 달려있습니다. 행정가들이 공공선을 위해 성실하게 일한다면, 공공선은 그 역할을 다 할 것으로 기대합니다. 이 상호작용은 예언자의 가르침을 반영합니다. "너희들 모두는 양치기들이다. 너희들 모두는 보호하고 있는 양들에 대해 책임이 있다." 개인적 번영보다는 사회적 번영이 윤리적으로 더 많이 선호됩니다.

직위가 어떤 것이든 간에, 젊은 세대들의 양육에 간여하고 있는 사람들은 누구나 이러한 위대한 책무로부터 오는 책임을 잊어서는 안 됩니다. 부모로서 우리는 우리 자녀들의 미래를 확실해 해주기 위해 최선을 다합니다. 우리는 자녀들이 번영할 수 있도록 고통에 맞서고 고난을 참습니다. 우리는 천국과 같은 세계를 자녀들에게 준비하기 위해 열심히 일합니다. 그러나 우리가 자녀들에게 도덕과 덕성의 진정한 번영을 제공하는데 실패한다면, 우리의 모든 노력은 헛된 노력이 될 것입니다. 한 나라의 최대 재화는 도덕과 덕성의 문화이며, 이 자본은 교육의 품 안에서만 축적될 수 있습니다. 이 재화를 축적하면, 한 나라는 정복과 발견의 힘을 갖게 됩니다. 반면 이 부가 없는 대중들은 자신들의 모든 자원을 잃게 되고, 생존 투쟁에서 밀려날 것입니다.

젊은이들에게 과학 교육을 시키고 덕성을 함양시켜주고 역사의 프리즘을 통해 미래를 보도록 교육을 시킨다면 우리의 노력은 헛되지 않을 것입니다. 우리는 보상으로 많은 것을 수확할 수 있을 겁니다. 젊은이들의 교육에 투지한 단 한 푼의 돈도 풍부한 영혼들이라는 큰 자산이 되어 우리에게 돌아올 것입니다. 이 영혼들은 나라에게 끝없는 보물들입니다. 잘 교육 받은 세대들은 모든 장애를 넘고, 물질적이거나 영성적인 모든 어려움을 극복하고, 결코 절망에 빠지지 않을 것입니다. 그들은 자신들의 영성적인 유산을 헛되이 쓰지 않을 것입니다. 허무, 주저, 비관, 비참함 등을 그들은 알지 못할 것입니다.

    우리는 오늘 기로에 서있습니다. 우리의 자녀들을 인간됨의 진리로 끌어 올릴 수도 있고, 소외의 늪에 빠지게 할 수도 있습니다. 우리 어깨 위에 놓인 이같이 무거운 책임감을 가지고, 우리는 과거의 게으름이 가져온 파멸을 역전시킬 수 있는 프로그램을 개발해야 합니다. 그렇지 못한다면, 가장 소중한 자산을 가진 우리의 젊은이들은 부식되기 시작하여 삶의 진정한 가치를 보는 눈을 잃어버릴 것입니다. 자신 만의 고유한 본질 안에서 살지 못하고 과거의 영광으로 되돌아 갈 수 없을 것입니다.

(스즌트, 1984년 4월, 제63호)

제5장
봉사하는 사람

우리가 갈망하는 사람

> 우리 국민의 신앙이 보장되는 것을 본다면
> 나는 지옥 불에 타 죽을 준비가 되어 있다.
> 내 몸이 고통을 겪어도
> 나의 가슴은 장미 정원을 즐기기 때문이다.[1)]

오래 기간 동안 우리나라는 우리의 상처를 고쳐주고 우리를 병에서 구해줄 구원자들을 갈망해왔습니다. 특히 오늘, 하늘이 어둡고 갈 길이 혼돈으로 막혀 있을 때, 우리는 이 구원자들을 생명수처럼 갈망합니다. 이들이 과연 올지 의심이 들 때도 우리는 이들이 오기를 끊임없이 요구하면서, 노래를 부르고 있습니다.

비관주의에 사로잡힌 디오게네스Diogenes는 당시 사회에서 인간성의 상실을 한탄하고 있습니다. 저는 우리가 디오게네스와 같이 씁쓸한 진리를 들을 수 있을지 의심하고 있습니다. 국민의 한 사람으로서 우리는 덕성을 갖춘 사람들이 우리를 반기고, 우리에게 축복을 주고, 우리의 고통을 덜어주며, 우리를 나쁜 야망으로부터

---

1) 사이드 누르시 Said Nursi(1960년 서거)

보호해주기를 갈망합니다. 오래 기다려온 이와 같은 사람들을 발견하지 못한 것이 우리들 고통의 뿌리입니다. 우리의 최근 역사에서 이러한 영웅들이 얼마나 있었습니까? 우리의 존재를 이해하고 이 땅 위에서 "창조자"를 대변하는 책임을 느끼는 사람이 누구였다고 여러분들은 지적할 수 있습니까?

우리는 그러한 마음을 가진 사람을 처절하게 찾고 있습니다. 그들은 진리의 사람들이기도 하며, 초월을 약속하는 사람들입니다. 그들은 삶의 수수께끼를 넘어서, 존재의 모든 측면에 대해 질문을 던지고 무한으로부터 해답을 찾는 사람들입니다. 그들은 진리를 생명수처럼 여기고 추구합니다. 그 진리를 어디서 발견하던 간에, 그들은 진리의 신선한 맛을 보고 불멸의 가치를 얻습니다. 그들은 자신들 안에 신앙, 지혜, 그리고 사랑의 우주를 건설합니다. 그들의 모습은 천상의 모습과 같으며, 그들의 내면세계는 현세를 초월합니다. 그들은 사건들의 진정한 의미를 양심의 언어로 드러내는 혀와 같습니다. 그들은 자신들 안에서 새로운 '천국들'에 도달한 사람들입니다.

우리의 최근 역사에서 어느 누구도 이 역할을 수행할 수 없었습니다. 왜냐하면 우리는 진리에 무관심하고, 우리 자신의 깊이를 모르고, 우주라는 책을 해석할 수 없는 것처럼 행동했기 때문입니다. 많은 사기꾼들이 우리를 조롱하듯 나타나서 나름의 길을 보여주면서 우리를 속였습니다. 그러나 그들은 우리의 지지를 결코 얻지 못했으며, 자신이 제시한 것들의 결과를 보여주지 못했습니다.

우리는 진리와 사유의 사람을 포용할 준비가 되어 있습니다. 그들은 명상 속에서 의미의 핵심을 빠르게 파악합니다. 그들은 하늘의 천사에게로 높이 날아 올라가 자신들 영혼의 신비를 목격합니다. 그들은 원자 하나에서도 태양을, 그리고 물 한 방울 안에서도 태양을 봅니다. 그들 안에서 정신과 물질의 다툼은 없습니다. 그들이 공부를 할 때, 진리는 그들을 정화시켜주고 신앙은 그들을 높여줍니다. 그들의 영성적인 기쁨을 통하여 "천국"은 그들의 마음속으로 들어옵니다.

우리가 기다리는 이와 같은 사람들은 진리 곁에 있으며, 공동체와 함께 서있습니다. 그들은 모든 행동에서 성실합니다. 그들의 목소리는 사회의 관심사들을 울려주며, 어떤 아집도 그들의 감정을 지배하지 않습니다. 그들은 자신의 성취를 자랑하지 않고 자기 자신의 승리를 축하하지 않습니다. 그들이 성공할 때, 가장 고상한 감정이 그들을 채웁니다. 어떤 개인적인 관심이나 집단의 이익도 그들의 목적을 더럽힐 수 없습니다. 증오와 반감이 그들의 비전에 구름을 드리울 수 없습니다. 사랑, 용서 그리고 관용은 언제나 그들의 시선을 안전하게 해줍니다.

폭력과 유혈을 통해 사람들에게 '행복'을 가져다주기 원하는 사람들은 신성한 모든 서적들이 거부하는 길을 계속 가려는 비참한 사람들입니다.[2] 우리는 이런 일탈이 잘못되었음을 우리 사회가 분별하기를 원합니다. 분별을 못한다면 우리는 이런 사람들의 전염병에 걸리고 말 것입니다. 아! 우리는 아직 이런 분별과는 거리가 멉니다.

(스즌트, 1980년 2월, 제13호)

---

[2] 귤렌은 이 글이 발표되기 전후에, 터키의 폭력적인 정치적, 사회적 운동을 목격한 지도자들과 활동가들을 특별히 언급합니다.

우리 미래의 설계자들

우리 미래의 토대를 쌓는 지적인 노동자들은 영혼의 삶을 사는 행복한 사람들입니다. 이들은 진리의 챔피언으로서 자신의 육체를 영혼에 귀속시킵니다. 그러나 그들은 불분명하고 희미하게 나타날 뿐입니다. 그래서 이들이 오는 것을 세속적으로 분명히 알고자 하는 사람은 언제나 실망합니다. 외모로 볼 때 이들은 평범하지만, 그들의 마음은, 아름다운 다양한 향기를 내보내는, 수많은 향 묶음처럼 타오릅니다. 이들을 이전에 결코 알지 못했던 사람들에게 이들의 아름다움을 말하는 일은 어렵습니다. "맛을 보지 않은 사람은 모른다."[1] 모르는 사람에게 이 영성적인 기쁨을 알게 하는 것보다 산을 들어 올리는 것이 더 쉽습니다.

우리 미래의 설계자들은 명성이나 영광을 모릅니다. 그들은 직책이나 지위도 원하지 않습니다. 그들은 자신들 안에 있는 무한의 빛에 만족합니다. 그들의 영혼 안에서 우주가 환하게 밝혀지지만, 이 빛을 자신의 이익을 위해 활용하지 않습니다, 그들은 "우리의 책무는 길을 닦아 다른 사람들이 편하게 걷게 하는 것이다. 우리의 의무는 투쟁이지만 트로피는 다른 사람에게 주시오"라고 말하

---

[1] 터키와 아랍의 속담.

면서 봉사에 전념합니다. 저는, 이런 핵심의 신비를 명확하게 표현할 수 있는 말이 있을까 언제나 의심을 합니다.

언제나 겸손하고 평범한 이들은 어떤 수다스러운 과시도 거부하며, 자신들의 생각을 드러내기 위해 특별한 장소나 높은 연단을 필요로 하지 않습니다. 자신들의 깊은 감정을 얼굴에 진지하게 보임으로써 가장 효과적으로 자신의 모습을 보입니다. 이들의 본질은 물질과 의미의 숭고한 조합입니다. 이들은 인간의 본성을 거부하지 않지만, 영혼의 명령을 수놓은 것처럼 자신의 육체를 정제합니다.

이들은 고통을 견뎌내고 원망하지 않습니다. 관용을 위협하는 증오와 분노의 불길은 이들 위에 어떤 자취도 남기지 않습니다. 유누스Yunus의 표현에 따르면, 이들은 싸움꾼을 응징하기 위한 주먹을 가지고 있지 않으며, 맹세를 하는 사람에게 대답을 할 혀를 갖고 있지 않으며, 상처를 입을 심장도 가지고 있지 않습니다. 이들의 영혼은 수 천 가지의 관심과 기쁨이 완벽하게 함께 맞추어진 퍼즐과 같습니다. 이들의 특징은 이타적이며, 자기 자신의 안락에는 관심이 없습니다. 예언자들의 관대한 삶들에 영향을 받아, 이들은 다른 사람들의 기쁨과 슬픔에 우선 관심을 가지고 있습니다. 이들은 총체적으로 자신들이 아닌 다른 사람들을 위해서 존재합니다.

이들은 단호하고 부지런합니다. 어떠한 아름다움이나 번영도 이들을 그 목적으로부터 떼어 놓을 수 없습니다. 이들의 시야에서 위신은 위선적이고 균형 잡히지 않는 기준에 불과하고, 지위는 얼음 위에 쓴 덧없는 글씨이며, 재화는 바람에 날리는 짚더미에 불과합니다. 이들은 자신들의 마음을 사라지지 않는 아름다움들에 놓아두며, 덧없이 지나가는 것들이 이들의 눈길을 끌 수 없습니다. "천국"의 아름다움들도 이들을 자신들의 목적으로부터 벗어나게 할 수 없습니다.

이들은 명성과 명예를 무시합니다. 영예를 위한 모든 싸움은 이들에게 코미디와 같으며, 영광을 위한 모든 투쟁은 돈키호테의 원정과 같습니다. 이들은 천상의 영예에 만족하기 때문에 어떤 포상이나 작위도 필요로 하지 않습니다. "그분은 너희를 무슬림, 하느님에게 복종하는 사람들이라고 불렀다."[2] 이런 부르심 이상의 영광을 추구하는 것은 우리 인간의 본질에 대한 모독이 될 것입니다.

이들은 마음의 영웅들입니다. 이들의 내면세계는 빛이 나고, 감정은 순수하며, 생각은 벌집과 같이 달콤하고 질서 정연하며, 행실은 평화의 천국과 같습니다. 이들을 만나는 모든 사람은 행복을 발견하며, 이들과 멀리 있는 사람은 평화로부터 멀리 있습니다. 우리 미래의 설계자들은 자유롭고 구속을 받지 않습니다. 어떤 치명적인 밧줄도 이들의 목을 묶을 수 없습니다. 꿩처럼 이들은 이미 가장 우아한 표식을 품고 있습니다. 하느님께 묶여 있습니다.[3] 이들은 포로 상태에서도 자유를 발견하며, 시인을 통해 말합니다.

> 저는 종이 되었네, 종이 되었네, 종이 되었네.
> 저는 "당신"께 절을 하며 제 자신을 드립니다.
> 노예는 해방될 때 기쁘지만

---

[2] 쿠란, 22:78.
[3] 꿩은 목에 줄을 두른 듯 자연스러운 색깔을 보여주는데, 귤렌은 이 이미지를 하느님에 대한 완전한 복종을 보여주기 위해 사용합니다.

저는 기쁩니다, "당신"의 종이 될 때.4)

　야망이 이들의 의도를 오염시킬 수 없으며, 탐욕은 이들 세계에 어떤 자리도 차지하지 못합니다. 이들의 밤은 아침처럼 순수하며, 이들의 낮은 천국처럼 청결합니다.
　오랫동안 우리나라는 이런 설계자가 나타나기를 기대하면서 마음이 아팠습니다. 얼마나 더 기다려야 할지 모르겠습니다. 하지만 희망을 잃지 말고 지평선을 바라보면서 태양이 떠오르기를 기다립시다. "무한하게 자비하신 분"께 탄원을 계속하면, "그분"께서는 길게 하지 않으실 겁니다, 우리 기다림의 시간을.

(스즌트, 1980년 9월, 제20호)

---

4) 루미Rumi (1273년 서거): 아나톨리아 셀주크 투르크 시대에 가장 위대한 수피 시인.

새로운 사람

역사의 흐름은 우리를 새 시대, 하느님의 섭리가 나타나는 새로운 시대의 문턱으로 데리고 왔습니다. 무슬림 세계에서 최근의 몇 세기는, 소외, 지적인 환상의 무의식적인 추구, 전통적인 가치들에 대한 반대, 자기 정체성의 부정, 혼란 등으로 특징 지워집니다. 그러나 우리 주변 어디에서나 나타나는 표징들은 21세기가 신앙의 시대, 그리고 우리의 르네상스 시대가 될 것을 암시하고 있습니다.

우리 시대의 변덕스러운 군중들로부터 진정으로 새로운 사람이 나타날 것입니다. 생각하고, 반성하고, 이성과 영감을 신뢰하는 사람이 나타날 것입니다. 그는 삶의 모든 면에서 완벽함을 추구하면서 자신을 포괄적이고 총제적인 이상에 바칩니다. 그는 이 세상과 저 세상의 날개 위에서 균형을 잡고 날면서 마음과 영혼을 성공적으로 결합시킵니다. 이 새로운 사람의 탄생은 틀림없이 쉽지 않으며, 고통과 수고가 우리를 기다리고 있습니다. 그러나 때가 오면, 빛나는 새로운 세대가 우리 안에서 갑자기 탄생할 겁니다. 어둡고 무거운 구름으로부터 자비롭게 쏟아지는 비처럼, 대지의 깊은 곳으로부터 솟아나는 물처럼, 두터운 눈이 녹을 때 터져 나오는 새싹처럼, 이 새로운 남자와 여자는 반드시 올 것입니다.

새로운 사람은 통합력이 있으며, 부적절한 모든 영향들로부터 자신의 고유한 정체성을 지키기 위해 단호합니다. 어떤 것도 그의 비전과 활동을 제한할 수 없으며, 어떤 낯선 이념도 하느님의 길로부터 그를 멀어지게 할 수 없습니다. 그의 생각, 의지, 상상력은 완전하게 자유롭습니다. 그는 오직 하느님에게만 봉사하기 때문에, 다른 모든 것들의 속박을 거부하기 때문에, 전통적인 가치들에 대해 헌신함으로써 자기 자신의 정체성을 만들기 때문에, 그는 자유롭습니다.

새로운 사람은 탐구합니다. 반성합니다. 그리고 믿습니다. 그는 영혼에 가치를 부여하고 영성적인 기쁨을 가득 채웁니다. 자기 나름의 정체성을 세우면서, 그는 자기 시대의 기술적인 수단들을 자기 전통의 영원한 가치들에 귀속시키면서, 자기의 차별성을 드러냅니다. 자신의 영광스러운 유산을 만들고 이에 따라 자신에게 신념과 생각을 보여주었던 고상한 사람들로부터 영감을 받습니다. 그는 어디서나 자신의 가치들을 실천하고 명상을 포기하지 않습니다. 그는 정열적으로 진리의 수립에 자기의 삶을 바칩니다. 자신의 행복이나 번영에 관심을 두지 않고, 자신이 가진 모든 것을 진리를 위해 포기할 준비가 되어 있습니다. 대지의 가슴에 씨를 뿌리는 사람처럼, 그는 자기 사람들을 위해 자신이 받은 모든 것을 바치며, 이들의 번영을 적극적으로 기대합니다.

새로운 사람은 새로운 세대의 일부이며, 사람들의 영혼과 마음에 도달하기 위해 출판물로부터 매스미디어에 이르기까지 가능한 모든 도구들을 활용합니다. 새로운 남자와 여자의 세대는 어디에서나 자신들의 가치들을 대표하며, 자신들의 국민들에게 국제적인 위신을 세워줍니다. 영성적으로 깊이가 있는 이들 남자와 여자들은 현대 세계의 모든 면에 간여합니다. 이 세대는 과학으로부터 예술에 이르기까지, 테크놀로지로부터 형이상학에 이르기까지 인류의 모든 노력들에 통달합니다. 지식에 대한 이들의 사랑은 채워질 수 없으며, 지혜에 대한 이들의 정열은 매일 매일 새로워지고, 이들의 영성적인 깊이는 상상을 초월합니다. 이들은 새롭게 깨우친 과거 사람들과 같으며, 하느님을 향해 올라가면서 천사들과 경쟁합니다.

이 새로운 사람은 모든 피조물들을 사랑합니다. 인간의 모든 덕성들을 지키고, 우리를 인간답게 만드는 도덕적인 원칙들의 안내자가 되며, 도덕적 원칙들 안에서 자신을 발견합니다. 그는 너무나도 보편적이기 때문에 모든 존재들을 자비의 마음으로 품에 안습니다. 새로운 사람은 자기의 길을 가면서 이 길에 맞추어 자신의 사회를 형성시킵니다. 자기 공동체 안에서 선한 것을 보호하고, 다른 사람들이 자신과 같이 행동하도록 격려합니다. 악이 사회로부터 제거될 때까지 악에 대해 가열 차게 투쟁합니다. 그는 모든 사람들을 신앙으로 향하게 하고 교육을 증진시킵니다. 그에게 하느님에 대한 봉사는 아름다우며, 그는 이 봉사를 전적으로 실천합니다. 영성적인 가치들을 존중하고 공공 생활에 전적으로 간여하는 사회적 봉사를 지원합니다. 그는 자기 사람들을 언제나 옹호하며, 자기 공동체 안에서 책임의 표식이 됩니다.

새로운 사람은 창조적인 정신으로 가득 차며, 형식주의와 진부함을 업신여깁니다. 그 대가로 그는 자기 자신을 새롭게 발견하며, 시대의 흐름에 책임을 지고, 시대를 앞서 나가며, 언제나 미래를 쳐다봅니다. 그는 초자연적인 노력을 기울이며, 하느님의 힘에 절대적으로 의존합니다. 그는 자연의 법칙들과 하느님의 의지를 성실하게 존중하기 때문에, 그를 잘 모르는 사람은 그를 자연주의자나 운명론자로 잘못 알 수 있습니다. 그러나 그는 언제나 균형의 사람이며, 인과법칙을 준수하고 자기 신앙이 요구하는 대로 하느님께 복종합니다.

새로운 사람은 정복자이고 발견자입니다. 매일 매일 그는 자신 영혼 깊숙이 그리고 더 나아가 우두의 무한함을 향하여 깃발을 들고 가며, 내면세계와 외부세계의 문 모두를 책임집니다. 그의 신앙과 지혜는 현상 밑에 있는 형이상학적 실체에 접근할 수 있는 신념을 그에게 가져다주며, 그는 저 편 세계 안에 자신의 사령부를 건설합니다. 마지막으로 무덤이 그를 불러서 자신의 보상을 받으러 갈 때, 하늘은 그를 반기는 데 주저하지 않습니다.

(스즌트, 1991년 3월, 제146호)

영혼의 헌신적인 설계자

오늘 날 사람들이 마음의 내면 깊이를 훼손하고 영성적인 생활의 중요성을 축소시킨다 할지라도, 이 마음의 내면과 영성적인 생활은 틀림없이 인간의 진정한 보물들입니다. 일부 회의주의자들이 생각하는 것과는 관계없이, 내면을 향한 생활은 지금 우리가 처한 사회적, 정치적, 그리고 경제적 위기들에 대한 유일한 해결책입니다. 이 영성적인 생활은 헌신적인 사람들만이 실천할 수 있습니다. 헌신적인 사람은 자기 자신의 행복에는 관심이 없으며, 자기 자신의 번영이 다른 사람의 번영과 밀접하게 연관되어 있다는 것을 이해하는 사람입니다.

하느님이 보실 때, 우리의 구원은 다른 사람을 구하려는 우리들의 노력에 달려있습니다. 이것이 이슬람의 진정한 의미입니다. 이 세상과 저 세상의 미래를 구하기 위하여, 우리는 다른 사람들의 의지를 굳게 해주고 마음에 생기를 불어넣어 주면서, 다른 사람들의 영혼을 위한 피난처가 되어야 합니다. 우리는 우리 시대의 도전들에 맞서면서 개인적인 이익에 등을 돌려야 합니다. 모든 행동의 도덕적인 성격은 이런 이상에 대한 책임감에 맞추어 측정됩니다.

책임감은 우리의 개인적인 관심사를 넘어서고 보편적 질서의 가장 근본적인 요소가 됩니다. 따라서 보편적 책임감은 보편적 평화의 토대입니다. 보편적 책임감은 우리 구원의 유일한 핵심이며, 사회를 돕고, 지지하고, 이끌려는 이 갈망은 공공에 대한 봉사의 핵심입니다. 우리가 함께 나누는 책임감을 감동적인 언어로 말한다면, 우리는 사람들에게 영혼과 그 의미를 깨닫게 해줍니다.

존재의 보편적인 질서에 무관심한 사람과 자아의 어두운 미로 안에서 자신의 삶을 사는 사람에게 구원은 없습니다. 이들은 스스로 멸망할 뿐 아니라, 다른 사람들도 멸망으로 이끕니다. 우리가 존재의 질서와 조화되어 걸어 갈 때 인간은 발전합니다. 오늘 날 미래의 건설에 참여하기를 원하는 사람은 이기주의를 포기하고 다른 사람들과의 상호의존성을 깨달아야 합니다. 왜냐하면, 우리들의 개인적인 이상들은 다른 사람과 나누는 양심의 일부가 될 때에만 가치가 있기 때문입니다. 정말이지, 다른 사람들과 살기 위해서 그리고 다른 사람들을 위해서 살기 위해서 우리들의 자아는 먼저 녹아 없어져야 합니다. 이것이 우리가 불멸성을 얻는 방법입니다. 개인으로 남아 있지만 공동체를 형성하고, 물방울로 남아 있지만 우리는 대양이 됩니다.

우리가 창조된 목적을 달성하기 위하여 우리는 개인적인 마음의 명령에 따르지 않고, 동물적인 본능이나 하찮은 걱정들에 좌우되어서는 안 됩니다. 우리들 자신과 이 세계를 보다 더 잘 알기 위해서 우리는 모든 것을 마음의 눈으로 보면서 그 기준에 따라 관대한 판사가 되어야 합니다. 우리가 우리 영혼의 순수성과 마음의 생기를 지킬 수 없다면, 우리는 우리 주위의 사람들에게 진리를 심어줄 수 없습니다. 우리가 아이들과 같이 순진하게 남아 있을 수 없다면, 우리의 정신적인 능력이 아무리 풍부하고 우리의 지식이 아무리 넓다고 할지라도, 우리는 다른 사람에게 어떤 도움도 줄 수 없습니다. 이렇기 때문에 대부분의 사람들이 진리 대신 공포 때문에 정치가들에게 복종합니다. 정치가들은 성실성보다는 권력에 더 가치를 두고, 인간의 감정보다 정치적인 권위를 우선시합니다.

순수한 영혼을 가진 사람은 생각이 깨끗하며 행동이 솔직합니다. 이슬람 전통에서 보면, 순수한 마음은 "그분"이 보물처럼 숨어 있는 하느님의 집으로 간주됩니다. 이 집에 흠이 없으면 없을수록, 이 집안에서 더 많은 사람들이 하느님의 진리를 만납니다. 이런 의미에서 영혼의 영웅들이 "나는 '진리'를 보았다"고 선언했습니다. 이들 순수한 영혼들은 자신들 안에서 "천국"의 정원들을 발견합니다. 이들의 마음은 "투바Tuba" 나무의 씨앗을 품고 있습니다.1) 단 하나의 원자 안에서도 우주를 분별할 수 있는 그러한 영혼들은 하느님의 지평선에 다가갑니다.

쿠란에서는 이러한 마음의 영웅들을, 양심을 가지고 생각하고, 인식하고 행동하는, 진리의 영웅으로 묘사합니다. 이들은 점잖게 말하고 자비를 베풀며, 품위 있게 행동합니다. 다른 사람들에게 창조의 지식을 친밀하게 알게 하며, 삶의 의미와 목적을 제시해줍니다. 이들 헌신적인 사람들은 모든 영혼에게 무한함의 명약을 제공합니다. 이들은 자기 자아의 깊은 곳에서 뿐 아니라 외부세계의 가장 먼 곳에서, 그리고 자기 자신의 마음 안에서 뿐 아니라 하느님이 계신 곳에서 존재합니다. 외관상으로 모순되는 이 상황은 자신들의 개인적인 이익을 완전히 버림으로써 확실히 극복할 수 있습니다. 끝없이 확장되는 수를 놓는 것처럼 자신들의 공동체의 건설을 위해 부지런히 일하며, 평화를 위해 계속 일을 할 때 모든

---

1) 투바Tuba 나무를 무슬림들은 천상세계에 있는 영원하고 영광스러운 나무로 믿는다.

사람들과 고통을 함께 나눕니다.

　이들은 이 세상을 물들이는 악들에 대항해서, 특히 자기 나라가 마주치고 있는 사람들에 대항해서 투쟁을 합니다. 부정의를 드러내는 자신의 노력을 게을리 하지 않습니다. 왜냐하면, 부정의만이 순수한 영혼을 잘못 이끌기 때문입니다. 그리고 이들은 해결책들을 적극적으로 구상합니다. 예언자들의 영웅적인 의지를 가지고, 의무에 대한 사랑으로, 강한 책임감을 가지고, 그리고 하느님에 대한 지속적인 각성을 통해서, 이들은 자기들이 닥친 문제들과 부딪힙니다. 하느님 앞에서 능력이 없고 가난한 이들은 "그분"의 힘과 부에 전적으로 의지하는 법을 배웁니다. "그분"에게 정열적이고 감사하는 이들은 다른 사람들에 대한 자신들의 책임을 짐으로 여깁니다. 이 책임감은 모두에게 적용됩니다. 자연과 사회, 통치와 안보, 과거와 미래, 산 자와 죽은 자, 젊은이와 늙은이, 배운 자와 못 배운 자, 어느 누구도 책임을 피할 수 없습니다. 이런 책임에 부담을 갖고 고통으로도 느낄 수 있습니다. 이들의 헌신은 고통스럽지만, 다른 사람들에 대한 이들의 의무는 이들의 마음속에서 언제나 최우선 관심사입니다. 이렇게 해서 이들은 우리를 하느님께 가까이 데려가는, 진정한 영성적인 상승을 보여줍니다.

　이 책임감과 함께 하는 고통은 결코 포기할 수 없는 기도입니다. 성실한 사람들에게 기도는 순수함을 향한 힘 있는 기동력입니다. 이 기도는 자신의 능력을 넘어 일 할 수 있게 해줍니다. 따라서 이들은 과거와 미래의 모든 세대들의 잠재력을 활용합니다. 여기서 우리는 자신을 위해 사는 사람과 다른 사람들을 위해 사는 사람들의 차이를 기억해야 합니다. 다른 사람들을 위해 사는 사람은 언제나 성실하고, 충실하며, 관대합니다. 이들은 다른 사람들에게 더 봉사하기 위해 자기 자신을 무시합니다. 이들은 영원한 진리의 진정한 상속자이기 때문에, 우리는 우리의 영혼을 이들에게 맡길 수 있습니다. 이들은 남들이 자기들을 따르기를 원하지 않지만, 영성적인 자산으로 하는 이들의 초청은 거부할 수 없기 때문에, 이들이 어디에 있든지 사람들은 이들에게 달려갑니다.

미래는 이들의 헌신적인 노력의 결과이며, 책임감과 성취의 전시장입니다. 우리나라, 우리 문명, 그리고 우리 문화는 이들 신앙심 깊은 사람들이 짊어지고 미래로 나아가며, 이들은 숭고한 진리의 신봉자이고, 우리의 풍부한 유산의 소유자들이며, 우리들 영혼의 진정한 설계자들입니다.

역사의 계승자로서 이들은 과거를 보물처럼 지키고, 자신들의 노력으로 우리의 전통을 풍부하게 하며, 우리의 문화를 미래 세대들에게 전합니다. 헌신적인 사람들이 이 역사적 책무를 완수하지 못한다면, 현재와 미래는 쓰레기일 뿐입니다. 이들이 게으름에 빠지고, 책임을 무시하고, 더구나 "저 세상"의 아름다움들로부터 멀어진다면, 이들은 책무에 실패하고 우리 역사의 신뢰를 배반하게 됩니다. 우리나라가 계속되려면, 미래를 우리들의 것으로 만들어야 합니다. 이러한 신념을 확고히 하지 않으면, 우리는 우리들 조상의 명예를 더럽히고 우리나라를 실망시킵니다. 바로 지금, 우리는 우리의 모든 종교, 학문, 예술, 윤리, 경제, 가족 등 모든 제도를 우리 역사의 품위에 맞게 일깨워야 합니다. 우리는 이 책임을 떠맡을 의지와 결단력이 있는 사람을 찾고 있습니다.

우리는 다른 나라의 이념이나 취향을 필요로 하지 않습니다. 사람들에게 책임감을 일깨워 줄 영혼과 생각을 가진 의사를 필요로 합니다. 일시적인 즐거움만을 약속하는 사람이 아니라, 우리 영혼의 깊이를 밝혀주고 현재 너머의 영성으로 우리를 이끄는 사람을 필요로 합니다. 자신의 책임감을 너무도 소중히 받아들여서 책임을 위해서는 "천국"까지도 포기하는 사람을 기다리고 있습니다. "해가 내 오른 손에, 달이 내 왼 손에 주어진다 해도, 나는 나의 책무를 포기하지 않을 것이다"라고 말하는 사람을 기다립니다."2) 이것은 하느님의 예언자들이 한 영성적인 약속입니다. 지평선 너머의 빛에 사로잡혀, 이들은 "내 눈에는 '천국'에 대한 사랑도, '지옥'에 대한 두려움도 없다. 나의 백성이 구원을 받는다면, 나는 지옥 불에 태워져도 좋다"고 열정적으로 말합니다."3) 두 손을 벌려 이들은 기도합니다. "오! 주님, 제 몸 하나만으로 지옥을 채우게 하시어 다른 사람들이 있을 자리를 남겨주지 마십시오."4) 이 기도는 하늘을 흔들 수 있습니다.

오늘 날 우리는 이런 영성적 깊이를 가진 사람을 필요로 합니다. 다른 사람들의 죄를 위해 울부짖는 사람, 자신보다는 다른 사람이 먼저 용서받기를 기도하는 사람, 다른 사람이 "천국"에 들어가도록 연옥 Araf에 머무는 사람, 다른 사람들이 "천국"5)에 들어갔다 해도 이들의 끝없는 즐거움에 봉사하는데 전념하는 사람을 필요로 합니다.

(예니 위미트, 1995년 4월, 제28호)

---

2) 메카의 어떤 이교도가 예언자 무함마드에게 새로운 신앙의 메시지를 전하는 것을 포기하면 보상을 주겠다고 제안했을 때, 무함마드가 이런 답변을 했다고 전해집니다.
3) 뛰어난 무슬림 학자인 사이드 누르시 Said Nursi (1960년 서거)의 말입니다.
4) 예언자 무함마드의 위대한 친구이며, 무함마드 이후 첫 번째 칼리프인 아부 바크르 Abu Bakr의 표현입니다.
5) 글자 그대로의 뜻은 "높은 곳"입니다. 이 단어 Araf는 천당과 지옥 사이에 있으며, 심판의 날에 사람들이 머무는 곳을 나타냅니다(쿠란, 7:46-49)

하느님께 바친 영혼들

하느님 사랑에 자신의 삶을 바치는 사람에게 "그분"의 기쁨을 얻는 일은 궁극적인 목표입니다. 이렇게 헌신한 사람들은 자신들의 봉사에 대한 보상으로 물질적이거나 정신적인 어떤 것도 기대하지 않습니다. 이것은 이들의 가장 특징적인 모습이며, 이들 힘의 가장 중요한 원천입니다. 이익, 노동, 성공과 같은 일시적인 삶의 가치들은 이들에게 아무 것도 아닙니다.

이 영혼들은 세상의 가치들보다 더 고귀한 이상들에게 바쳐집니다. 이들은 하느님의 선한 기쁨에만 초점을 맞추기 때문에, 이들의 목표로부터 이들을 떼어내기는 어렵습니다. 이들은 근본적인 변화를 겪었으며, 덧없는 것들을 자기 마음에서 모두 지워버렸습니다. 따라서 이들의 성격은 변하지 않습니다. 이들은 자기 자신들을 봉사라는 이상에 전적으로 바쳤기 때문에 이들은 오로지 다른 사람들이 하느님을 사랑하고 하느님의 사랑을 받는데 도움을 주기를 원합니다. 자신들의 삶을 다른 사람들의 삶과 묶어 놓고 있으며, 일시적인 어떤 기대도 하지 않습니다. 세속적인 보상보다 더 귀중한 것을 위해 일합니다. 이런 헌신 때문에 이들은 서로 하나가 되고 흩어지지 않습니다. 결과적으로 이들은 너와 나를 구별하려는 사회의 값싼 적대의식과는 거리가 멉니다. 이들은 다른 누구와도 문제가 없으며, 자신들의 공동체와 갈등을 피하려고 대단한 노력을 하며, 자기 주위의 사람들을 어떻게 도울까 언제나 생각합니다. 사회 문제에 대해 말할 때에도 다른 사람에게 덕성 있는 삶에 대한 영감을 주면서, 전사로서가 아니라 멘토로 발언을 합니다. 이들은 정치적인 영향력 행사를 피하며, 다른 사람들을 지배할 수 있는 기회로부터 도망 나옵니다.

삶의 모든 면에서 볼 때, 하느님께 바쳐진 영혼들은 자신들의 덕성과 지식을 활용합니다. 자신들의 내적인 힘의 깊이에 따라, 행동을 통해 지식을 표현함으로서 지식에 의미를 부여합니다. 이런 식으로, 이들은 이들의 덕성을 배우려는 모든 사람들에게 지치지 않는 안내자가 됩니다. 하지만 여기서 이들은 자신의 개인적인 이득은 결코 생각하지 않고, 마치 전갈과 뱀을 피해 도망치듯, 세속적인 칭찬으로부터 도망을 갑니다. 이들 내면의 자산은 어떠한 광고나 장식도 필요로 하지 않습니다. 영혼에서 우러나오는 이들의 행동은 세련된 미각을 가진 사람들을 매료시킬 만큼 달콤합니다. 따라서 이들은 과시하려는 욕심도 없으며, 자신의 가치를 부풀리려는 그럴듯한 어떤 말도 필요로 하지 않습니다. 명성에 대한 어떠한 야망도 없고 모든 힘을 다하여 마음과 영혼의 삶을 위해 노력합니다. 자신들의 모든 행동에서 하느님의 기쁨을 추구하며, 이 고귀한 목적을 위해 많은 노력을 기울입니다. 자신들 이전의 예언자들처럼, 이들은 세속적인 호의에 전혀 신경을 쓰지 않습니다.

오늘 날 우리 신앙의 토대는 공격을 받고 있습니다. 우리는 이 토대를 보호하기 위하여 우리의 모든 노력을 기울여야 합니다.[1]

---

[1] 이 구절은 특히 이른바 "2월 28일 재판" 중에 제정된 이슬람규제법을 염두에 둡니다. 1997년 2월 28일 군부의 각서이후 불안한 시기가 계속되었습니다.

사람들의 종교적인 느낌과 생각들을 지지해야 합니다. 왜냐하면 이 지지만이 이들을 맹목적인 것으로부터 구출해서 위대함을 일깨워줄 수 있기 때문입니다. 신앙이 우리들 마음 안에서 되살아나야 합니다. 다른 사람들이 우리의 전통사회의 구조를 바꾸려고 할 때, 우리는 사람들을 영성적인 삶으로 다시 한 번 이끌고 가야합니다. 사회가 전통적인 영성적 지주로부터 분리되어 있고 갈등과 분리가 확산되고 있기 때문에 이것은 결정적으로 중요합니다. 영성적인 방향의 재설정은 언제나 합의와 협력으로 이끌어줍니다.

하느님의 기쁨에 바쳐진 영혼들은 자신들의 목적이 고유하기 때문에 영성적인 공허감을 느끼지 않습니다. 진정한 신앙이 이성과 과학을 요구하기 때문에, 이들은 언제나 이성과 과학을 받아들입니다. 자신의 능력에 따라 하느님께로 다가갈 때마다 이들의 세속적이고 육체적인 야망은 녹아서 사라집니다. 이 야망들은, 하느님의 선한 기쁨으로부터 유래되는 영성적인 뚜렷한 기쁨으로 대치됩니다. 따라서 이들 바쳐진 영혼들은 마음 안에서 천사들과 대화하고 이 세상의 누구와도 협력하면서 세상이 원하는 합법적인 요구들을 충족시킵니다. 이런 면에서 이들은 세속적인 동시에 탈세속적입니다. 이들의 세속성은 이들을 자연적인 법칙들 안에 두게 하며, 이들 역시 물리적 세계의 한계들을 따라야 합니다. 그러나 이들의 세속성은 자신들의 영성적인 실체에 따라 모든 것을 측정하게 합니다.

영성적인 삶은 세속성을 어느 정도 제한하지만, 이 세상을 완전히 포기하게 하지는 않으며, 하느님께 바쳐진 영혼들은 이 세상과 결코 분리되어서는 안 됩니다. 반대로 이들은 이 세상의 중심에 서서 하느님의 대표자로서 세상의 과정을 이끕니다. 그러나 세상 자체를 위하여 그런 자세를 취하지 않고, 오히려 모든 것을 다가올 세계와 연관시키기 위해서입니다. 이런 가운데, 우리의 육체는 그 나름의 한계를 발견하고 우리의 영혼은 그 진정한 지평선을 배웁니다. 자연은 육체적인 삶을 위해 적당한 영역입니다. 그러나 영성적인 삶의 지평선은 무한한 실체들을 향하여 끊임없이 나아가야 합니다. 왜냐하면 이것이 영성적 삶의 본질이기 때문입니다. 고상한 생각들을 지속적으로 하고, 그 생각들을 보장하는 "한 분"께 우리들의 삶을 약속하며, 우리보다 다른 사람들을 더 중요하게 생각하고, 그리고 영혼의 최고봉을 언제나 추구한다면, 우리는 우리의 개인적인 쾌락의 적절한 한계들 역시 배웁니다.

영성적 깊이가 있는 이런 삶은 어려워 보일지 모르지만, 자신을 하느님께 바친 사람들에게 이 책무는 쉽습니다. 그들은 모두, 자신들 삶의 목적에 봉사하며, 지치지 않고 일하기 때문에 하느님을 만날 수 있습니다. 이들의 영혼은 언제나 다른 사람들의 마음 안에 있고, 하늘의 문에 있습니다. 경외심과 순수한 사랑으로 가득 찬 사람, 자신의 신앙을 "창조주" 안에 두는 사람, 그리고 자기 마음으로부터 말하는 사람에게 어떤 의무도 어렵지 않습니다. 이런 영웅은 하느님께 주의를 기울이며, "그분"만을 생각하고, "그분"과 더 가까이 하려고 모든 기회를 활용합니다. 그 대답으로 하느님은 이들에게 특별한 은총을 내리고, 다른 사람에게 이들의 특권적 지위를 보여주며, 천상의 행복으로 이들의 충성심을 보상해줍니다[2].

여러분의 헌신이 진정하고 거짓이 없다면, 하느님께서는 여러분에게 언제나 특별한 은총을 허락합니다. 당신의 노력을 하느님

---

[2] 쿠란, 6:52

이 알고, 하느님께 한 당신의 약속의 정도에 따라 당신은 천상대화를 나누는 대상이 됩니다. 그러나 무엇보다도 먼저, 하느님의 기쁨을 당신 삶의 궁극적인 목표로 만들어야 합니다. 그런 다음 당신의 생각, 말, 행동의 성실함은 당신에게 다가올 세상 안의 빛나는 천국을 보장해줍니다. 하느님 은총의 순풍을 타고 항해를 하는 운이 좋은 사람은 하느님께로 부드럽게 나아갈 수 있습니다. 이렇게 운이 좋은 사람을 묘사하는 쿠란은 음미해볼 가치가 있습니다.

> 마음과 눈이 끝나는 날이 두렵기 때문에.
> 하느님을 기억하고, 기도를 계속하고, 자선을 베푸는 사람을,
> 어떤 거래나 이익도 떼어 놓을 수 없네,
> 하느님은 그런 사람을
> 최선의 행동에 따라 보상을 해주고, 자비를 더 베풀고
> 원하시는 것을 한 없이 주시네.[3]

하느님께 복종하면서, 바쳐진 영혼들은 걱정과 비탄의 부담을 벗어나 자유를 얻습니다. 모든 것이 드러납니다. 이들이 영성적인 영역에서 이루는 성취에 비하면, 이 세상의 일시적인 축복과 쾌락은 더러운 식탁 위에 남겨진 빈 그릇에 불과합니다. 이들 마음의 세계 안에 반영된 영원한 아름다움들에 비교할 수 있는 물리적인 세계의 일시적인 내용들은 무엇입니까? 자연이 봄에 녹색으로 변하지 않고 여름에 빛이 바랩니까? 영원함을 향하는 영혼들은, 영원히 지속되는 하느님과의 '함께 함'을 약속하지 않는 모든 것을 거부합니다. 이들의 마음은 무한함의 정원을 향해 있으며, 이 세상

---

[3] 쿠란, 24:37-38.

이나 이 세상의 많은 혼란들도 이들을 넘어지게 하지 못합니다.

(스즌트, 2000년 10월, 제261호)

제6장
이슬람

이슬람의 본질

진리의 사랑에는 두 가지 측면이 있는데, 하나는 넓은 의미의 과학(학문)이고 다른 하나는 종교입니다.1) 의식과 우주는 실체의 발견과 실체에 대한 태도를 통하여 서로 관계를 갖습니다. 실체의 발견은 과학의 주제이지만 종교적인 지식의 연구도 포함하며, 실체에 대한 태도는 종교 자체에 의하여 형성됩니다. 존재의 분석에 기초하지 않고 진리의 사랑을 지침으로 하지 않는 과학은 비전의 부족에 시달리며, 그 발견들은 모순으로부터 벗어날 수 없습니다. 어떤 개인적인 이익을 위해 추구되는 과학은 막다른 골목에 확실히 도달합니다. 마찬가지로 특정 철학이나 교의가 과도하게 지배하는 지식은 불가피하게 혼란을 야기합니다. 종교, 특히 이슬람의 경우는, 지식의 원천들을 분명하게 구별하고 동시에 진리에 대한 사랑을 표현합니다. 자연과학의 영역 너머에 있는 본질과 관련해서 종교는 확실한 안내자이며, 그 스타일이 분명하고 방법론은 심오합니다.

불행하게도 과학은 너무도 자주 특정 철학이나 교의에 사로잡

---

1) 귤렌은 일림ilim (원래 아랍어에서는 일름ilm)을 '과학'을 나타내기 위해 사용합니다. '지식'도 의미하는 일림은 전통적으로 체계적인 모든 연구들을 의미하며, 자연과학, 사회과학, 인문학 등 오늘날의 모든 분야를 나타냅니다.

혀서 과학의 초점을 좁혀버렸습니다. 이렇게 하면 과학은 진리의 장애가 됩니다. 우리 천상의 실체인 종교마저도 광신자들의 손에서는 증오의 원천이 됩니다. 과학이 이런 상반되는 요소를 가지니 얼마나 모순입니까? 과학 학교를 생각해봅시다. 과학의 자연적 본질은 성전과 같이 신성하지만 특정 세계관에 사로잡혀 있습니다. 이런 학교에서 과학은 편협의 장소가 되며 자유를 가로 막습니다. 스스로를 저주하면서 가장 불행한 무지보다도 과학은 불길하게 됩니다. 편협한 이익의 도구가 되어버린 종교의 성전은 정치 모의 장소보다 더 작게 되고 타락하여 형식주의에 빠져버립니다. 종교와 종교적 삶의 초월성은 사라집니다.

과학을 얘기하지만 야망과 이념만을 추구한다면, 더 이상 신성하지 않습니다. 이와 같은 학교는 우리의 욕망, 야망과 증오를 날카롭게 하는 영역일 뿐입니다. 자비를 얘기하지만 자기에 동의하지 않는 사람들을 살육하고 이들을 불신자나 위선자로 몰아세운다면, 우리의 기도 장소는 사람들을 하느님으로부터 멀어지게 하고 이들의 마음을 어둡게 합니다. 이것은 계시의 목적이 아닙니다. 오늘 날 존재하는 종교에 대한 적대감은 사탄을 기쁘게 하는 편협함입니다. 종교를 방어하려고 치켜든 주먹역시 적대자들과 마찬가지로 나쁩니다. 다른 견해들에 대한 공격은 천사들을 비탄에 잠기게 하는 무지를 드러냅니다.

진정한 신앙을 알지 못하고 양심에 어긋나는 말을 하면 하느님의 사랑을 빼앗기고, 하느님에게 소중한 것을 소중하게 여기지 않는다면, 이런 사람은 겉보기와는 관계없이 진정한 종교인이 아닙니다. 겉모습을 진정한 종교로 잘못 아는 일은 종교 자체의 보편적인 핵심을 모독하는 일입니다. 우리가 경험을 통해 종교와 과학을 잘못 알아서 이것들을 자비인 것처럼 여긴다면, 우리의 욕망과 야망이 과학과 종교를 지배할 것입니다. 이것이 우리 인간들의 기본적인 약점입니다. 우리는 실제보다 더 훌륭하게 보이기를 원하고 당연한 몫 이상을 받으려고 합니다. 그리고 종교와 과학이 사회에서 평판이 좋으면, 우리는 우리의 약점을 사회의 평판 뒤에 쉽게 숨기려고 합니다. 다른 말로 하면, 우리는 우리 약점을 메우기 위해 종교와 과학을 활용합니다. 이러한 인간의 약점에 대항하는 가장 강력한 무기는 진리에 대한 사랑입니다. 우리의 영혼과 마음으로부터 이런 녹을 닦아낼 수 있는 명약은 정말이지 진리에 대한 사랑입니다. 우리의 영혼이 이 사랑에 사로잡힐 때 인간의 약점은 녹아버립니다.

    진리에 대한 사랑은 우리를 하느님께로 이끌며 창조와 연결시켜줍니다. 이 사랑을 예언자들이 먼저 실천했으며, 이들의 안내에 따라 사람들은 이 사랑을 품에 안았습니다. 처음부터 하느님의 모든 예언자는 사랑의 사령관처럼 사람들을 이끌었습니다. 예언자들의 행동은 사랑의 화폭 위에 수를 놓았습니다. 이들의 개인적인 존재들은 하느님 사랑의 연못 안에 녹아 있습니다. 하느님의 사랑은 이들 사명의 진정한 가치입니다. 예수의 삶은 모든 형태로 인류의 사랑을 선언한 한 편의 시입니다. 인류의 자랑인 무함마드 예언자는 "나의 말은 사랑하는 사람들의 군대를 위한 기수이다"라는 푸줄리Fuzuli 시[2]가 진리임을 보여주었습니다. 그의 삶이 이 하느님의 사랑을 목소리로 드러냈으며, 그가 자신의 사랑을 더 이상 참을 수 없었을 때, 그는 이 사랑의 영원한 표현들에 눈을 맞춘

---

[2] 푸줄리(1556년 서거): 터키의 위대한 시인.

채 저 세상으로 걸어들어 갔습니다. 신앙심을 가지고 주의 깊게 읽으면, 쿠란의 메시지는 사랑이라는 것을 알 수 있습니다. 사랑을 통해 갈망과 재결합은 이루어집니다. 진리에 대한 열정, 지식에 대한 사랑, 탐구와 진지한 조사의 수행, 명상 훈련 들은 사랑의 모든 면을 보여줍니다. 쿠란은 신자들을 다이아몬드 광산으로 들어오라고 손짓하며, 이 광산 안에서 호기심 많은 탐구자는 방문할 때마다 새로운 보물들을 발견합니다. 말로 표현할 수 없는 기쁨에 사로잡혀 쿠란을 주의 깊게 탐구하는 모든 사람은 경이로운 새로운 것들을 발굴합니다.

　그 내용이 풍부한 쿠란은 수세기 동안에 걸친 우리들의 고통을 덜어주고 상처를 유일하게 치료해줄 수 있습니다. 그러나 불행하게도 쿠란을 우리에게 전해주는 사람들의 영혼은 빈약합니다. 이들의 열정은 진리를 향하지 않고, 이들의 학습은 피상적이며, 이들의 판단은 뒤틀려 있습니다. 그들은 스스로에 대한 반성은 하지 않고 남을 비판하기를 더 좋아합니다. 자기 이익을 선호하고, 이성 대신에 야망을 부추기고, 내면의 깊이보다는 외양에 더 신경을 씁니다. 쿠란의 메시지를 이렇게 잘못 전해주는 일은 종교에 대한 오늘날의 전반적인 관심 부족과 결합해서, 쿠란의 완벽한 순수성을 흐리게 하며, 주저하는 영혼들에게 의구심을 심어줍니다. 물질적인 이익에 눈이 먼 이같이 잘못된 신앙은 쿠란의 황홀한 우주를 드러내기는커녕 영혼과 그 의미를 이해하지도 못합니다. 초월에 대한 그들의 모든 말잔치에는 깊은 메시지가 없습니다.

　쿠란은 균형에 대한 깊은 가르침입니다. 보편적 조화로 나아가는 길을 제공해주며, 이 조화 안에서 개인과 가족, 사회, 그리고 피조물들 사이의 관계는 균형 상태를 이룹니다. 그러나 우리들 자신의 폭 좁은 논리는 보편성 안에 자리한 광대함을 제한하며, 초월성을 평범함으로 축소합니다. 그래서 우리는 쿠란의 영광을 자꾸 자꾸 사라지게 만듭니다. 사이드 이븐 주바이르Said ibn Jubayr, 아부 하니파Abu Hanifa, 아흐마드 이븐 한발Ahmad ibn Hanbal, 그리고 사라크시Sarakhsi 같은 이슬람 역사의 위대한 인물들은 쿠란의 진정한 영성을 간직하는 전통을 남겨주었습니다.3) 이들은 부정의나 억압에 결코 굴복하지 않음은 물론 이것들을 조장하지도 않습니다. 이들의 판단은 언제나 양심 속에 뿌리를 두고 있으며, 이들의 양심은 언제나 하느님께 열려 있습니다. 이들은 왕궁의 쾌락보다는 감옥의 고통을 선택합니다. 이들은 사상과 양심의 자유를, 하느님께 봉사하는 진정한 깊이를 찾는 자유를 선택합니다.

목적이 분명한 사람은 목적을 위해 죽습니다. 그리고 이들은 죽어서도 우리들의 기억 속에서 안식을 취하면서, 우리와 함께 공유하고 영원히 남을 양심을 우리에게 심어줍니다. 이런 고상한 영혼들과는 달리 개인적 이익의 노예들은 진지한 어떤 것에도 관심이 없으며, 자신들의 욕망에 눈이 멀어 있습니다. 이들은 비참함 속에서 살고, 이들의 유산은 저주이며, 이들이 맞는 유일한 종말은 재앙 위의 재앙입니다. 하지만 쿠란의 진정한 제자는 이상적인 사람들로서 무한함으로 나아가는 짐을 지고 있습니다. 사랑과 정열, 흥분과 열정의 삶을 통해 다른 사람들이 실제라고 부르는 것을 초월합니다. 너무도 용감하기 때문에 방탕한 영혼들은 이 제자를 미쳤다고 짐작합니다. 고상한 이상은 새총과 같습니다. 이 새총은 우

---

3) 이들 역사적이고 존경받는 무슬림 학자들은 자신들의 평범한 생활습관, 사회 정의에 대한 헌신, 인권의 옹호 등으로 잘 알려져 있습니다. 이들은 각자 당대에 정권의 탄압을 받고 투옥되었습니다.

리를 욕망과 야망의 장애들 너머로 쏘아 올려 영성적인 영역으로 들어가게 합니다. 이상에 눈을 맞춘 사람들은 로켓처럼 궤도로 날아 들어가 하느님을 볼 수 있는 황홀한 자리를 발견합니다. 이슬람은 이같이 이상적인 사람을 지지해주는 풍부한 샘이며, 예언자 무함마드는 이 사람을 배려하는 동행자입니다. 무함마드는 가장 신앙심 깊은 이슬람의 대변자이고 영원한 해설자이며, 천상계시의 시작부터 모든 것을 해설해줍니다. 따라서 무함마드는 무엇이 가장 완벽한 것인지, 무엇이 가장 인간적인 것인지를 추종자들에게 알려주는 안내자와 같습니다. 그는 개혁가, 입법자, 그리고 혁명가이며, 그가 확립한 교의는 미래를 향해 멀리 확산됩니다. 쿠란의 지혜를 소중히 여기지 않거나 무함마드를 쿠란의 가장 능력 있는 해설자로 받아들이지 않는 사람은 어느 누구도 이슬람의 진리를 얻을 수 없습니다. 이런 불행한 사람들에게 종교는 신화에 불과하거나 낡은 생각에 지나지 않으며, 시간의 때와 찌꺼기로 가득 찬 괴물에 불과합니다.

쿠란은 너무도 깊고 무한하고, 너무도 순수하고 풍부한 샘물이기 때문에, 쿠란에 접근하는 모든 사람의 이해를 넘어섭니다. 하지만 모든 사람에게 영성적인 만족을 주는 원천입니다. 쿠란에 대한 우리의 이해가 늘어날수록, 쿠란은 우리에게 무지개처럼 나타나지만 우리가 잡을 수 없는 저 너머에 언제나 있습니다. 진정한 종교적 삶은 초월적인 헌신으로서 쿠란으로부터 시작되어 우리를 형성시킵니다. 이슬람을 성실하게 따르는 사람들은 쿠란의 흉내 낼 수 없는 아름다움을 경험합니다. 그 아름다움은 우리의 일상생활처럼 단순하지만, 우리가 상상할 수 있는 것보다 더 완벽합니다.

(스즌트, 1997년 11월, 제226호)

이슬람의 그늘에서 쉬기

이슬람의 그늘에서 쉬는 것은 하느님의 축복을 받는 영광입니다. 쿠란의 안내를 받는 행운을 갖지 못하는 사람은 이런 삶의 매력을 즐길 수 없습니다. 그러나 쿠란의 유일함을 아는 사람들은 자신이 "천국"의 정원에 있는 것처럼, 정원 주위의 모든 것에 대해 미소를 띠면서 살 수 있습니다. 이들은 이슬람의 보호막에 대해 하느님께 감사를 드리며, 자신들 주위의 이 세상을 감사의 마음으로 받아들입니다. 이들이 보거나 듣는 모든 것은 쿠란을 일깨워주며, 쿠란 구절을 외우게 합니다. 이들은 성찰의 깊은 즐거움을 느끼며, 하느님을 향해 자신의 생각이 나아가는 것에 대해 매혹됩니다.

쿠란은 현상 안의 진리를 받아들이고 해석하게 가르쳐줍니다. 이슬람의 그늘에서 쉬는 사람은 자신들이 이해하는 것 안에서 즐거워하며, 자신들이 이해하지 못하는 것에 대해서는 하느님께 복종합니다. 따라서 이들에게는 지속적인 고민, 혼란이나 의기소침은 결코 없습니다. 즐거울 때에 이들은 하느님께 감사하고 하느님을 찬양하며, 그래서 이들의 즐거움은 한층 더 의미 있게 됩니다. 곤경과 혼란의 때에 쓰리고 시리게 나타나는 일들을 이들은 지혜를 통해 부드럽게 만듭니다. "이 또한 지나가리라." 이슬람의 그늘 안에서, 경건한 신자는 가장 어두운 때에도 화려한 색채의 수를 놓습니다. 이들을 만나거나 경험하는 사람들 누구나 "천국"의 사람들이 갖는 평화와 즐거움을 알 수 있습니다.

우리의 삶이 이슬람의 깊이, 특색, 양상 등을 철저하게 드러내고, 쿠란과 일치된다면, 우리는 두드러지게 높아지며 진정한 저 세상 사람이 됩니다. 우리는 존재의 목적, 피조물에 나타나 있는 지혜, 인간 생활의 신비와 의미, 자연에 대한 우리들 책임의 특징, 그리고 다가 올 것에 대한 가치 등을 이해하게 됩니다. 우리는 우리들 마음 안에 있는 빛나는 소용돌이 장식을 따라 올라가 실체의 지평선을 넘어가서 "영원한 한 분"의 본질을 이해하게 됩니다. 우리는 우리의 놀라운 행운에 감탄하면서 "이것이 바로 삶이다"라고 우리 자신에게 말합니다.

많은 사람들은 우리 시대의 섬뜩한 사건들 때문에 공포를 느끼지만, 이슬람의 그늘 아래서 우리는 하느님께 복종하는 우주의 운행을 이해합니다. 따라서 이 광활한 우주는 우리에게 따뜻한 가정과 같습니다. 우리는 모든 대상에 대해 친밀감을 느끼며, 모든 피조물들과 사랑을 나누고, 이런 행복을 우리에게 허락한 하느님께 감사드립니다. 쿠란의 그늘에서 피조물은 외관보다 더 다양하고, 더 풍부하며, 더 의미가 있습니다. 세계는 베일을 벗고, 우리는 3차원 공간 너머의 영역을 보는 것 같습니다. 모든 사람이 이런 드러냄을 함께 하지는 못해도, 우리 모두는 우리 마음 안에서 신앙이 풍부하기 때문에 첫 번째 보는 것보다 세상이 훨씬 더 넓다는 것을 발견하게 됩니다. 우울증에 걸려서 쇠약해진 죄수들과는 달리, 우리는 광활한 궁전에 초대받은 영예로운 손님들처럼 행복한 미래가 약속되는 보호막을 차지합니다.

이슬람 사상에 따르면, 너무도 넓고 즐길만한 이 세계는 창조의 한 차원입니다. 물리적인 영역의 장엄함은 그 너머의 형이상학적인 영역을 가리고 있는 커튼일 뿐입니다. 진정한 아름다움은 겉면 너머의 영역 안에 드러나 있습니다. 이슬람 사상에서 모든 것은 형이상학적인 영역으로부터 비롯되어 이 자연 세계에 그 모습을 보이며, 저 세상에서도 지속됩니다. 이 자연 세계는 지나가는 정거장에 불과하며, 그 축복은 다가오는 축제의 맛보기일 뿐입니다. 우리의 여행은 이 세계 너머 멀리로 우리를 데려갑니다. 무덤이라는 중간 영역에서 우리는 영원한 미래를 언뜻 보며, 전율을 느끼면서 최후의 심판이라는 거대한 뜰로 들어가며, 그 너머에는 영원한 아름다움이라는 고상한 정원이나 무서운 깊은 구렁이 놓여 있습니다. 예언자 무함미드가 놀라움으로 묘사한 "천국"은 "어떤 눈으로도 보지 못했고, 어떤 귀로도 듣지 못했으며, 어떤 마음으로도 상상하지 못했지만", 우리 긴 여행의 마지막 정거장입니다.

이런 영원이라는 관점을 가지고 무슬림들은 모든 것을 다르게 보고, 다르게 평가하며, 이런 차이를 자신의 모든 행동으로 나타냅니다. 무슬림은 자신이 땅 위에 있는 하느님의 대리자임을 알고, 모든 것이 자신의 소관 아래 있다는 것을 압니다. 이러한 진리는 자신의 양심 안에서 깊게 울립니다. "당신의 주님께서 천사들에게 말씀하셨네, 나는 땅 위에 대리자를 보냈노라."[1] 무슬림은 이런 특별한 책무 앞에서 하느님께 지극한 감사를 드리면서 허리를 굽힙니다. "당신께서는 하늘과 땅에 있는 모든 것을 당신이 쓰시려고 두셨네."[2] 이런 영예는 시간으로 잴 수 없는 심연으로부터 나

---

1) 쿠란, 2:30
2) 쿠란, 45:13.

오고, 무슬림은 자신이 이 영예를 받는 가장 첫 번째 사람인 것처럼 기쁜 마음으로 반깁니다. 자신에게 허락된 모든 것을 미래에 자신의 것이 될 것으로 여기면서, 예언자들의 길을 따라 숨을 헐떡이며 달려갑니다. 이렇게 가는 길에서 무슬림은 하느님에 대한 신뢰를 결코 잃지 않으며, 창조주께서 내린 명령을 조심스럽게 따릅니다. 부지런히 일하면서 무슬림은 자신 노력의 결과가 하느님으로부터 올 것을 압니다. 무슬림의 삶은 균형이 잘 잡혀져 있으며, 자연의 법칙들을 존중하면서 하느님을 신뢰합니다. 하느님의 보호를 의식하며, 평화, 안전, 만족을 가지고 편안하게 숨을 쉽니다. 이 마음의 평안함은 얼마나 기쁩니까? 영성적인 지평선에서 이 삶은 얼마나 즐겁습니까?

이슬람의 그늘에서 쉬는 것은 당신의 마음을 하느님께 향하게 하는 것입니다. 이런 삶은 지상으로부터 부패를 제거하고 나라들 사이에 평화를 구축하는 힘을 가졌다고 말해야 적절합니다. 이슬람은 우리가 오랫동안 갈망해 온 잃어버린 평화이며, 이슬람 안에서 우리는 사회가 갖추어야 할 인간과 자연 사이의 **조화를 발견합니다**. 오늘날 사람들이 이슬람의 약속들을 인식할 수 없는 이유는, 이슬람의 메시지를 믿지 못하는 우리들 자신의 오류와 더불어, 우리 적대자들의 반감과 편견 때문입니다. "쿠란을 치유와 자비를 위해 드러내노라."[3] 전능하신 하느님은 이 "책"이 모든 고뇌를 치유하는 책이라고 일깨워주시며, 치유를 위해 이 책에 의존하라고 우리를 부르십니다. "이 쿠란은 올바른 길을 진정으로 보여준다."[4] 어떤 문도 열 수 있는 신비의 열쇠를 하느님은 우리에게 주십니다.

---

[3] 쿠란, 17:82.
[4] 쿠란, 17:9.

그래도 우리 가운데 많은 사람들은 게으름과 무지에 사로잡혀, 이 소중한 열쇠를 사용하지 못합니다. 일상생활에서 간단한 기구가 고장 나면 전문가를 부르거나 수리에 맡기는 것을 주저하지 않습니다. 그러나 우리의 영성생활과 관련해서는 같은 절차를 종종 따르지 않습니다. 우리를 "만드신 분"께 자문과 충고를 구하지 않습니다. 우리를 만든 사람이 우리를 어떻게 고칠 지 아는 것은 분명합니다. 복잡하지만 가치 있는 피조물인 우리는 우리들의 내적이고 외적인 문제들에 대해 "모든 것을 아는 창조주"에게 가야합니다. 그러면 "창조주"는 그 해결책과 안내를 위해 우리에게 쿠란을 추천하실 겁니다. "그분은 모든 사람의 마음을 아십니다. 창조하신 그분께서 어떻게 모르실 수 있습니까? 그분은 모든 것을 아시고 모든 것을 의식하고 계십니다."5)

오늘 날 이슬람에 대한 사람들의 무관심은 우리들의 오류로 역사에 기록될 겁니다. 미래 세대들은 "그들이 좀 더 분별이 있었다면"이라고 말하면서 우리를 기억할 겁니다. 그러나 그 때에는 이미 이런 후회는 아무 소용이 없습니다. 따라서 우리가 이슬람의 진정한 약속들을 분별하고 우리의 역사적 임무를 수행하는 것이 매우 중요합니다. 이 운명을 함께 하고 있는 오늘의 이 세대가 그 수행을 잘 할지 저는 의심합니다. 그러나 할 수 있기를 바랍니다. 이 세대가 이슬람으로 되돌아오고, 쿠란이 주는 영혼과 그 의미를 되찾으면, 이 세대는 다시 태어납니다. 정말이지 쿠란은, 존재, 생명, 그리고 덕성과 관련한, 독창적인 아이디어, 영원한 규율, 그리고 불멸의 가르침의 독특한 원천입니다. 우리는 이슬람의 이 "책"

---

5) 쿠란, 67:13-14.

이 오늘 날의 사회를 위한 새로운 가능성들을 창조하고, 대안적인 사고방식들을 제공하며, 고통에서 해방시켜주리라고 강력하게 믿습니다. 그러나 이것은 우리들이 존재 안에서 우리의 위치를 진정으로 다시 정립하고 하느님의 부르심에 따라 살 때에만 가능합니다. 지난 여러 세기 동안의 오랜 잠에서 깨어나는 무슬림들의 이런 '다시 태어남'은 이 세계의 나머지 부분에게도 많은 것을 제공할 겁니다.

과거에 무슬림들의 '다시 태어남'은 공동체들이 자신들과 삶의 보편적인 법칙들을 면밀하게 보기 시작했을 때 나타났으며, 그들은 자연의 신비들과 종교적인 생각들을 조화시켰고, 하느님의 도덕적인 계명들과 자연의 지배 사이에는 어떤 갈등도 없다는 것을 분별했습니다. 마찬가지로 역사 안에서 무슬림 공동체의 붕괴는 이런 조화로운 종합을 유지하지 못할 때 나타났습니다. 인간과 우주, 그리고 하느님 사이의 관계를 진정으로 이해하지 못하는 오늘날은 우리에게 커다란 역경을 안겨줍니다. 우리는 혼란을 접하고 있으며, 이런 저런 고뇌로 방황하고 있습니다. 이런 죄악의 상황에서 우리가 벗어날 수 있는 유일한 방법은, 우리가 현대 지식의 빛 안에서 이슬람 사상을 회복시키고, 우주를 지배하는 하느님 창조의 법칙들과 하느님에 대한 우리들의 관계를 규정하는 종교의 법칙들 사이의 조화를 다시 살릴 때에만 우리에게 주어집니다. 근래에 이런 조화를 위한 우리들의 잠재력은 완전히 무시되지는 않았지만 간과되어 왔습니다. 그래서 우리는 삶의 안정성을 잃었고 연속적으로 사회 문제들이 발생했습니다. 간단히 말하면, 우리는 존재와의 조화로운 관계를 왜곡했으며 하느님은 당신의 축복을 거두신 겁니다. 이것은 하느님의 불변의 법칙입니다. "하느님은 자비를 결코 바꾸시지 않습니다. 사람들이 자신들 안에 있는 것을 바꾸지 않으면 하느님은 사람들에게 자비를 베푸십니다.6) 우리 자신을 보호하는 가장 안전한 방법은, 따라서 하느님 뿐 아니라 창조와의 올바른 관계 유지입니다. 그렇기 때문에, 이 중요한 책무는 쿠란을 굳게 붙드는 세대들만이 수행할 수 있었습니다.

(스즌트, 2000년 11월, 제262호)

---

6) 쿠란, 8:53.

이슬람의 특징들

이슬람은 시간과 공간을 넘는, 영원함에 뿌리를 두고 있습니다. 이슬람은 사람의 마음에 호소하며, 이 마음의 호흡은 하늘과 땅을 둘러싸고, 그 종착점은 이 세상과 저 세상에서의 행복입니다. 이슬람은 영원함으로 확장되는 쭉 뻗은 길입니다. 모든 마음들을 고쳐시키기 위해 하늘로부터 내려온 사고체계가 이슬람이며, 가장 고귀한 사람인 무함마드로부터 시작하여 영원한 삶을 향한 인간의 갈망을 실현합니다.

이슬람이 이 땅위에 처음 세워진 이래, 이슬람은 사람들의 마음을 정복하려는 노력에 모든 에너지를 집중했습니다. 인간의 양심에 자취를 남기고 우리가 공유하는 삶의 모든 면에 스며들었습니다. 우리의 삶에 끼치는 이슬람의 영향은 우리가 이슬람을 마음 속에 받아들이는 깊이와 관계있습니다. 우리 영혼에 이슬람이 뿌리를 더 깊이 내릴수록, 그 영향은 보다 풍부하게 우리의 삶과 환경에 나타납니다. 한 사회가 이슬람 성향을 보이는 비율은, 신자들의 이슬람에 대한 내적 헌신의 정도에 직접 관계됩니다. 바로 이 영성적인 실체가 한 사회의 도덕적, 경제적, 정치적, 그리고 문화적 생활의 방향을 결정지으며, 사회생활의 모든 면에서 자신을 드러냅니다.

이슬람의 근본적인 메시지는 "어떤 신도 없고 하느님만 계시며, 무함마드는 하느님의 메신저이다"입니다. 이 짧은 두 문장은 절대적인 하느님의 단일성과 그것을 얻을 수 있는 방법을 선언합니다. 신앙의 모든 문제들은 이 표현 안에 나타나 있습니다. 신앙의 위대한 나무는 진리의 이 핵심으로부터 시작하여 지혜의 열매를 맺으면서 깨달음의 끝을 향하여 가지를 뻗습니다. 결국 내적 인식의 모든 운동은 우리의 모든 지식들을 열정적인 사랑으로 전환시킵니다. 이 사랑은 우리 존재를 감싸고 우리 양심을 다시 형성시킵니다. 이 새로운 영성적인 존재는 '사랑을 하는 사람'의 모든 행동에서 그 모습을 드러냅니다. 예배와 봉사, 사회관계들과 일, 그리고 자신의 문화적이고 예술적인 행위들 안에 이 존재는 반영됩니다. 이런 식으로 신앙과 지혜를 가진 사람은 자신의 내적인 삶의 진리를 언제나 실천합니다. 이들은 자신들 안에 있는 사랑과 영성적인 희열을 표현할 수밖에 없습니다.

우리들은 영성적인 깨달음의 수준을 언제나 같게 유지할 수는 없지만, 우리가 신념을 뿌리 깊게 가진다면 우리가 깨달음을 얻건 얻지 못하건 간에 우리의 행동은 바르게 지속될 겁니다. 이러한 내면의 역동성은 자연적으로 우리의 생활방식을 결정합니다. 다른 말로 하면, 존재 안에서 우리의 위치에 대해, 우리가 창조된 목적, 그리고 그것을 달성하려는 책임감 등에 대해 우리가 생각하는 방식은 우리 의식 전체에 영향을 끼칩니다. 시간적으로 보면 이러한 상황은 제2의 본성이 됩니다. 우리의 진정한 삶의 틀을 구성하는 것은 바로 이 제2의 본성입니다. 영성적인 훈련이 이 수준에 도달하면, 우리의 생각과 행동은 언제나 하느님을 위한 봉사 안에 확실하게 있게 됩니다. 그리고 이런 봉사를 하면, 우리 생활의 모든 측면은 조화롭게 바다로 함께 흘러들어가는 강물처럼 보이게 됩니다.

　신앙은 영혼을 가진 사람의 원동력이며, 예배는 이 신앙을 간직하고 지탱해줍니다. 도덕성과 덕성은 신앙의 분명한 표식이며, 문화와 예술 역시 마찬가지입니다. 이슬람 예술은 추상화된 아름다움의 추구를 현실로 드러내며, 인간형상주의나 천박한 물질주의에 반대하여 초월적인 하느님의 단일성을 강조합니다. 이슬람 예술의 추상적인 특징은 언제나 새로운 해석을 추구하며, 따라서 우리는 물 한 방울로 대양을 파악할 수 있고 단 한마디 단어로 엄청난 양의 말을 합니다. 이슬람 문화는 인류 전체의 실제 모습을 대상으로 합니다. 이슬람 예술 안에서 우리는 과거로부터 현재까지 우리에게 속한 모든 것을 발견합니다. 우리는 이런 문화유산을 계속 발전시켜야 하며, 미래 세대에게 물려주어야 합니다. 오늘 날 우리의 책무는 우리의 전통을 보존하고 우리의 역사적인 정체성을 유지하려고 분투하는 일입니다. 전통과 정체성을 새로운 사고를 통해 끊임없이 풍부하게 하면서 우리는 우리 자신의 신념에 충실해야 합니다. 우리는 이슬람의 유산에 가능한 한 의존해야 하며, 우리 행로의 지침으로 삼아야 합니다. 우리 자신의 문화 안으로부터 우리는 창조를 명상해야 하며, 우리의 위대한 전통 정신 안에 새로운 생각들을 언제나 집어넣어야 합니다.

　다른 전통이나 문화들이 우리의 것들과 양립할 수 있는 한, 이슬람은 다른 가치들에 대해 완전하게 열려있습니다. 그 뿌리에 관계없이 유용한 모든 것을 이슬람은 추구하고, 발견하며 활용합니다. 고대 세계에서 이슬람은 당대의 과학 기술 발전을 받아들이고 활용하였으며, 미래를 위해 이것들을 간직했습니다. 우리는 이런 일을 다시 해야만 합니다. 인간은 땅 위에 있는 하느님의 대리자이기 때문에 무슬림들은 깊은 사랑으로 진리를 그리고 열정으로 지식을 연구해야 하며, 인간의 모든 영역에서 전문성을 획득해야 합니다. 하지만 종교 연구에서 쿠란과 예언자 무함마드의 가르침에 관한 주제는 우리들 자신의 텍스트에 의존해야 합니다. 자연과학이나 사회과학 연구에 우리가 기꺼이 참여하고 수행해야 하며, 이들 분야는 모든 인류의 유산이며 어떤 종교나 문화 전통에 국한되지 않습니다. 우리 자신들의 종교와 문화 정체성을 즐기면서, 우리는 이들 공동의 연구들에 참여하고 기여하며 유익함을 끌어내는 일에 참여할 준비가 언제나 되어 있어야 합니다. 이슬람 문명의 역사가 분명히 보여주는 사실은 이러한 수용적인 태도가 종교와 과학 사이의 불필요한 갈등을 방지할 수 있었다는 점입니다.

이슬람은 삶에 대한 독특한 체계를 가지고 언제나 인간을 표현해왔습니다. 이슬람이 처음 모습을 보였을 때, 이슬람은 이전에는 없었던 것이었으며, 역사가 진행됨에 따라 이슬람에 대등한 상대는 없었던 것으로 증명되었습니다. 이슬람은 인간의 삶을 다시 규정하는 원칙들을 소개했고, 이세상과 저세상에 대한 새로운 해석을 제공했으며, 하느님과 인간, 그리고 우주 사이의 관계를 변화시켰고, 신성 개념에 대한 갈등을 종식시켰습니다. 이슬람은 삶과 죽음 모두에 대해 의미를 부여하였습니다. 이슬람은 인간의 문제에 대해 대답하였으며, 이슬람에 관심이 있는 사람들의 마음과 영혼에 지적인, 영성적인, 논리적이거나 감적적인 구멍을 남겨 놓지 않았습니다. 이슬람은 이미 존재했고 실천되었던 것처럼 확산되었고 번창했습니다. 인간의 문제들에 대한 해결책들을 지체 없이 제공하는 역동적인 체계임을 증명했습니다. 개인, 가족, 사회, 경제, 정치, 문화 등 삶의 모든 구석구석을 파고들었습니다.

서양 철학으로 이해하자면 가장 초기의 이슬람이 "이상주의"는 아니었습니다. 이상주의의 태양은 카프$_{Qaf}$ 산의 알려지지 않은 풀밭 위로 솟아오릅니다.[1] 이 태양의 햇빛은 세상의 현실에 도달하지 않고 꿈에 의해 굴절되었고 자기 자신의 해석 안에서 실종되었습니다. 반대로 이슬람은 삶의 모든 영역에 적용될 수 있는 고유한 체계를 약속했습니다. 이슬람의 부름에 주의를 기울인 사람들은 이슬람 안에서 인간의 가장 내면적인 본성과 같이 깊은 곳에서 발전된 체계를 발견했습니다. 성립 때부터 이슬람은 개인적인 양심부터 공적인 삶의 도덕적인 표현에 이르기까지 모든 면을 다루었으며, 어떤 신자도 내버려두거나 약하게 놔두지 않았습니다.

이슬람은 무엇보다도 영성적이며, 개인들의 의식 안에서 출발합니다. 한 곳에 자리 잡으면, 그 주변에 확산되어서 영원한 존재에 대한 메시지를 가져다주고 관심을 갖는 모든 것을 변화시켰습니다. 이슬람의 모든 메시지는 보편적인 평화의 노래이며, 사회적 조화의 작품이며, 관용과 대화의 찬가입니다. 무례와 증오는 이슬람의 적대자들이나, 이슬람의 진리를 모르는 사람들 안에서만 발견될 뿐입니다. 빛나는 본질에도 불구하고, 이슬람은 정기적으로 이런 그림자에 가려졌습니다. 이슬람의 적대자들이 그들의 반감을 그치고, 이슬람의 동조자들이 이슬람에 충실하게 되면, 이슬람은 지상에서 증오와 탄압의 어두움을 틀림없이 없애고 "천국"의 신뢰와 안전으로 안내할 겁니다. 전쟁, 살인, 테러 그리고 무정부상태는 이 땅에서 사라지고 사랑, 존중, 조화, 그리고 평화로 대치될

---

[1] 카프 산은 무슬림 전통에서 신화적인 산입니다. 이 산이 세계를 둘러싸고 있다고 상상합니다.

겁니다.

마음 안에 이슬람이 진정으로 자리하면, "창조주"의 사랑과 관용만이 있게 됩니다. 증오와 적개심은 하느님에 대한 진정한 신앙과 유대와 함께 존재할 수 없습니다. 마음이 새로워지고 다양한 형태의 예배를 통하여 신앙이 강화된다면, 적개심은 없어집니다. 이슬람적인 모든 행동은 우리의 모든 행동이 이슬람다워야 한다는 느낌을 우리 안에 심어주며, 우리를 신앙에 따라 살게 합니다. 이러한 영적인 성장은 우리의 행동으로 나타나며, 우리의 도덕을 구성합니다. 이것이 바로 우리 문화의 핵심이며, 우리의 정체성을 보장합니다. 하느님에 대한 신앙과 신뢰에 바탕을 둔, 우리의 영성적인 완벽함은 성실, 사랑, 그리고 배려의 형태로 우리 주변에 영향을 줍니다. 이 영성적인 매력의 힘 덕택에, 무슬림들은 자신들의 개성을 넘어서서 공동체의 일원이 됩니다. 예술작품이 바깥 세계에 모습을 드러내기 전에 우리 안의 깊은 곳에서 시작되듯이, 우리의 도덕적인 행동, 사회, 문화도 마찬가지입니다. 다른 말로 하면, 우리의 내적인 삶의 요소들은 외적인 삶의 결정요소들입니다.

다른 종교나 철학 체계들과는 달리, 이슬람은 사람들에게 보편적인 차원은 물론 독특한 개인적 차원의 생명체계를 제공합니다. 왜냐하면 이슬람은 그 신자들에게 이슬람의 가르침을 실천하고 뿌리 내리기를 요구하기 때문입니다. 이 책임을 아는 무슬림은 자신의 개인적이고 사회적인 관계 모두 안에서 이슬람의 가치들에 충실하려고 노력합니다. 어떤 이상이 행동과 운동 안에 구현되지 않는다면, 그 이상은 꿈과 같이 현실적이지 못합니다. 마찬가지로 우리 안에 있는 신앙의 실체는 우리의 일상생활 안에 스며들어서 꽃을 피울 정도로 지속되어야 합니다. 우리의 신앙이 우리의 행동

안에서, 우리의 예배와 기도를 통한 깊은 경배 안에서, 그리고 우리의 사회관계 안에서 충실하고 총체적으로 드러날 때, 우리의 신앙은 독실하다고 평가 받을 수 있습니다. 이러한 신앙은 우리를 위한 에너지와 힘의 끝없는 원천일 뿐 아니라 우리가 땅 위에 있는 하느님의 대리자로서 받은 상속재산이기도 합니다. 이 신앙을 통해 우리는 자연세계에 관심을 갖고 창조의 정신을 갖게 됩니다.

신앙은 미학적인 가치에 대한 깊은 이해를 영혼 안에 스며들게 합니다. 이런 영혼 안에서 신자들의 예술은 영원함을 들여다보는 프리즘을 통하여 실체의 진정한 본질을 반영합니다. 자신들의 작업 안에서 예술가들은 존재 자체의 영원함에 대한 감각을 우리들이 명상하는 그대로 축약해서 드러냅니다. 예술을 통해 우리는 제한된 영역 안으로부터 무제한의 영역을 관찰하는 기쁨을 가집니다. 이슬람에 따르면 예술은 반란이나 능력의 과시가 아니라, 심장의 언어로 표현되는 영혼과 현상 의미의 종합입니다. 우리들에게 가능한 유연함을 가지고 예술은 우리들 앞에 언제나 있어야 하는 진리를 우리들의 모든 명상 안에 표현해주며, 이 진리를 새로운 차원으로 인식하게 합니다. 예술은 "인식할 수 없는 하나"인 초월적인 실체를 들여다보면서 다양성 안에서 일치와 일치 안에서 다양성을 과시합니다.

간단히 말하면, 이슬람은 우주라는 책의 인용이며 해석입니다. 이슬람은 과거, 현재, 그리고 미래에 대해 스케치한 이 우주의 실체를 보여주는 지도입니다. 창조 진리의 문을 여는 신비스러운 열쇠입니다. 이슬람은 이들 모든 요소들의 총체적인 집합체이며, 많은 요소로 분해될 수 없는 총체입니다. 이슬람을 조각내어 이해하거나 조각 안에서 그 의미를 찾는 일은 잘못된 일이며 그 핵심적인 단일성을 왜곡하는 일입니다. 쿠란의 몇 구절이나 무함마드의 말씀에 대한 해석을 참고하여 이슬람을 설명하려는 시도는 언제나 오류를 범하게 되며, 이슬람 전체의 장엄한 몸체를 놓치게 됩니다. 그렇게 되면 영혼 안에 커다란 공백이 생겨서 의식은 끊임없이 흔들리게 됩니다.

　이슬람은 신앙, 예배, 도덕, 사고, 지식, 그리고 예술입니다. 이슬람은 인간 덕성의 완벽한 체계이며, 이슬람을 믿고 따르는 사람들에게 베풀어지는 철저하고, 놀라운 천상잔치입니다. 이슬람은 생명 전체를 품에 안으며, 생명을 전체로 해석합니다. 이슬람은 생명의 실체를 평가하고 결코 절망으로 절규하지 않습니다. 이슬람의 교육은 실천과 연계되어 있으며, 이슬람의 판단은 꿈 세계에 뿌리를 두고 있지 않습니다. 이슬람은 역동적이며, 교리의 문제들로부터 문화와 예술에 이르기까지 생명의 모든 부분들로 확장됩니다. 이것은 이슬람 자체의 성격과 보편성을 보여주는 핵심적인 표시입니다.

　　　　　　　　　　(예니 위미트, 1999년 4월, 제44호)

우리 사유체계에 대한 부분적인 설명

이성, 경험, 감정, 계시, 이 같은 인간 지식의 모든 형태들은 단일한 실체의 서로 다른 모습들이기 때문에 우리의 사고 체계 안에서 종합됩니다. 이 같이 풍부한 인식론적 토대는 이슬람 사상의 비교할 수 없는 광범위한 범위를 보여줍니다. 이슬람이 인류에게 전하는 메시지는 포괄적입니다. 이슬람은 하느님의 계시에 뿌리를 두고 있으며, 인간 이성의 틀 안에 남아 있습니다. 이슬람은 인간의 감정을 존중하며, 인간의 영감에 의해 풍부해집니다.[1] 인간, 우주, 그리고 하느님과의 관계에 대한 이슬람의 판단은 건전한 논리에 기반을 두고 있습니다. 다른 어떤 사고체계도 이성, 마음, 영혼과의 관계에서 이 같은 균형을 가질 수 없습니다.

이슬람은 우리의 내적 생활 뿐 아니라 우리의 외부세계와의 관계에서 인간의 본성을 완벽하게 설명합니다. 이슬람은 인간의 필요를 충족시키는 데 부족함이 없습니다. 그리고 이슬람은 하느님 계시의 으뜸가는 원천이기 때문에 이것은 놀랍지 않으며, 이 계시의 첫 번째 해설자는 무함마드입니다. 쿠란이 하나의 기적이듯이

---

1) 주류 이슬람 용어로 보면, '계시'(wahy)는 하느님이 자신의 메시지를 특별하고 분명한 전달인 반면, '영감'(ilham)은 사람을 이끌기 위한 내적이고 암시적인 전달입니다.

이슬람도 마찬가지입니다. 왜냐하면, 이슬람은 쿠란의 가르침에 의해 형성되었기 때문입니다. 쿠란에 비할 상대가 없듯이 이슬람에도 마찬가지입니다.

우리가 쿠란의 빛나는 세계에 한 번 들어가면, 우리는 이세계의 현상을 다르게 받아들입니다. 우리의 물리적이고 영성적인 감각들은 깊어집니다. 인간 이성은 모든 것을 있는 그대로 보지만, 우리의 마음은 그 도움을 받아 성장하고 꽃을 피우며, 우리의 영혼은 자체의 완벽함을 넘어서서 모든 것을 완벽함에 결부시킵니다. 신자들이 쿠란의 가르침을 자신들의 양심 안에 받아들이고 원초적인 계시의 빛 안에서 인식하는 한, 쿠란의 약속들은 실현되었고, 실현되고 있으며, 그리고 실현될 것입니다. 사실 이런 인식을 하는 사람들은 쿠란 안에서 사랑과 감동을 언제나 발견합니다. 마음의 귀로 듣는 사람들은 쿠란을 통해 얻어지는 영혼의 재생에 전율을 느낍니다.

쿠란은 투쟁에 대한 다른 개념을 세계에 도입하였습니다. 쿠란은 우리 자신들을 알아야 하는 투쟁, 모든 피조물에 대해 관심을 가져야 하는 투쟁, 육신의 덫에 저항하는 투쟁, 그리고 내면세계를 다스리는 투쟁에 대해 말합니다. 반감, 증오, 사치, 탐욕 그리고 질투에 대항하여 우리는 우리의 마음을 지키고 고귀한 이상에 헌신하기 위해 투쟁합니다. 우리는 모든 공포와 기대를 넘어서려고, 이 세상을 받아들임으로써 저세상을 얻으려고, 그리고 저세상을 앎으로써 이 세상을 향상시키려고 투쟁합니다.[2]

투쟁에 대한 이러한 메시지는 쿠란의 계시에 의해 성립되었습

---

[2] 이 구절 내내 '투쟁'은 지하드로 표현되었습니다. 지하드는 종종 잘못 해석됩니다. 귤렌은 개념이 적절하게 이해되어야 함을 강조합니다.

니다. 이후 이 메시지는, 이슬람의 세계를 "천국"의 정원으로 전환시키면서, "뿌리가 튼튼하고 그 가지들이 하늘에 닿는 좋은 나무들처럼" 자랐습니다.3) 이 계시가 나타났던 여러 해 동안 쿠란의 구절들은 폭포수처럼 쏟아졌습니다. 이 구절들은 하느님 영역의 첫 열매들이었고, 간절한 마음과 영혼들에 의해서 흥분되어 모여졌습니다. 축복을 받은 사람들에게 매일매일은 천상의 새로운 잔치 같았습니다. 이렇게 구절들이 쏟아져 나오는 가운데, 하나하나 이어지는 다양한 소생들을 경험한 사람들과 하느님의 말씀을 들은 모든 사람들은, 자신들이 만나는 모든 사람들에게 생명을 주는 키드르Khidr4)처럼 되었습니다. 하느님은 그들 위에 내려서 그들의 영혼과 마음, 느낌과 생각을 새롭게 했습니다.

"오 믿는 이여, 당신에게 생명을 주는 하느님과 그 메신저가 당신을 부를 때, 응답하시오."5)

그리고 그들은 이 하느님의 부름에 기꺼이 응답했습니다. "우리의 주님! '너희들의 주님을 믿어라'라고 우리를 신앙으로 부르는 메신저의 부름을 저희는 들었습니다. 그리고 저희는 믿었습니다. 우리의 주님! 저희 죄를 용서하시고, 악행을 씻어주시며, 우리가 죽을 때에 의로움을 갖게 하소서."6)

---

3) 이 인용을 위해서는 쿠란, 14:24을 보시오.
4) 이슬람 전통 안에서 "녹색의 존재"로 받아들여지는 '키드르'라는 영적인 존재는, 쿠란 18:63-65에 함축되어 있는 바와 같이 자신의 출현으로 대상을 다시 살리는 효과를 갖는 존재로 알려져 있습니다.
5) 쿠란, 8:24.
6) 쿠란, 3:193.

그들의 끊임없는 생기는 그들 주위의 분위기를 바꿀 수 있었습니다. 그들은 쿠란 안으로 젖어들었고, 어떠한 편견도 없이 쿠란을 듣고 온 마음을 다하여 쿠란을 믿었습니다. 이 최상의 "책"에 대한 대답으로 그들은 온 마음으로 하느님을 사랑했고, 다른 사람들이 "그분"을 사랑하도록 도왔습니다. 그들은 욕망에 대항하여 자신들의 생각과 느낌을 지켰습니다. 그들의 모든 인격은 이슬람의 진리를 드러내었고, 새로운 청중들의 환영을 언제나 받았습니다. 이 빛나는 시기에 이슬람과 쿠란을 모든 사람들이 이해되었습니다. 누구나 쿠란을 쉽게 이해하고, 정확하게 해석하며, 쿠란 안에서 하느님의 위대함을 봅니다. 쿠란에 대한 이해와 이론적인 지식과의 차이는 없으며, 반대로 사람들은 자신들의 새로운 지식을 재빠르게 실천으로 옮깁니다. 이들은 정보를 축적하기 보다는 구현에 더 관심을 갖습니다. 다른 말로 하면, 자신들의 지식을 통해 이들은 하느님 행동의 대리자로 전환됩니다. 자신들이 왜 창조되었는지를 충분히 이해하고, 하느님에 대한 헌신을 통해 물질적인 것들 안에서는 찾을 수 없었던 굉장한 기쁨을 발견합니다. 육신의 좁은 해협에서 벗어나 매일매일 마음의 광활한 대양 안에서 새로운 수평선을 향해 항해합니다.

이런 초기 이후에 쿠란에 대한 건전한 해석은 이슬람 역사에서 계속 꽃을 피웠습니다. 쿠란의 가르침과 신자들의 헌신에 의해 형성된 과거 사회에서 삶에 대한 이슬람의 이상적인 체계를 자주 볼 수 있었습니다. 그리고 과거에 이런 이상을 여러 번 구현했기 때문에, 미래에 다시 구현하지 못할 이유가 없습니다. 시간은 바뀔 수 있지만, 이 이상적인 영혼은 언제나 얻을 수 있습니다. 이런 측면에서 우리는 과거의 성취를 반복할 수 있으며, 무슬림들은 투쟁의 정신, 자기 훈련과 자각을 유지하기만 하면 됩니다. 마음에 따라 살아야 하고, 허약한 인간 본성을 경계해야 하며, 내면세계를 소극성으로부터 지켜야 합니다.

사실 이슬람 사유의 가장 중요한 측면 중의 하나는, 다른 철학에서 너무도 자주 비웃는 이세상의 일시적인 삶에 대한 긍정입니다. 이슬람은 이세상의 모든 측면을 하느님과 연계시키는 것을 선호하며, 이세상을 저세상이 질투할 만한 정원으로 여깁니다. 이런 의미에서 이세상은 가꿀 준비가 되어 있는 뜰이나 다가올 세계를 위해 정박해야할 항구로 볼 수 있습니다. 이슬람은 개인을 전체로 받아들이며, 물리적, 정신적, 그리고 영적인 능력을 부여합니다. 이슬람은 우리들의 희망을 받아주며, 자연적인 필요를 채워주고, 우리들이 활짝 펼 수 있는 범위를 정해줍니다.

이슬람 안에서 지식과 지혜의 유일한 두 가지 원천은 쿠란과 예언자 전통입니다. 이 점은 다른 사상 전통과 비교해볼 때 이슬람을 독특하게 만듭니다. 그 시작 때부터 이슬람은 이런 독특한 정체성을 지키기 위하여 고대의 다른 종교적이고 철학적인 유산들과 거리를 유지했습니다. 이슬람 법학이 "shar'u man qablana" 혹은 "우리들 이전 사람들을 위한 종교법"의 개념으로 보여주는 것처럼, 이슬람은 이전의 정통적인 계시들을 존중하지만, 자기 나름의 원천들, 새로운 계시의 원천들에 언제나 전념했습니다. 이슬람은 쿠란과 예언자의 전통으로 성장하고 조성되어왔으며, 고대의 다른 종교나 철학적 유산을 필요로 하지 않으며, 근대의 환상으로부터 도움을 받지 않습니다. 이슬람은 이상주의자들의 꿈, 합리주의자들의 논변, 실증주의자들의 방법론이나 다른 근대 철학에 의존하지 않습니다. 이들 가운데서 이슬람은 의존할 만한 지식의 어떤 근거도 찾을 수 없습니다.

역사적인 계시나 인간의 사고 안에서 이슬람은 전례 없는 방법론과 행동양식 그리고 해결책을 제공합니다. 모든 측면에서 이슬람은 완전함의 표본입니다. 이슬람은 인간 존재의 전체, 우리의 물리적, 정신적 그리고 영혼 차원 모두를 다룹니다. 윤리적 책임의 풍부함을 인간에게 다시 일깨워줍니다. 다른 많은 철학 학파들과는 달리, 이슬람은 느낌, 의식이나 인간의 다른 영적인 능력을 무시하면서 정신을 강조하지 않습니다. 이슬람은 인간을 존재의 한 측면에만 제한시키지 않습니다. 대신 이슬람은 인간을 "창조자"의 눈으로 바라봅니다. 이슬람은 분열과 분리를 무시하면서 일체성을 품에 안으며, 이세상과 저세상의 행복을 위하여 인간을 훈련시킵니다.

(예니 위미트, 2000년 7월, 제49호)

마지막 메신저

하느님, 우주, 그리고 인간에 대해 예언자 무함마드(하느님께서 그에게 자비와 평화를 베푸시기를)가 마지막 말을 했습니다. 그는 "진리"의 부름에 응답했으며, 하느님과 인간에 대한 자신의 독특한 봉사를 통하여 모든 것의 시작이자 마지막 원인이 되었습니다.1) 그는 "보이지 않는 그분"의 마지막 메신저이며, "그분"의 가장 위대한 비밀들을 선언합니다. 그는 결코 잘못 안내하지 않는 해설자이며, 인간과 하느님 사이의 진정한 관계를 가르치는 사람, 우리의 책임을 분명하게 해주는 사람입니다. 그는 첫 번째 사람인 동시에 마지막 메신저이며, 하느님에게 가장 가까운 사람이고 하느님에게 가까워지도록 우리를 안내하는 가장 믿을 만한 사람입니다.

천사들은 그가 오는 것을 기다렸고, 많은 메신저들은 그의 도착이라는 기쁜 소식을 알려주었으며, 지금도 '하느님의 뛰어난 친구들'은 그에게 의존합니다. 그는 예언자직의 횃불을 밝혔고, 그의 삶은 그 진리에 의해서 빛났습니다. 이런 의미에서 하느님의 영광

---

1) 수피 형이상학에서 이른바 "무함마드적인 진리"(완벽한 인간에 대한 하느님의 생각)은 하느님 창조의 핵심 가치이며, 따라서 보편적 존재의 원초적인 기원이다. 마찬가지로 예언자 무함마드의 인격과 사명은 창조의 특별한 목적 telos입니다.

에 대한 그의 성찰은 이 세상에 최초의 빛을 전해주었으며, 이 물리적인 세상에 그의 출현은 이 빛의 마지막 분출이었습니다. 보편적인 메신저로서 그는, 내적이고 외적인 실체들에 대한 지표, 창조의 본질과 핵심, 존재라는 나무에서 가장 밝은 열매, "최고의 창조주"의 이름 안에서 모든 인간의 스승 등으로 독특하게 완벽합니다.

그의 핵심은 표현을 넘어섭니다. 영혼의 깊이에서 그는 단연 압도적입니다. 그의 메시지를 통하여 "진리"는 표현됩니다. 그의 명성은 아담 이전으로 거슬러 올라가며, 그의 빛은 그가 존재하기 이전에도 전설적이었습니다. 그가 온 것은 하느님의 선물이었으며, 그의 존재는 피조물 가운데 순수한 진주였고, 그의 메시지는 온 인류에게 전달되었습니다. 그 안에는 모든 학문의 추상적인 지식이 들어 있었고, 그의 지혜는 그 주위에 가장 밝은 얼굴들이 모이는 크리스탈처럼 깨끗한 샘이었습니다. 그의 영혼은 순수한 영혼들이 영원함을 명상할 수 있는 테이블이었습니다. 그가 펼친 빛 때문에 인간은 사물들을 있는 그대로 볼 수 있습니다. 그의 진귀한 말들은 새로운 멜로디처럼 달콤합니다. 그 앞에서 비밀들은 밝혀지고, 우리의 혼란스러운 생각들은 초점을 찾게 됩니다. 그를 바라보는 사람들의 눈에서는 안개가 걷히고, 영혼 안에서는 녹이 사라집니다. 그는 고대의 시작과 궁극적인 종말에 대한 새 소식을 가져옵니다. 그는 모든 모호함에 의미를 부여합니다. 이런 가르침 앞에서 모든 존재는 영원함의 리듬에 맞추어 읊는 한 편의 시가 됩니다.

우리의 지식은 무함마드가 갖는 지식의 대양 안에 있는 물 한 방울에 지나지 않습니다. 우리의 지혜는 그의 지혜의 폭포 안에 있는 작은 물줄기 같습니다. 그의 삶의 순간들에 비추어 측정해볼 때 모든 시간은 순간에 지나지 않습니다. 우주 전체에서 지구는 너무나도 작지만 그가 태어난 장소이기 때문에 창조의 광활한 공간입니다. 하느님이 정하신 운명의 원초적 프로그램인, 최초의 타아윤ta'ayyun입니다. 그는 마지막 예언 말씀의 전달자입니다. 그는 자히르Zahir의 진정한 해설자이며, 바틴batin 신비들을 풀어줍니다.2) 한 편으로 그는 예언자직의 왕관을 쓴 술탄이고 그의 양심과 지성은 루흐 알 쿠드스Ruh al-quds3)로부터 진리를 받을 준비가 되었고 그의 심장은 우주의 영적 차원을 느낍니다. 다른 한 편, 그는 계시를 가장 유려하게 번역하며, 자신이 하느님으로부터 받은 모든 것을 조금의 왜곡 없이 다른 사람들의 영혼과 정신에 전해줄 수 있습니다.

그는 우리들에게 하느님에 대해 가르치며, 이것이 그의 예언자직의 본질입니다. 그는 하느님의 속성들과 이름들을 우리에게 알려주고 그런 친밀한 지식은 우리 안에서 하느님에 대한 우리의 책임을 자극합니다. 이런 점에서 그는 알 수 없는 것을 알게 해주고 이해할 수 없는 것을 이해시켜주는 큰 스승입니다. 그는 종교적인 규율들을 발표하고 인간의 덕성들을 설교하며, 도덕적인 원칙들을 제시합니다. 그는 하느님의 권위를 가지고 종교와 도덕적인 문제들에 대해 발언합니다. 그는 법을 만드는 사람이며, 진리들 가운데

---

2) 이슬람 용어에서, 특히 수피즘에서 '자히르'zahir(외형적인)는 존재를 관찰할 수 있는 수준과 쿠란의 글자 그대로의 의미를 나타내는 반면, '바틴'batin(숨겨진)은 존재의 관찰할 수 없고 미묘한 수준과 쿠란의 암시적인 의미를 나타냅니다.
3) 쿠란의 용어로 '루흐 알 쿠드스'Ruh al quds(신성하거나 순수한 영혼)는 특별히 하느님의 계시와 관련되고 가브리엘 천사에 의해 대표되는 하느님의 영혼을 나타냅니다(쿠란, 5:110; 16:102).

진리를 구체적으로 설명합니다.

자신들을 따르는 하느님의 뛰어난 모든 친구들 뿐 아니라 예언자들과 메신저들은 물리적 영역에 뿌리를 두면서도 형이상학적인 실체들에 접근할 수 있습니다.4) 이런 고상한 활동에서 그들의 지성은 하느님의 계시를 기다리며, 계시의 빛깔에 잠깁니다. 한계를 깨닫고 하느님의 보호 안으로 들어가는 어떤 영혼도 알 루흐 알 아잠al-Ruh al-a'zam의 빛을 받으며, 인간에게 도움이 됩니다.5) 곧 이 영혼은 처음부터 마지막에 이르는, 드러난 것과 더불어 숨겨진 것을 인식하기 시작합니다.

존재는 드러난 측면과 숨겨진 측면 모두를 갖고 있습니다. 드러난 측면은 눈에 보이고 감각으로 인식하며, 이성에 따라 이해합니다. 숨겨진 것은 "그분"이 자신을 인식하도록 창조하신 사람들에게 나타나는 외형 너머의 영역입니다. 예언자들과 메신저들은 자신들의 일생을 통해 이 숨겨진 실체를 인식하며 이에 따라 자신들의 태도를 결정합니다. 인류의 스승은 이런 면에서 절대적으로 우월합니다. 그의 특별한 능력은 그의 지위에 잘 어울립니다. 섭리의 도움으로 그는 들리지 않는 것을 듣고 보이지 않는 것을 봅니다. 그의 영혼은 시간과 공간을 넘어서서 천사들까지도 능가하며, 하느님의 지고한 모습에 가장 가깝고 높은 지점인 "qab qawsayn

---

4) 무슬림 신학자들은 일반적으로 '나비'nabi(예언자)와 '라술'rasul(메신저)을 구별합니다. 예언자는 하느님의 모든 제자들에 대한 일반적인 명칭이며, 메신저는 하느님의 말씀을 받거나 새로운 신법을 정하는 예언자들을 나타냅니다. 반면 '왈리'wali는 지금 우리 책에서는 '하느님의 뛰어난 친구'로 번역되고, 예언자나 메신저의 길을 따르는 완벽한 신자를 나타냅니다.
5) 쿠란(70:4; 97:4)에 토대를 둔 수피즘에서 '알 루흐 알 아잠'al-Ruh al-a'zam(가장 위대한 영혼)은 여러 방식으로 규정될 수 있지만, 지금 우리 책에서는 위에 언급한 '루흐 알 쿠드스'와 비슷한 말입니다.

aw adna," 에 다다릅니다.6)

하느님을 볼 수 있는 그의 영광스러운 자리는 사람들 사이에서는 도저히 흔들릴 수 없는 그의 명성에만 어울립니다. 단 한번이라도 그의 일생에서 그는 진리를 포기한 적이 없기 때문에, 그의 친구들과 적대자들은 그를 믿게 되었습니다. 그는 하느님의 메시지를 많은 사람들에게 전했으며, 이 메시지들을 하느님의 아름다움 안에 간직하고 있습니다. 그는 그의 무결함으로 기억되고 순수함으로 알려집니다. 그는 예리한 지성으로 이 세계와 다음 세계의 실체를 정확하게 해석했으며, 영혼들을 완전하게 계몽시켜서 물리적이고 형이상학적인 영역 모두를 받아들이게 했습니다. 따라서 편견이 없는 모든 사람들은 조금의 망설임도 없이 그에게로 달려갔습니다. 가장 고집 센 영혼들도 그에게 복종했으며, 아주 뛰어난 사상가들도 그의 지혜에 굴복했습니다.

무함마드 덕분에 사람은 육체적 본성을 초월하여 마음의 영성적인 생활로 향하게 됩니다. 원초적인 하느님의 운명에 따라 그는 창조를 열 수 있는 신비한 열쇠입니다. 그는 창조 목적의 완수자이며, 하느님께로 가는 똑바른 길의 안내자이며, 우리들의 영원한 행복을 위한 중재자입니다. 무함마드 이전의 예언자들은 그가 나중에 말한 것들만 미리 얘기할 수 있었지만, 무함마드 이후에 하느님의 가장 뛰어난 친구들은 그의 가르침을 믿고 그가 자신들이 추구하는 것들의 원인이었다고 고백했습니다. 정말이지, 그가 하느

---

6) 이 아랍어로 된 상용구의 뜻은 "서로 너무나 가까이 가기"입니다. 무함마드가 초기에 경험한 하느님의 계시를 묘사하기 위한 쿠란(53:9)의 언급을 수피 전통에서는 '하느님의 지고한 모습에 다가가기 위한 무함마드의 여정에서 도달한 가장 높은 지점'을 나타내기 위한 이미지로 해석합니다.

님을 선포하고 하느님의 단일성에 주의를 기울였을 때, 모든 예언자들과 메신저들은 그의 선포를 예시하였으며, 영성적인 발견을 통해 확신하게 되었습니다.

그는 강직하게 살고 자신이 가르치는 것을 조심스럽게 실천한 신앙의 기념비였습니다. 그는 언제나 다가 올 세계에 맞추어 행동했으며, 하느님의 현존에 대한 깊은 자각 속에서 살았습니다. 그는 누구보다도 배려가 깊었고 세심했으며 자신의 책임을 깊이 인식했습니다. 아름다운 목표를 언제나 추구하면서 그는 자신의 고상한 책무를 품에 안았으며, 단 한 순간이라도 자신의 목적에서 눈을 떼지 않았고, 하느님과 자신의 깊은 관계라는 보물들을 모든 사람에게 제공했습니다.

존재의 의미를 설명하고 이 설명을 진정한 '창조자"에게 연결시킨 사람은 바로 그분입니다. 현상을 관통하는 지혜를 드러내는 사람은 바로 그분입니다. 우리는 혼자가 아님을 끊임없이 상기시켜주고 우리의 영혼이 그분께 알려진다는 느낌을 갖게 해줍니다. 따라서 우리의 마음을 구해주고 고독을 없애줍니다. 이세상 안에서 우리는 집에 있다는 즐거움을 맛봅니다. 우리가 따뜻한 집에서 뿐 아니라 우주에서 살 수 있다면, 우리의 심장이 진리에 대한 사랑으로 박동한다면, 우리가 실체의 본질을 이해한다면, 그것은 그의 말씀이 우리의 영혼 안에 놓아 준 횃불 때문입니다. 존재에 대한 우리의 지식은 우리들의 영혼 안에서 그의 영감을 드러내는 것일 뿐입니다.

그는 과거에도 사람을 새롭게 했으며, 지금도 그렇게 하고 있으며, 미래에도 계속해서 그렇게 할 것입니다. 그가 옴으로서 그는 당시 암울한 시대의 그릇된 이해와 비인간적인 행동들을 바로잡았습니다. 이와 마찬가지로 그는 우리 시대의 사람들에게 자신의 목소리를 들으라고 할 것이며, 자기 메시지의 힘을 증명하려고 합니다. 사람들은 인간성, 신성, 그리고 우주의 진리를 다시 한 번 이해하고 해석할 수 있습니다. 인간으로서 우리는 피조물 안에서 품위 있는 자리를 차지할 수 있습니다.

인류의 스승은 모든 사람에게 관계되고 모든 것에 연결되는 메시지를 가지고 왔습니다. 사람들은 어디에서나 그의 사명의 심오함에 매료될 것입니다. 그의 기질은 가장 완벽하며, 그의 행동은 예외적으로 믿을 만하고, 그의 태도는 하느님과의 지속적인 교감으로 특징 지워집니다. 그는 쿠란에서 "위대한 성격"이라고 불리는 높은 도덕성을 누렸으며, 이것은 다른 어느 누구에게도 결코 허락되지 않았습니다.[7] 한 번이라도 편견 없이 그와 대면한 사람은 누구라도 그의 영향을 피할 수 없었습니다. 그의 아름다움과 우월성은 가장 매력적인 연설로 증명됩니다. 그가 말을 할 때, 가장 말솜씨가 뛰어난 사람들도 자신들의 혀를 잃어버리고 그의 말을 침묵 속에서 명상했습니다.

하느님은 그에게 내적이고 외적인 위상에서 깊이를 허락했습니다. 그는 경외심을 주는 존재였지만 여전히 겸손했습니다. 가장 오만한 영혼들도 그의 위엄 앞에서 전율했습니다. 사산조 황제의 고관들도 그의 위대함에 꼼짝 못하고 서 있었으며, 해야 할 말을 잊어버렸습니다. 그러나 이런 엄숙함과 더불어 그에게는 부드러움이 있었으며, 그를 아는 모든 사람들은 그를 가족처럼 느꼈으며, 그를 떠나지 않으려고 했습니다. 그는 언제나 "주님" 앞에 서 있었으며,

---

7) 쿠란, 68:4.

이 사실은 그의 말, 행동 그리고 몸동작에 스며들었습니다. 그는 모든 사람들에게 신뢰를 심어주었고, 언제나 믿음직했으며, 그의 모습에서는 신뢰의 노래들만을 들을 수 있었습니다.

그의 행동은 이성과 영성, 논리와 느낌을 균형 잡게 해주었습니다. 그의 지성과 통찰력은 언제나 바른 길을 갔으며, 그의 단호함은 전혀 주저함이 없었습니다. 그의 작업과 참을성, 전략적 결정, 가장 엄청난 고난에도 굴복하지 않으려는 의지, 적대자들 앞에서의 웃음, 역경에서도 의미를 찾는 능력, 투쟁 중에도 완벽한 냉정함, 모든 것이 뛰어났습니다. 그는 용기를 가지고 패배를 승리로 전환시켰고, 분명한 실패로부터 성취를 만들어냈습니다.

가장으로서 그는 비할 데 없었습니다. 자기 친구들에게는 완벽한 멘토였으며, 부드러운 태도로 마음을 얻는 방법을 알았습니다. 그는 단연 돋보이는 안내자로서 자신을 따르는 사람들을 결코 잘못 이끌지 않았습니다. 그는 연설의 스승, 마음을 다하는 하느님의 사람, 현인, 부족의 수장, 그리고 성공적인 지휘관이었습니다. 완벽함의 최정상에 있을 때에도, 그는 언제나 평범한 사람처럼 행동했으며, 자신을 많은 사람들 가운데 한 사람으로 간주했습니다. 그는 분명히 자격이 있었는데도 칭찬이나 명예를 바라지 않았으며, 자신에게 지나친 존경을 보이지 말라고 자기 친구들에게 충고했습니다.

그는 창조의 근원이자 마지막 원인이었지만, 자신을 대단히 중요하게 생각하지 않았습니다. 영성적인 영역에서 가장 위대한 술탄이었지만, 그는 특별히 겸손하게 살았으며, 평생 동안 금식을 했습니다. 자신이 음식을 먹는 대신, 다른 사람들을 먹였습니다. 자신이 옷을 입지 않고 다른 사람들을 입혔습니다. 그는 언제나 깊은 감사의 마음으로 행동했으며, 가장 작은 축복에 대해서도 하느님께 수백 번의 감사를 드렸습니다. 그는 하느님에 대한 지식, 사랑, 두려움에서 천사들을 능가했습니다. 그는 이 세상 안에 있었지만, 세속적이지 않았습니다. 그는 다른 세상을 향해 여행을 하고 있었지만 오직 하느님만을 위해서였으며, 어떤 보상도 바라지 않았습니다. 그의 마음은 그의 "주님"과 함께 있었으며, 그의 눈은 "그분"의 이름을 드러내는 일에 맞추어져 있었습니다. 그에게 이 세상은 다음 세계의 큰 바다로 들어가는 입구나, 저 세상에서 수확할 경작지였습니다. 따라서 그는 자신의 특별한 모든 노력을 다가 올 생명에 바쳤습니다. 세상을 넘어 씨앗을 날라서 거기서 자라게 하는 바람과 같이 그는 관대했습니다. 그는 가난한 사람들을 돌보았고, 자기가 배가 고플 때에도 배고픈 사람들을 먹였습니다. 그가 죽었을 때 그는 집도 땅도 가지고 있지 않았으며, 돈도 없었으며, 자기 가족에게 아무 것도 남겨 놓지 않았습니다. 그는 이 세상에서 겸손하게 살았으며, 이 세상을 겸손하게 떠났습니다. 그가 이 세상을 포기하지 않은 것처럼, 이 세상에 빠지지도 않았습니다. 대신 그는 이 세상을 그 진정한 가치에 따라 판단했으며, 저 세상을 그 무한한 가치에 따라 바라보았습니다.

품위와 고상함 그리고 하느님과의 관계에도 불구하고 그는 너무도 겸손했기 때문에 처음 보는 사람들은 그를 알아보지 못했습니다. 그는 양극단을 함께 붙들고 있는 것 같았습니다. 자기 친구들이 자신에게 보여주는 경외심을 무시하면서, 그는 이들과 땅을 계속 공유했으며, 음식을 함께 나누고, 자신의 특징은 마치 비밀인 것처럼 드러내지 않았습니다. 주위 사람들을 편안하게 해주려고 농담도 했습니다. 그는 겸손으로 자신의 위엄을 치장하고, 동정심과 위엄의 균형을 맞추었으며, 자기 책무를 위해 자신을 바쳤습니다.

그는 언제나 겸손하고 조용했으며, 균형을 유지했습니다. 대단한 곤경 앞에서도 그는 점잖게 행동했습니다. 그는 자기 주변 사람들의 분노와 격정을 누그러뜨리는 방법과 가장 화가 난 적대자들을 말 한마디로 부드럽게 하는 방법을 알고 있었습니다. 싸움을 꼭 해야만 하면 그는 재빠르게 중재를 했습니다. 사람들의 권리가 침해되지 않는 한, 그는 침략자들도 용서와 관용으로 대했으며, 이것은 그의 일생에 대한 역사 문헌들이 충분하게 잘 보여줍니다. 그의 믿을만함은 전례가 없습니다. 예언자직 이전이나 이후에도, 그는 약속을 결코 어기지 않았으며, 말을 바꾸지도 않았습니다. 그는 신뢰의 기념비처럼 살았고 결코 거짓을 말하지 않았고 진리가 아닌 것을 내비치지도 않았습니다.

그는 펜을 들지 않았고, 결코 책을 쓰지도 않았으며, 그에게는 선생도 없었습니다. 이런 점은 보편적인 선생으로서 그의 완벽함을 확실히 해줍니다. 이런 방식으로 하느님 계명들에 대한 그의 해석은 이상한 다른 지식으로 훼손될 수 없습니다. 다른 말로 하면, 하느님은 "당신"의 메신저를 외부 영향으로부터 자유롭게 지켜줌으로써 자기 자신의 계명들을 보호했습니다. 오직 이런 의미에서만 그는 문맹이었습니다. 그러나 보편적인 선생으로서 그의 말들은 가장 박식한 학자들, 가장 뛰어난 천재들, 가장 세련된 정신들과 깨우친 영혼들을 놀라게 했습니다. 그의 연설의 힘, 판단의 건전함, 작업의 완벽함은 역사가 증명합니다.

그는 지식의 풍부한 보물을 보여주었습니다. 먼 과거에 대해 그가 전한 소식들에 대해 어떤 반대도 없었으며, 선사 시대 민족들의 종교와 문화에 대한 그의 언급은 비판을 결코 받지 않았습니다. 이것이 당연한 이유는 이 메신저에게 이 정보를 바로 하느님께서 주셨기 때문입니다. 그의 임무가 광범위한 만큼, 그는 연설의 술탄, 이성의 기념비, 그리고 사고의 광활한 바다였습니다. 그의 표현들은 너무도 유려했고, 그의 진술들은 너무도 분명했으며, 그 문체는 너무도 풍부했기 때문에, 그는 한 두 문장만을 가지고도 듣는 사람에게 진리의 세계를 드러낼 수 있었습니다. 때로는 단 한 낱말로 지혜의 책들을 말하기도 했는데, 이 책들은 나중에 주석의 대가들에게 그 해석이 맡겨졌습니다. "나는 포괄적인 낱말들을 받았다"고 말하면서 그는 자신 안에 있는 하느님의 축복을 표현합니다.

그는 한꺼번에 수백 가지의 질문을 받기도 하고 이들 모두에 대해 주저함 없이 대답하기도 했습니다. 그는 듣는 사람들이 이해할 수 있는 스타일로 말을 했습니다. 혼란을 피했고, 간결한 표현으로 자신의 의도를 분명히 했기 때문에 배운 사람이나 못 배운 사람이나, 젊은이나 늙은이 등 모든 사람들이 가르침으로부터 유익함을 얻고 만족했습니다. 그는 설교를 많이 했으며, 여러 관심사들을 다루었고, 다양한 주제들을 분석했지만, 언제나 진리를 말했습니다. 가장 사나운 그의 적대자들도 단 한번이라도 거짓말을 했다고 그를 비난하지 못했습니다.

진리가 아닌 아주 작은 것에 대해서도 자신의 굳건한 삶의 2/3을 보낸 이런 사람이 하느님의 계시를 잘못 선언했다고 상상하는 일은 불공정하거나 불합리한 일입니다. 그의 말들은 과거, 현재, 그리고 미래를 포괄합니다. 그는 신앙에 대해 말하고, 예배의 규칙을 세웠으며, 사회, 경제, 군사 그리고 행정적인 주제들에 대한 결정을 내렸습니다. 그는 자신이 가르친 것을 실천했으며, 그 실천의 열매들을 수확했습니다. 그의 선언들이 진리임은 역사가 보증하며, 그 이후 수천 명의 논평가들, 철학가들, 그리고 학자들은 그가 한 말들의 지혜를 인정합니다. 하느님의 수많은 뛰어난 친구들은 그의 판단을 받아들이면서 그의 안내를 따릅니다. 진정으로 그는 인류의 역사 안에 독특하게 서 있습니다. 그의 지식과 지혜의 찬란한 유산은 존재의 모든 면을 포괄하고 있습니다.

(예니 위미트, 2003년 1월, 제59호)

페툴라 귤렌: 남을 위한 삶

발행일 | 2022년 2월 9일

편역 | 쿠르트
역자 | 나정원

발행 | 도서출판 엠-애드
편집 | 편집부

발행인 | 이승한
출판등록 | 제2-2554
주소 | 04558 서울시 중구 마른내로8길 30
전화 | 02-2278-8064
팩스 | 02-2275-8064
E-mail | madd1@hanmail.net

정가 : 18,000원

ISBN 978-89-6575-144-1 03830

※불법 복사는 지적재산을 훔치는 범죄행위입니다.
※잘못 만들어진 책은 바꾸어 드립니다.